経営情報戦略入門

Strategic Management of Information Theory

宮元万菜美［著］
MANAMI MIYAMOTO

文理融合へのいざない

千倉書房

イントロダクション

1. はじめに

情報は人や社会に影響を与え、情報と向き合うことを抜きに経営を語ることはできません。本書では「 」付きの「情報」という言葉が頻繁に出てきます。これは日常生活の中でなんとなく使っているときよりも、もう少し深い意味で使っていますということです。詳しくは本文の中で説明しますが、「情報」とは、そこにある「ナマのままの事実」のことではなく、ある一定の解釈や処理を加えられたメッセージを指しています。「 」が付いていない場合は、日ごろ使っている程度の緩い意味で使っていると思ってください。

インターネットや、企業の中でさまざまな役割を持つ情報システムなどを通じて、私たちは「情報」に接したり発信したり、さらに加工することが容易になりました。また、ＩＴ（Information Technology）やＩＣＴ（Information and Communication Technology）という言葉が、現代の社会の特徴を表す言葉の一つとして欠かせないことに異論を持つ人は少ないでしょう。

あらゆる場面で「情報」があふれ、情報を取り扱う技術進歩もめまぐるしく、新しい現象や用語、概念が次々と現れるために、大学でも経営情報や戦略系の講義で取り上げる内容が数年で入れ替わってしまいます。私たちは、情報や情報技術の先端やバズワードを追いかけることに精いっぱいで、それが私たちの社会や日々の営みをどうよくしていくのかを十分に理解し、行動できているとは言えないかも知れません。

世の中は変わっていく一方で、「自分はコンピューターとかデータ分析は苦手だからイヤ」だとか、「難しいことは、イヤ」と、最初から理解を放棄してしまっている人は少なくありません。特に、「私は文系出身だから、ＩＴは理系の人がやってくれればいいや」と思っているあなた。ちょっと待ってください。「情報＝コンピューター＝ＩＣＴ」ではないのです。もちろん今日の情報処理に、パワフルなコンピューターや通信は欠かせませんが、それはあくまでもツール。人や企業が情報を戦略的に取り扱うこと、すなわち「情報リテラシー」や「経営情報戦略」の本質ではありません。

文系出身であろうが理系出身であろうが、いい経営や、いい仕事、いい人生を送っていこうと思えば、「情報」という存在に何らかの形で正対していかざるを得ないのです。それで本書の副題を『文理融合へのいざない』としました。

本書では、ビジネスの話題を多く取り上げますが、私は社会人とは「実社会に生きる一員」と考えています。ですから読者層を、必ずしも「企業に勤めている人」や「職業人」という、狭いイメージでは捉えていません。なぜなら現代人は、規模や公式・非公式を問わず、必ず何らかの組織に所属し、さまざまな人や出来事と関わりを持ちながら生きているからです。

社会に生きる人として責任を果たし、社会に生きることの幸せを感じられることは、目的を持って、誰かと役割を分担し、いい組織作りをし、コミュニケーションすることと深く結び付いています。そのためにはどうしても、情報やコミュニケーションに関するリテラシーが必須の素養となるのです。

本書は、「情報」や「情報技術」、「コミュニケーション」と密接な物事を、経営戦略論、組織論、マーケティングなどの、経営学的な視点から理解しようとするものです。経営情報や情報システムをめぐっては、コンピューター、ネットビジネス、イノベーション、企業経営、市場競争、個人と組織など、実にさまざまなトピックスがありますが、本書では、ＩＣＴをめぐる諸課題について、重要なものに絞って取り上げていきます。

本書は、初学者のための入門書です。大学生や、ＩＣＴと無縁で生きていくことはできない社会人に、これだけは理解してほしいと思うことを厳選しました。本書では経営学の専門用語を、できるだけ平易に解説していきます。**太字**は重要用語です。本書の後半では、重要用語は解説なしで出てきます。皆さんが本書を読み終わる頃には、経営戦略論の基礎用語はすべてではないにしても、それなりに理解できていることを目指します。もちろん本の読み方は人により自由ですから、どこからでも読んでいただいて結構ですし、やさしすぎてつまらないと思うところは読み飛ばしてください。

各章の内容は本来、個別に研究論文や専門書が出るほど奥深いものです。ですから諸家の先生方からは、「こんなに端折って書くなよ」とお叱りを受けそうなぐらい、かっ飛ばして書いたところがあることをお断りしておきます。ですが、全部を詳述し始めたら入門書ではなくなってしまいます。本書をきっかけに、「もう少し勉強したい」と思ってもらいたいのに、あれもこれも突っ込んでいったら、きっと「食わず嫌い族」を量産してしまいます。それは私の本意ではありません。

もう一つお断りしておきたいのは、本書はコンピューターシステムや通信の開発や構築・運用の技術には触れませんし、インターネットや情報の取り扱いをめぐる法制度問題に深入りすることもありません、ということです。「それでは物足りないぞ」と思う方々には、ぜひ本書を飛ばして各領域の専門書に進んでいただければと思います。

正直なことをいうと、今こんな本を書いている私も、ある会社の新入社員当時は、前のめりに勉強する姿勢のない「意識低い系」の文系社員でした。新人研修に遅刻し、真っ赤になって怒っている研修係長に向かって、「役員の抽象的な話なんてつまらないし、急に技術とか言われてもわからない」と、言ってしまうような不良社員でした。今では自分の不勉強を棚に上げてそんな態度を取ったことを、とても反省しています。それ以上に、食わず嫌いをして、むちゃくちゃ損をしたなと思っています。そんな昔の私がタイクツに思わないようにと思いながらストーリーを組み立て、本書を執筆しました。随所に出てくる私事のほとんどは、調子に乗って筆がすべった部分もありますが、本書の理解の助けとなることを願ってのものです。

2. 本書の構成

能楽や茶道に流派があるように、経営学の理論にもいくつかの流派のようなものがあります。それは例えば、「同じ業界で似たようなビジネスをしているのに、なぜA社とB社では業績に大きな違いが出るのか」ということを、異なる視座や方法で説明できるということです。ある事象について考え、説明するのに、どの理論に立脚するかは、自分がどの位置からどういうレンズで物を見るかの使い分けです。本書は、あまたの理論を百科事典のように網羅的に解説する方式は取りませんが、本書の中で用いるレンズの説明はします。ただしそれ自体の解説は最小限に留め、ＩＣＴや情報処理をめぐる話題を扱う以上は、これだけは理解しておきたい、ということにフォーカスします。

Chapter 1 から Chapter 2 までは、インターネットやデジタル・オンラインを用いるかどうかに関わらず、情報と経営に関わる普遍的な話を取り上げます。Chapter 3 ではインターネット（The Internet）に関する歴史と、多少の技術的な話題に触れていきます。そこに社会や経営にインパクトを与える、独特のメカニズムや力学が存在することを理解しましょう。その後、Chapter 4 から Chapter 6 にかけて、ＩＣＴ活用と経営戦略という軸で、クラウドコンピューティングやプラットフォームビジネスなど、現在のオンライン社会を形作る話題を取り上げます。Chapter 7 と Chapter 8 では、情報社会の展望と直面する課題を取り上げ、改めて私たちに求められる情報リテラシーの本質を考え、まとめとします。

２０２０年は、デジタル・トランスフォーメーションという新しい概念が世の中に広く浸透した年です。それなのに、さあこれからというところでＣＯＶＩＤ−19禍という未曽有の事態が世界を震撼とさせる大変な年になりました。本書執筆中の現在も第二波、第三波という形で影響が続いており、状況がおさまるには至っていません。しかしＩＣＴの力を駆使して、リモートワークやオンライン講義[1]、ＳＮＳ越しの相互扶助、ｅコマースによるリアル店舗営業の補完など、何とか社会をストップさせまいとする人々の努力があり、それぞれの持ち場での努力が続いています。

ソーシャル・ディスタンシング（Social distancing）を保つために、直接会うことは叶わなくとも、ネットコミュニケーションで誰かに力づけられ、支えられたという人も少なくはないでしょう。図らずも、２０２０年の春から地方に単身赴任している私も、その一人です。もしもインターネットを核としたＩＣＴ基盤が全く普及していなかったとしたら、もっとひどいことになっていたのではないかと想像すると、ちょっとぞっとします。

このような多くの現実を前に、現在の経営情報理論は事象のすべてを説明することはできないのかもしれません。現にＣＯＶＩＤ−19禍の前からＩＣＴをめぐる新たな問いは次々にわき起こっており、未解明の**イシュー**（取り組む価値のある課題や論点）は少なくありません。

本書では、あえてマニアックで難解な理論や新し過ぎる学説は取り扱いません。それは少なからず私自身の不勉強で、ここでそれを扱うことにどれだけ実践的な意義があるかを説明しきれないせいではあります。本書で扱う理論はポピュラーなものばかりで、一つ一つの説明はシンプル過ぎるほどですが、ＩＣＴの通奏低音《つうそうていおん》はつながっています。皆さんには、わかりやすく使いやすい知見こそ確実に会得して、皆さんの現実である「現場」に向かっていただきたいと願っています（その代わり、私の前著は大変マニアックな理論を扱っています（宮元、２０１７））。

３．学びの準備体操

申すまでもなく戦略とは、軍事に起源を持つ言葉です。この言葉が経営の世界でよく使われるようになったのは１９５０年代から60年代にかけてですから、２０００年以上の歴史を持つ哲学や数学に比べれば、経営学は本当に若い学問です。いくつかの定説はあるにしても、社会に変化が起こり、世の中の関心や経営に対する社会的な要請が変化すれば、それまでの理論では説明できなくなることもたくさんあります。それゆえに経営理論は、時代を追って次々に新しい理論が登場してきます。これからもその勢いが止まることはないでしょう。

人間の社会では全く同じ条件で同じことが何度も起こることはほぼありません。経営学の理論のほとんどは、再現性が高い普遍法則とは異なり、「似たような条件が揃えば、そうなる可能性が高い」ことを示す傾向法則です。そのような特徴を指して、「経営学は科学ではない」と痛烈なことをおっしゃる方がいるのは承知しています。実際に、バリバリの自然科学系出身の友人とはしょっちゅう論争になります。ですが私は、経営学が普遍法則を論じるものでないとしても価値がないとは思いません。経営者として、現場の一員として、いつか先人と似たような事に直面したとき、経営理論を通して思考的追体験をしていれば、知識もなく徒手空拳《としゅくうけん》で事に当たるよりはずっといい意思決定や行動ができるからです。もちろん、経営学でも普遍法則のようなものが発見できればいいと思う探求心を、学者として放棄するものではありません。

私の考えの一つに、経営学は現場で実際に役に立ってなんぼだということがあります。新しい理論を追究し提案するのは学者の役目だとしても、実務家が経営理論をたくさん知っているのを誇るだけでは、物知り自慢のイヤなやつと言われても仕方がないかなと思います。

教養や知識として、理論の原型をたくさん知っていることはもちろん無駄ではありません。しかし、あるときは魚眼レンズ、あるときは接眼レンズを使ってその時々にふさわしくものを見るように、代表的な経営理論や分析のフレームワークを、今の自分の問題意識に引き寄せて使いこなすことが、理論に命を吹き込みます。理論は、実社会と接続して活かされなければ机上の空論のそしりを免れません。

註

1――令和2年5月27日新型コロナウイルス感染症の状況を踏まえた大学等の授業の実施状況（文部科学省、調査時点 令和2年5月20日時点） file:///C:/Users/Manami%20MIYAMOTO/Dropbox/%E5%8D%83%E5%80%89%E6%9B%B8%E6%88%BF/%E5%8D%83%E5%80%89%E6%96%B0%E8%A6%8F%E4%BC%81%E7%94%BB/%E5%8F%82%E8%80%83%E6%96%87%E7%8C%AE/20200527-mxt_kouhou01-000004520_3.pdf

目　次

Chapter 2 組織と情報処理 21

Chapter 3 インターネット

Chapter 4
ICT活用と経営戦略 …… 83

Chapter 5 e－ビジネスとクラウドコンピューティング

Chapter 1
経営資源としての「情報」と経営情報戦略

1. 情報は「第4の経営資源」

もしあなたがこれからビジネスを始めようと思ったとします。そのとき、たちまち何が必要になるでしょう？もちろん、お客さんに売る「商品」が必要です。美容室のようなビジネスなら、無形の商品すなわち「サービス」の提供能力が必要です。経営学や経済学ではこれらを「**財**」、「**サービス**」と呼びます。狭い意味では、形のあるものを「財」と呼び、形のないものを「サービス」とすることもありますが、前者を「有形財」、後者を「無形財」と呼べば、混乱がないでしょう。本書では有形無形の商品やサービスをまとめて「財やサービス」と表現します。

これらの財やサービスを、お客さんに提供するためには、さまざまな業務を担当してくれる**人材**が必要です。できれば優秀な人がいてくれるといいなと思いますよね。それから、店舗や事務所といった場所、机、什器、パソコン、場合によっては工場のような大規模な設備が必要かも知れません。通常はこういったものは一定の価値を持つと見なされ、企業自身が保有することとなります。このようなものを**資産**と呼びます。資産には土地や機械や建物のような有形の資産もあれば、ブランドのように無形の資産もあります。

資産を調達したり、働いてくれる人に賃金を支払ったりするためには、**資金**が必要です。これらなしでビジネスを始め、継続していくことはできません。俗に、「ヒト」、「モノ」、「カネ」と言ったりもするようですが、ビジネスに必要なこれらの重要な要素を**経営資源**と呼びます。

今日では**人材**、**資産**、**資金**に加え、「**情報**」が第4の経営資源として注目されています。つまり、情報を上手に活かしていけるかどうかが、企業の**パフォーマンス**に影響するということです。経営学でいうパフォーマンスとは、「あいつは上司の前ではいい格好ばかりしているぜ」という意味ではなく業績のことです。企業では、個人の能力の高低だけでなく、組織が組織として経営資源を活かす能力を有していることが競争力の源泉になります。この組織的な能力のことを**ケイパビリティー**といい、これも無形の経営資源です。情報が有益な資源であるためには、素材があるというだけではなく、解釈したり、発信したりすることがうまくできる能力が必要です。

コンピューターが登場し、1990年代にはインターネットが商用化され、情報処理をする能力と、それを遠く離れたところとやり取りする通信手段が、ここ数十年の間に飛躍的に発展してきたことにより、経営資源としての「情報」の価値や、ポテンシャルは飛躍的に高まりました。「情報」とうまく向き合うことが企業に差異を作り、市場の構造や人々の行動原理にも多大な影響を与えるという事実が、経営情報戦略論という学問領域を拓き、体系的な理解を深めて活かそうとする原動力となっているのです。

2. 経営情報戦略とＩＣＴ

今日、ＩＴやＩＣＴという言葉を耳にしない日はないと言っても過言ではありません。ＩＴは情報技術という意味の英語、Information Technology の頭文字です。昨今は、「情報そのものを扱う技術だけでなく、情報をやりとりする通信技術も欠かせない要素である」ということで、情報処理技術と通信技術（Communication Technology）を合わせて、Information and Communication Technology というようになりました。この頭文字がＩＣＴです。日常的にはＩＴもＩＣＴも、ほぼ同じような意味で使っている人が多いようですが、本書では特別の意図がない限り、できるだけＩＣＴという言葉を使用していきます。

経営情報戦略論とは、「情報」を活かして企業活動をよりよくしたり、利益をあげたりしていくための一般論、あるいは変革のシナリオやメカニズムに関する学問です。通信や情報を取り扱う技術がＩＣＴだと先ほど言いました。しかし、コンピューターやインターネットを一切使わずに調べごとや分析をしたり、話し合ったアイデアを手書きの企画書にしたりすることも、情報を取り扱っていることに相違はありません。妥当性や効率性はともかく、このような情景があることも、本書では排除せず考察の対象としていきたいと思います。

現代のコンピューターは随分と性能がよくなりました。今のコンピューターは、大量のデータを早く、与えられた方法で、気まぐれや間違いをおかすことなく処理することは人間より得意です。しかしそれでも不得意なことはあります。例えば、四則演算では表せない事象を扱うこと、突発的な出来事に対処すること、意味を考えたり解釈したりすること、ハッとひらめく、ゼロベースで問いをたてるといったようなことです。過去の統計から、多数の人がそう思うであろう「それらしい値」を返すことはできても、独立した個別の場面において、人の心情を推しはかる、行間を読む、間合いをとるなどということは、今のコンピューターにはできません。

人の頭の中では単純な計算式やアルゴリズムで表現したり説明したりすることが難しい、複雑で微妙な事象の認知や情報処理が行われています。その延長線上にある、人の営みとしてのビジネスでは、時に一見非連続に見える飛躍的な発想が、重要な意思決定のきっかけになり、新しい財やサービスを生み出し、ターニングポイントになることがあります。ただしこれは非ＩＣＴ的なものが、通信やコンピューターを駆使する、いわゆるＩＣＴ的なものと対立的に存在しているということではありません。ですから、むしろ、情報処理面で両者が不足するところを補完し合いながら、よりよい成果をあげられるようにしていくことが、今風の経営情報戦略の姿だというべきでしょう。

そうは言っても、世の中には想像もつかないほどの情報が存在しており、刻々と新たなデータも生成されています。とても一人の力で扱いきれる気がしません。しかし見渡せば、情報をうまく使って活動する人や、技術そのものを高度化する人、世の中を便利に変えるアイデアを持つ人たちがいます。そんな人々と協働しながら、自分の力を役立てることができれば、どんなに楽しく、生きがいを感じることでしょう。自分の専門が文系であろうが理系であろうが、より多くの人と関わり、よい意思決定をしていこうと思うなら、ＩＣＴの基礎は多少なりとも理解しているべきだと思います。文系理系を分けることに、もはや本質はなく、食わず嫌いをしては損なのですよと本書は主張するのです。

3．戦略という概念

経営戦略や情報戦略、競争戦略、成長戦略など、何々戦略という言葉をよく耳にします。何にでも戦略と付ければいいわけではないのに、とりあえず付けておけばいいやと思ってはいませんか？

企業でも個人でも、なりたい将来像を思い描けば、それを実現するために筋道だったシナリオを考えるものです。**戦略**とは、「長期的に達成したい目標と、それを実現するためのシナリオ」や、「将来構想を実現していくための、大局的な活動の系列」のことです。

したがって、経営戦略とは「企業を持続的に経営する時に目指す姿と方策の体系」、成長戦略とは「組織が成長していくための長期的なシナリオ」と理解すればよいでしょう。長期とはおおむね5年から10年、中期といえば3年程度、短期といえば1年以下と考えるのが妥当なところです。

経営情報戦略は、情報を活かして企業活動をよりよくし、成果をあげていくための活動の体系です。大事なのは、戦略とは目先のことでも、業務スケジュールでもないということです。例えば、「10年後に営業利益100億円の企業になる」と、目標だけが書いてあっても、それはただの願望に過ぎません。達成に向けたシナリオがなければ、戦略を立案したことにはならないのです。

もっとも、立派な方針を立てても、実行しなければなりたい姿にはなれません。多くの場合、企業の目的は、市場に価値を提供しながら持続的に利益をあげ、活動を継続していくことです。事業規模を大きくしていくことが目的だという企業もあるかもしれません。ただ、利益が出ないと次の活動や、出資者などへの還元の原資がなくなってしまうため、どのような企業でも適正水準の利益をあげていくことが必要です。実は、個人の人生設計にもこの考えは適用可能です。自分が将来なりたい姿を思い描ければ、今の姿とのギャップをどうやって埋めていくか、方針をたてることができるはずです。それが戦略的に人生を考える、ということでしょう。

情報や戦略を語るときに、もう一つ大事なことがあります。人々の間で正確に意思疎通をしていくためには、言葉の定義に敏感であるべきだ、ということです。これは、「言葉（単語）が違えば、指し示す物ごとの意味が違うはずだ」ということに向ける意識です。

言葉を定義しながら使うことは面倒くさく、簡単でもありません。しかし、少なくともなんでも「ヤバい」と言って平気なメンタリティーでは、良質なコミュニケーションは期待できません。同義語、類義語にも注意が必要で、言葉の用法には繊細でなければなりません。同じものを指すなら、可能な限り同じ言葉を違うものなら違う言葉を使いましょう。

例えば、異なるバックグラウンドや価値観を持つ人々が集う場では、「ヤバい」の意味が、「よくない」なのか、「すごくいい」なのかが識別できません。不用意に使った言葉が違う意味に受け取られ、望まぬ事態になるリスクは最小化する必要があります。狭いコミュニティーの中でしか通じない用法は、開放的なコミュニケーションを拒否していると感じられることもあります。誰とも誤解なく、正確に意思疎通を図ろうと思えば、用いる言葉の意味をあらかじめ定義しておくことが必要です。

4. 戦略という概念をたとえ話に置き換えてみる

戦略という概念について理解するために、私の学生時代の話をしましょう。私は哲学者の叔父に連れられて、滋賀県は琵琶湖西岸の比良山系にある武奈ヶ岳（標高1、214・4メートル）に登りました。当時、私は「学者なんて座って勉強ばかりしているから、叔父が誘う山など大したことはないだろう」とバカにしていました。ところが案に相違してヘトヘトになって懲りて以来、私は山と言えるほどの山に自分の足で登ったことはありません。そんな私がある時急に、「高い山の頂に立ってみたい！」と志したとします。あなたが私なら、あるいは素人の私に急にそんなことを言いだされたらどうしますか？

これはあくまでもたとえ話なので、登山家の方からすれば、話のあちこちに荒唐無稽で乱暴な点があるのはお許しいただきたいのですが、まず「高い山ってどれよ」と、ターゲットをはっきりさせなければ話は始まりません。武奈ヶ岳再挑戦ですか、比叡山（標高848メートル）ぐらいにしておきますか？　それとも富士山（標高3,776メートル）を目指す？　え、チョモランマ（8,848メートル）？　冗談もほどほどにしろと言いたいところでしょう。

さて結局、目標は富士山登頂と決めました。ところで、いつの達成を目指すのでしょう。もちろん、今日明日というわけには参りません。何のトレーニングもなしでは、まず足腰がもちませんし、いきなり標高の高い山に登れば高山病の症状が出て登頂どころではなくなります。季節も選ばなければいけません。その前に、体力を養わなければなりませんし、山の登り方も研究しなければいけません。よく考えたら、最近は街中で家とオフィスを往復するだけの生活ですから、靴はハイヒールしか持っていません。服も仕事用のスーツか部屋着しかありません。交通費や食料、登山用品を買うお金も必要だし、一人では心細くてとても無理。山登りが得意な友達に一緒に山を目指してもらいたいとも思います。

一体どこから着手すればいいのか、何を決めなければいけないのか、何をどれだけ用意しなければいけないのか、資金はどのぐらい必要なのか。だんだん気が遠くなってきました。最初の勢いはどこへやら、少しうんざりしてきました。やっぱり登山なんてやめちゃおうかな…。

気を取り直して「3年後の8月の夏休みに、富士山登頂を達成しよう」と決めました。根性と気合があれば1年で達成できるという人もいるのですが、それはどうも筋がよくないシナリオに思えます。

まずは登頂達成のその日まで、専門家の指導を仰ぎながら体力と技術を身に付けていこうと思います。何を買い揃えなければいけないかをリストアップし、経費がどのタイミングでどれだけかかるかも、大体計算できました。少しずつ登山資金を蓄えていくことにします。そして、いきなり本番で富士山に登るのではなく、区切りのよい小さな目標を少しずつ達成しつつ、反省と計画の微修正を繰り返しながら、徐々に経験値を上げていこうと考えました。１年以内に比叡山に登り、２年目には武奈ヶ岳に再チャレンジ、３年目前半に２０００メートル級の山に一度は登って自信をつけておきたいところです。また、幸い山登りの経験が深い友人が、一緒に登頂を目指すと言ってくれました。一人で孤独な戦いをしなくてもよさそうです。

インターネットで調べたところ、富士山にはいくつかの登山ルートがあるようです。インターネットって便利ですね。検索サイトで、キーワードを入れれば、それらしい情報はすぐにたくさん出てきますから。

友人によれば、どのルートにもそれぞれ魅力と懸念があるようです。３年目までに自分の力がどこまで付くか、不確定な要素もあるので、最終決定はもう少し先でもいいですね。

目標達成までの具体的なシナリオとToDo（やるべきことのリスト）が見えてきて、ワクワクしてきました。あとは計画に従って、なすべきことを実行していくだけです。この先、思ったほどうまくいかないことや、想定外のことが起これば、プランの練り直しや変更もあるでしょう。それは意識の中に織り込み済みです。

なぜこんな話を長々と書いているかというと、この先これを引き合いにした話が何度も出てくるからです。「今は都会の平地しか歩けない私が、具体的な対策を重ねて、３年後の夏休みに富士山登頂すること」が戦略目標です。現状の姿となりたい姿のギャップを認識し、設定目標を達成するシナリオを描く、これが戦略立案です。

戦略と似た言葉に**戦術**という言葉があります。これは「スーツやハイヒールをやめて、山に登る装備に替える」とか、「登山ルートの正確な情報を有識者にヒアリングして集める」、「同行者との役割分担を具体的に決める」などといった、目標を達成するための、一つ一つの手段や方策のことです。英語でも戦略は**strategy**、戦術は**tactics**と、用語は使い分けられています。

山登りの話はいったんここで置いておいて、少し先に進みましょう。

5. メジャーな経営戦略論と経営情報戦略の関係性

本章の冒頭で、「情報は第4の経営資源」という話をしました。これが、経営戦略論的にはどのように位置付けられるかを整理しましょう。

経営学の根源的な問いには、「世の中には似たようなビジネスをしている企業があるが、なぜ業績（パフォーマンス）がいい企業と、そうでない企業があるのだろう」、「ライバルに比して、ある企業が持続的に競争優位性を発揮できるのはなぜか。どうすればそのようなことが可能なのだろう」、「あるビジネスフィールドに共通して働くメカニズムは何か。どうしてそのような力が働くのか」ということがあります。この問いに対して現在の経営学では、一見対立的に見えるようなものも含めて、さまざまな視点の経営理論が林立しています[1]。それぞれが、経営の根幹に関わる問いに対して理論的な説明や示唆が得られると思うからこそ、皆それぞれの立場で一生懸命に研究をするわけです。

経営学者の**ヘンリー・ミンツバーグ**は、このように理論が林立する状況を「戦略という獣のサファリ」と表現し、ここに深く分け入り理解しようとする読者に、「サファリ・ツアーにようこそ」と言いました。ミンツバーグはメジャーな戦略論だけでも10は下らないといい、日本の経営学者である青島・加藤（２００３）は、戦略論には四つのアプローチがあるとしています。

戦略論は一体いくつ存在するのか？　それはどういう視座で戦略を論じるかや、ある事象の説明にどのようなレンズを用いるかの違いで、数をカウントしていくということです。しかし、結局それがいくつなのかは、分類をする人の線引きの細かさに依存します。また、世の中が変化して新しい事象が出てくれば、それを説明するための新しい理論が提唱されるので、数を数えること自体にあまり意味はないかなとは思いますが、こうして経営理論は日々発展を続けるのです。

そうは言いつつも、現在メジャーとされる戦略論の一つに、「**資源ベース戦略論**」と呼ばれるものがあります。人によっては、理論として成熟するのはまだこれからだという思いで、「**リソース・ベースド・ビュー**（**Resource Based View**：以下**RBV**）」と呼ぶ人もいます。代表的な論者には**J・B・バーニー**や、**ゲイリー・ハメル**、**C・K・プラハラード**などが挙げられます。

RBVの考え方の基本は、「ある企業が優れた競争優位性を発揮できるのは、他に比して優れた経営資源や能力を有しているからだ」ということです。競争優位性を確立するために利用する、価値ある資源を保有しており、それはできれば競争相手が保有していないこと、模倣されたり代用されたりすることも困難な資源であることが望ましいということです。もちろん経営資源は持っているだけではだめで、競争優位性を確立するための資源を見出し、活かすことができる組織的な能力（ケイパビリティー）がなければいけません。つまりRBVの考え方には、重要な経営資源を宝の持ち腐れにしないケイパビリティーも必要資源だ、ということが含まれています。資源ベース戦略論の大家J・B・バーニーは、「価値ある資源（Value）」、「希少性のある資源（Rarity）」、「模倣困難性（Inimitability）」、「組織能力（Organization）」の4要素の頭文字をとって、**VRIO**と呼んでいます。

企業はさまざまな知識や技術、独自の能力などを持っていますが、中でも特に事業の中核的な力になっているもののことを**コア・コンピタンス**といいます。ただし、現在保有している資源だけでビジネスをしろ、市場競争を勝ち抜けということではありません。もし、不足する資源があるなら、どこかから調達してくることも視野に入れるべきです。要は、何がどれだけ不足しているのかを見極め、どこからどう調達するかを決定し、事業に取り込んでいく一連の活動も能力のうちということになります。

「情報」が第4の経営資源であるという話から、どうやら経営情報戦略はRBVと比較的親和性が高いようだ…ということを、読み取っていただけたでしょうか？

もう一つ、メジャーな戦略論を紹介しましょう。ＲＢＶとはある意味で対照的な立脚点を持つ、「**ポジショニング戦略論**」です。ポジショニング戦略論の旗頭は、**M・ポーター**です。先の問いについて、ポジショニング戦略論は、「ある企業が優れた競争優位性を発揮できるのは、業界の中で自社をうまく位置付けることができたときだ」という説明をします。この「うまく位置付ける」とは、平均的な収益率が高い業界への参入を意味します。ポーターは参入した業界で、以下の三つのどれかを実現することを「**基本戦略**」と呼びました。

① 顧客が価値と認めるものについて、ライバルより優位性のある違いを打ち出す（差別化優位性）
② ライバルよりも低価格で、財やサービスの提供をする（コスト優位性）
③ 活動の領域を絞り込み、差別化かコストで優位性を発揮する（ニッチフォーカス）

①の戦略を取るためには、他社との違いを出す商材開発や、マーケティングなどにかけるコストが必要です。②の、できるだけコストをおさえようとする戦略とは背反します。ポーターは、両方の戦略をいっぺんに追いかけることをあまり推奨しません。どちらも中途半端な状態に陥り、結局は全体としての成果が上がらないことが多いからです。このような状態を「**板挟み**（**stack in the middle**）」といいます。やるならあまり戦線拡大せず、事業領域を絞り込みなさいというのが③のニッチフォーカスです。

ＲＢＶが企業の内部に目を向けるのに対して、ポジショニング戦略論は自社が参入しようとする業界構造の分析や、ライバルとの戦略比較など、自社の外側に目を向けるという意味で、両者は対照的に論じられることが少なくありません。ただ、よく考えれば、「自社を正しい場所にうまく位置付ける」ためには、自分が何者であるのか、何ができて何ができないのか、それはなぜかがわかっていなければなりません。いくら平均的な収益率が高い業界を見つけることができても、自社がそこで活動をするのに必要な資源や、発揮すべき能力を持っていなければ意味がありません。当初は、参入すべき業界を識別するための収益構造の分析や、業界内のライバルとの位置付けの差異化といった、外向きのことを論じていたポジショニング戦略論も、やがて、価値を生み出す活動が企業の内部で連鎖的に行われること（**バリューチェーン**）や、模倣されにくい仕事のしくみが企業内部に構築されていること（**活動のフィット**）が、持続的な差別化につながるという考えに至りました。

結局のところＲＢＶとポジショニング戦略論は、「「車の両輪のように」論争を通じて徐々に変質し、重複する部分を多く持つ観点に変わって（沼上、２００９）」きたのです。一つの大きな問いの答に至るルートは、一本道ではないのですね。

登山のたとえ話で言えば、どの山に登るかを決める（登る山の選択を間違えない）というのはポジショニング戦略論的なアプローチです。そして、登山に必要な身体能力があるか、山を登るのに必要な道具や情報は揃っているか、登山道具を使いこなせるか、一緒に山を目指す仲間との役割分担や協力体制はうまくできているかと考えるのは、資源ベース戦略論的なアプローチです。

経営情報戦略とは、「データや情報の処理能力やコミュニケーションを、しくみとして経営に活かし、ライバルとの差異化を図り、模倣されにくい競争優位性を確立しながら、顧客に価値を提供し、自社の目的を達成していくためのシナリオ」と理解できます。それを、筋道を立てて説明し理解する学問が経営情報戦略論です。

6．データと「情報」の違い

日常生活ではデータや情報という言葉を、それほど厳密に区別していない人が多いと思いますが、情報学（Informatics）の世界では「データ」と「情報」は異なる意味で捉えられています。本節ではその違いを見ていきましょう。

データとは「今日のある場所の最高気温は何℃だった」とか、「今月は何が何個売れた」というような、「ある客観的な事実」のことです。しかしこれだけでは気温が高いのか低いのか、調子よくビジネスが進んだのか、どうするべきかは、わかりません。つまり、データそのものに意味があるといってしまうのは早合点で乱暴なのです。ある記録された客観的事実が何なのかがわかるには、この生のままの事実すなわち「データ」を、何らかの基準や価値観に照らして分析や解釈をし、意味付けする必要があります。「データ」は、意味を引き出すプロセスを経て、初めて「情報」に転換されるのです。

データが、意味付けされていない事実の羅列や記録であるのに対して、情報とは何らかのメッセージ性を帯び、人の行動の役に立つように質的転換されたものです。情報を得ることで、人は判断をしたり影響を受けたりします。データは意味付けのプロセスを経て「情報」に変換されるのであり、データそのものに最初から意味があるのではないとすれば、誰がその質的転換のプロセスを引き受けるのでしょうか。まずは、データを分析したり解釈を加えたりして意味を引き出す人がいます。意味について価値判断をする人がいます。またこれを、意図や目的を持ったメッセージとして発信する人もいます。これらの役割を担うのは、複数人かもしれませんし一人かもしれません。しかし上記のプロセスを経ても、一方で受信者が意味やコンテクスト（文脈）を受け止めなければ、情報は「情報」たり得えないのです。

例えば、学校で教師がどんなに意義深い講義をしても、受け手である学生が授業への集中力を欠いてよそ見をしていたら、教師が発したメッセージは教室内にむなしく響くだけです。深刻な例で言えば、被害発生が予想されるときに、自治体や放送局が懸命に注意を呼び掛けても、それが人々に届いていなかったり、意味が理解されなかったりすれば、ノイズになってしまいます。本当はそうではないのにです。本来は「防犯のため、戸締りをしましょう」とか、「安全な場所に避難しましょう」といった、価値ある情報になるはずのものが、「情報」として成立するかどうかは、最終的には受信者に委ねられているのです。

この関係性をもう少し理解するために、もう一つ別の角度から説明をしましょう。

情報は、意図をもって発信されます。通常、発信者側には、「情報に含まれる価値あるメッセージを、受信者に理解されたい」、「誰かに伝えて役に立てたい」、「影響を与えたい」という意識があることでしょう。しかしもし発信者に、「人々を混乱させたい」という厄介な意図があったとしたらどうでしょう。受信者には、それらしく情報めいたものに接触したときに真贋《しんがん》判定をしたり、信頼して取り込むに値すべきものかどうかを判断したりする能力が必要なのです。

近年、意図的な世論操作を目的に流される**フェイクニュース**（偽記事）や、もっともらしく人の心に訴えかけるように作られた偽情報の流布が問題になることがあります。現代は環境さえあれば、ウェブサイトや、ソーシャル・ネットワーキング・サービス（**SNS**：Social Networking Service）を通じて、さまざまな文章や画像を誰もが公開できます。そんな現代は、自由で便利な時代ではありますが、嘘や悪意も無責任なコピーや拡散行為によって瞬時に広まる時代でもあります。「大勢が〝いいね〟の印をつけているから」、「インターネット上で皆がシェアしているから」という数の多さが、真贋や価値を保証するとは限りません。受信者は、流れてきた情報を鵜呑みにせず、信頼できる主体が発信したものか、途中で話が捻じ曲げられていないかという視点を持って、ニュースソース（情報源）に当たるのが望ましいのです。その意味でも最終的に、情報が「情報」かどうかを決定するのは、発信者ではなく受信者なのです。

「情報」を介した発信者と受信者の相互作用を**コミュニケーション**といいます。コミュニケーションは、情報の受発信に双方向性がなければ成り立ちません。情報が発信だけの一方通行だったり、受け手との間に食い違いが起こったりすると、コミュニケーション不全や、当初の目的が達せられないなどという、困った事態に陥ってしまいます。「私は一生懸命に情報発信をしているのに、コミュニケーションが取れない」、「うちの組織は風通しが悪くて困る」などと思っている人は、相手の情報リテラシーばかりを問題にしていてはいけません。

リテラシーとは、素朴に言えば文章の読み書きの能力のことです。しかし今日では、ある素材を前にして意味を考えたり、適切に処理をしたり活用したりできる能力という意味で使われます。誰かとの意思疎通で、何かがうまくいっていないなと感じる人は、

① そもそも情報が、物理的に相手に届いているか
② 受信者が、意味や意義を理解できる形で発信できているか
③ 受信者からのリアクション（戻りの情報）を、こちらが受信できているか

ということを、一度よく点検してみることをお勧めします。

情報活用能力という概念には、受発信された情報が「情報」として再発信され、流通することも含まれます。情報が組織の中でどのように流通していくかは、次章で改めて見ていきます。

7. 情報の意味は誰が創る?

創発、英語ではemergence〔2〕という言葉があります。広辞苑では第六版（2008）から登場し、辞書によってはまだ見出し語掲載がない比較的新しい言葉です。経営学では現場からボトムアップによって、事業活動が洗練されるときや、イノベーティブで新しい仕事のやり方が湧きあがるようにして生み出されるときにこの言葉が使われます。

創発の定義について、広辞苑〔3〕より説明がいくぶん、わかりやすいと思えるのは、小学館のデジタル大辞泉です。ここには、創発とは「要素間の局所的な相互作用が全体に影響を与え、その全体が個々の要素に影響を与えることによって、新たな秩序が形成される現象」と記述されています。これを社会に当てはめれば、人や情報などが接触し合うことが、組織社会や行動に影響を与え、やがて新たな価値や秩序が生み出される、ということ

になります。

前節で、誰かが生のデータを解釈したり評価したりすることで、データは意味を持った情報に質的転換され、情報は人の行動に影響を与えるという話をしました。情報も人と接触することで、何かを創発するという特徴を持っています。理解のためのたとえ話をしてみます。

ある路上に、赤い最新型のスポーツカーが駐車していました。そこへ3人の人が通りかかります。一人目は車と写真が好きな若者、二人目は小さな子供連れのお母さん、三人目はこの車の前のお店の店主さんです。

若者は思いました。「このスポーツカー格好いいなあ。この赤い色がとても素敵だ」と。そして、車の持ち主に許可をもらって写真を撮りました。子供連れのお母さんは、「道路に止まっている車は、急に走り出すかも知れないわ」と思い、子供の手をしっかりとつなぎ、車から離れて行きました。三人目の店主さん、「うちの店の前に駐車するなんて、商売の邪魔だ」と怒ってレッカー車を呼び、スポーツカーを移動させました。

ある時、ある場所に、赤いスポーツカーが駐車していたこと、これは生の事実（データ）です。しかしその事実に触れた3人にとって、意味はそれぞれに異なります。若者にとっては憧れの対象であり、この車は好ましい気持ちを想起させる存在です。しかし、子供連れのお母さんには事故を予感させる危険物に、店主さんには仕事の邪魔になる迷惑物に映ります。同じ車を見ていながら、それは好もしい存在とは言えません。また最新型であろうが、何色だろうが、それには全く意味がありません。

このたとえ話からわかるように、データは人々の認識や価値観と接触し、それぞれの物の見方を通して、意味はその都度新たに創造されるのです。それぞれの登場人物によって創出された事実への意味は、写真を撮る、注意深く通り過ぎる、レッカー車を呼ぶという、それぞれの行動を引き出すトリガーになっています。データと情報の間には、人の認識を介して意味を創発する作用があり、創発された意味は行動を駆動するのです。

一般的に、情報には発信をする発信者が意味を持たせるものと思われがちです。確かにそういう側面もありますが、一方で、受信者側の判断や思考によって情報の価値や意味が定まるという性質もあり、一方的に発信者側がコントロールできるものではないということを理解しておきたいものです。赤いスポーツカーの持ち主は、自分が車を停めている間に、こんなにいろんな人がいろんなことを思ったりしたりするとは、思ってもみなかったに違いありません。

8．情報と知識

「情報」が、おおむね常に成り立つ確からしさや繰り返し性を持つと、それは**知識**として蓄えられるようになります。情報を解釈したり価値評価をしたりするには、そのための元の知識や前提が必要ですが、それが変化すると価値観や判断基準は変化することもあり、知識は時と共に古くなっていきます。情報をたくさん持っているだけなら、それほど褒められたことでもありません。

例えば、もし「私」が周到な準備の上で富士登山に成功し、すばらしい経験をすれば、「登山は（自分にとって）価値がない行為だ」という心中の図式は、体験を伴う知識として、全く違ったものに置き換わることでしょう。他の例で言えば、私の子供時代には、「スポーツは根性だ」とか、「足腰と根性を鍛えるには、うさぎ跳びだ」、「運動中には絶対に水を飲んではいけない」などということが、ほぼ疑いのない常識的な知識とされていました。私は部活で、「下級生は学校の外周をウサギ跳びで回れ」と言われ、毎日水も飲まずにウサギ跳びばかりしていました。私が無茶苦茶だと思った当時の知識は、今では科学的な根拠に基づき、定説とは言えなくなっています。このように、知識が古くなることを**陳腐化**といいます。

知識がさらに一般化されて、多くの人がそれを違和感なく受け入れるようになったものが、**常識**や**コモンセン**

スです。ただし、それが正しく、受け入れる価値があるかどうかは、それを共有しようとするメンバーの間で、価値観や規範、目的など、さまざまな前提が成立していなければなりません。時々、人に向かって「そんなことは常識だろう！」と頭ごなしに言う人がいますが、それは誰の常識なのかはよく考える必要があります。

自分にとっての疑いなき常識が、価値観の異なる相手にとっての常識とは限りません。常識とされるものもまた、データから情報への質的転換プロセスの影響を受けると考えれば、ある時点の常識が常に正しくあり続けるとは限らない、ということに注意を払うべきでしょう。

人生100年時代といわれ、変化のスピードが早くなっている時代には、若いころに習ったことや常識と思っていたことが、すっかり陳腐化してしまうことがあります。自分が変わらなくても、外部環境や世の中の価値観が変化することもあります。このような時には解釈や評価の物差しを、社会に合わせて変えなければなりません。もちろん変えないという判断はあり得ますが、それは十分な検討を経た合理的な判断であるべきです。

陳腐化した知識は一度捨てて、新しい知識に置き換えていくことが必要です。それはある時に慌ててするのではなく、不断のプロセスにしなければ間に合いません。知識の構築には、情報を扱う知識と運用がなくてはならないのです。

データと情報と知識の三者には、ループ構造があります。情報を用いて何かを判断するには事実を示すデータが必要で、データを「情報」とするには正しく解釈するための知識が必要です。そのときの知識は、それ以前に蓄積されたもので、新しく得られた知識は次に何かを判断するときの礎になる…それは、これらの要素のどれかが劣化すると、意思決定や判断に関わる営み全体が、共連れで劣化する関係にあるということです。

情報戦略の領域で着目すべき切り口はいくつもあると思いますが、要はこのループ構造をいかにうまくマネージしていくかだ、というのが一つの捉え方です。

企業には、過去に例のないことに、どう対処するかを決めなければいけない場面があります。そのようなときは、十分に成熟した知識がたまるのを待つことは許されず、今ある情報だけで意思決定をする必要に迫られます。判断の遅れが、より深刻な結果を導く可能性があるからです。経営者はそれまでに培ってきた知識や洞察力を総動員して、意思決定をしなければなりません。そんな喫緊の時であってもよい意思決定ができるためには、常にアップデートされた良質な「情報」や知識が手元にあることが大事なのです。

現代は、社会に実装される情報技術が破竹の勢いで進化し、生活や社会に少なからぬインパクトを与えています。それは、少し前まで性能の低い車が、舗装されていない狭い道をガタガタ走っていたのが、今では高速道路をさまざまな形の高性能な乗りものが、ビュンビュン走り回っているようなものです。それは取りも直さず、社会で物ごとが動くスピードが速くなるということですし、気がつけば人々の行動も、以前とはずいぶん異なる価値観の上に成り立っています。そんな社会では当然、ドライバーにもそれなりの技量が求められます。それゆえに情報戦略論を学ぶ意味があり、私の大学の講義も、3年もすればかなりコンテンツが入れ替わります。教員も今までずいぶん勉強してきたからもういいやとは言っていられません。人生ずっと学び続ける＝知識の再構築が必要だと、つくづく思います。

註

1――さらに学びたい人へ

ミンツバーグ、ヘンリー他（1999）『戦略サファリ』、東洋経済新報社。

青島矢一・加藤俊彦（2012）『競争戦略論』（第2版）、東洋経済新報社（第1版2003年）。

沼上幹（2009）『経営戦略の思考法』、日本経済新聞出版社。

2――“fact of somebody/something coming out from a dark, confined or hidden place”（Oxford Lerner’s English Dictionary: https://

www.oxfordlearnersdictionaries.com/)

3——進化論・システム論の用語。生物進化の過程やシステムの発展過程において、先行する条件からは予測や説明のできない新しい特性が生み出されること。

Chapter 2 組織と情報処理

1.「システム」＝「コンピューター」ではない

連想ゲームをやってみましょう。情報と言えば？

情報と言えば情報処理システム、システムと言えばコンピューター、コンピューターと言えばハードとソフト、ソフトウェアと言えばプログラミング、プログラミングと言えば…あーもう、ややこしいことはわかりたくもない〜、と思ってしまった人もいるのではないでしょうか？

早合点をしないでいただきたいのですが、システムとは直ちにコンピューターのことを指すわけではありません。**システム**とは、ある物ごとやある目的を成し遂げようとするときに、異なる役割を果たすパーツ（**要素**）が、互いに連携したり**相互作用**しあったりしながら、全体としてまとまって機能する体系やしくみのことです。

抽象的すぎてイメージがわきにくいでしょうが、日常使うパソコンを例にとると大変理解しやすいのです。

パソコンには、キーボードやマウスといった文字や命令を入力する装置があり、入力したものを変換したり計算したりする**CPU**と呼ばれる装置（Central Processing Unit：中央演算装置）があります。作業結果を表示するのは、ディスプレイやプリンターなどの出力装置。後まで残しておく大事なものは、記憶装置に書き込んでおく作りになっています。

パソコンで毎日の売上げと費用を計算したり、議事録を作って残そうとしたりするとき、入力、演算、出力、記憶を担当するパーツがすべて一連で機能してくれなければ、作業はコンプリートできません。一個でも機能不全に陥れば、他が大丈夫でも、「パソコンが壊れた、使い物にならない！」という話になります。先ほどの定義に照らしてみましょう。入力装置や演算装置などのパーツが「**要素**」であり、これらがそれぞれ機能を果たし、役割の受け渡しをすることで最終的に求められる結果を出す、これが「相互に関係し影響し合いながら」、「全体として機能する」ということです。そう考えると、動物や植物など、命のしくみも複雑で高度なシステムだと思えませんか？

コンピューターが導入されているかどうかに関わらず、役割分担が明確で、仕事が滞りなく整然と行われている職場では、何らかのシステムが機能していると想像されます。ここで言いたいことは「システムとは単に、プログラムで動くコンピューターを使うことではない」という話であり、コンピューターが介在しなくてもシステムと呼べるものは、たくさんあるということです。

システム的な動きには繰り返し性があり、できるだけスマートに運用されることが理想です。同じことをするたびに一から右往左往するよりは、あらかじめ決めた手順で、整然と処理をしていく方が効率的です。所定の手順をあらかじめフォーマット化して決めておくことを**定式化**と呼び、定式化された繰り返し性のある手順のことを**アルゴリズム**といいます。

手順の数は少ない方が、無駄がありません。同じ成果を出すのに30も手順を踏まなくても、五つのステップで済むなら、作業効率は6倍違います。例えば「今日の夕食にハンバーグを作ろう」ということでも、システマチックに手順を考えることができます。しかも、そのやり方は一通りしかないわけではありません（以下は、あくまでもたとえなので、レシピとしての正確性は追及しないでくださいね）。

①　買い物に行き、すべての材料（ひき肉、玉ねぎ、卵など）を買い揃える
②　それぞれの具材の下ごしらえをする
③　下ごしらえした材料を混ぜる
④　フライパンで焼く

とすれば、ステップ数は4です。しかし、そこでもし

①　ひき肉を買いに行く
②　ひき肉の下ごしらえをする
③　玉ねぎを買いに行く
④　玉ねぎの下ごしらえをする
⑤　卵を買いに行く
⑥　卵を割って他の具材と混ぜる
⑦　フライパンで焼く

としたらどうでしょう。段取りが悪すぎて、ステップ数が多くなっています。そのうちハンバーグはできるかもしれませんが、効率的な方法とは言えませんし、お腹が空き過ぎた家族からブーイングが出そうです。果たしてそれは、上手に目的を達成したと言えるでしょうか？

2. 組織の情報流通と意思決定

人は社会システムの中に生き、何らかの形で組織に属し、他者と関わりを持ちながら生きています。その**組織**と呼ばれるものが成立するのに、情報流通は不可欠の要素です。そのことをきちんと言語化したのは、アメリカの経営学者**チェスター・バーナード**（1886〜1961）です。彼は、組織を「意識的に調整された2人またはそれ以上の人々の活動や諸力のシステム」と定義しています[1]。要するに

①　2人以上が、達成したいと思う共通の目標を持っていること（組織の目的）

②　その目的達成のために、貢献する意欲を持っていること（協働の意思）

③　メンバー間で意思疎通が行われること（コミュニケーション）

の三つが揃って初めて、組織は組織たり得るのです。つまり、ぼんやりと人が集まっているだけでもだめだし、「誰かがやってくれればいいや」という意識でもだめ、お互いが情報を伝え合うこともせずに右往左往しているのもだめ、ということです。皆さんも、部活・サークル、職場、地域コミュニティーなど、何らかの集団に所属していると思います。なんとなくうまくいっていないとしたら、思い当たることはないでしょうか？　特に、「私はリーダーとして一生懸命に、何度も情報発信して旗振りしているのに、誰も動いてくれない」と嘆いたり怒ったりしている方は、何かが一方通行になっていないでしょうか？

リーダーのあなたが発信することを、情報だと理解して受け止め、意味付けをする働きは仲間の側にあります。そこでは共通の目的を協働して達成するという土台が、あらかじめしっかりとできているでしょうか？　人が組織という構造物を作る理由の一つには、「人はすべてを、一人で理解し、目的達成することができない、不完全な存在である」ということがあります。

もしも経営資源が無尽蔵で、人は全知全能で、常に誤りのない判断ができ、完全に合理的な行動を取れるなら、人は組織という構造物を作らないでしょう。経営資源を無限に投入できるなら、予算をいくらにしようとか、どのぐらいの規模の人員で仕事をしようとか、どの程度投資をしようなど、資源配分に頭を悩ませる必要はありません。それに、いつも完全に合理的な判断ができるのですから、誰かと相談する必要もありません。実際にはそんなことはできないから、人は目的を共にする人と集い、役割分担をしながらゴールを目指すのです。

一般的な企業であれば、短期的な目標は収益を上げることでしょうし、長期的な目的は、活動を通じて世の中の役に立つことでしょう。それが何を通じて実現されるかは、たいていはホームページやIR資料などに記載されています。社外のステークホルダーに、それらを知らせることはもちろん大事です。しかし、組織を構成し、役割分担をしてくれるメンバーは腹落ちするほど理解しているでしょうか？　入社時には説明があったはずですが、ご自身は覚えていますか？「私は伝えた（つもり）。伝わらないのは相手の問題だ」ということが、いかに深刻な誤解であるかを理解していただければと思います。

組織における核心的な行動である「意思決定」と「行為・実行」を深く追究したのが、1978年にノーベル経済学賞［2］を受賞した**ハーバート・サイモン**（1916〜2001）です。

ハーバート・サイモンは、人の認知能力や知識量、ある選択をしたときの結果を予測する能力つまり、人間の情報処理能力には限界があり、完全に合理的であることはできないと言っています。これを「**合理性の限界**」とか、「**限定合理性**」（**bounded rationality**）といいます。

組織が組織であるためには情報流通やコミュニケーションが大事だと言いながらも、合理性の限界ゆえに、それはいうほど簡単ではありません。組織経営者はこの限界に、常に自覚的に向き合っていくことが必要です。

ハーバート・サイモンはすぐれた経営学者であり情報学者で、ともすれば組織の形ばかりを論じがちな組織論に対して、情報と組織がどう関わり合うかを問い続けた人でした。彼が影響を受けたというチェスター・バーナードが、アメリカの電話会社AT&Tに長く勤務し、ニュージャージーベルの社長も務めていたという話を聞くと、何か偶然ではないような気がします。また、現代のICT社会を見つめる経営情報学と、彼らの組織に関する研究は、長く地続きだとの思いを深くします。

3. 意思決定の3ステップ

組織における核心的な行動の一つが意思決定です。意思決定は、できるだけスムーズで合理的であるのが望ましいのですが、「決める」と言っても、やみくもな決断をするわけにはいきません。**ジェームズ・マーチ**とハーバート・サイモン（1997）によれば、意思決定は三つのステップに分解できます。私には決断力があるから、すぐに何でも決めてしまいますよ、という人もいるかもしれませんが、世の中それほどさっさと決められるほど単純とは限りません。思うほどちゃんと考えていないこともありますし、逆に、パッと決めているようでも丁寧にみると、ちゃんと3ステップを短時間で踏んでいたりするものです。

そこに課題は存在するか？

ステップの最初は、置かれている環境を分析し、意思決定すべき課題が存在するかどうかを識別することです。この過程で、目標や活動がブレていなければ、無理やり何かを決めようとしなくてもよいのでしょう。しかし、本当にそうかどうかを識別するためには現場を見たり、客観的なデータの分析をしたり、関係者や顧客の声を吟味したりするなど、さまざまな情報を集め、整理し、注意深く分析し解釈する必要があります。このステップを「**情報活動**（Intelligence Activity）」と呼びます。

ここで必要になる能力は、情報の探索と処理の能力です。ここで課題と言っているのは既に顕在化している困った問題だけでなく、将来顕在化する可能性のあるシーズなども含みます。ですから、変化の兆候やイノベーションの可能性など、予見のために注意を向けるべき領域は、意外と広いはずです。

このとき、対処が必要だと考えられるイシューが見つかれば、次にするのは解決案を考えることです。

どんな解決策があり得るか？

第二ステップでは、実行可能性や予測される結果を考慮しながら、案の比較や評価（比較考量）を行います。多くの場合、課題の解決案にはいくつかの候補が考えられます。これを**代替案**や**オプション**と呼びます。ここでは、これから先のアクションと結果の想定が中心的なアクティビティーとなり、「**設計活動**（Design Activity）」と呼ばれます。

代替案は複数あるはずだといっても、数限りなく考えつけるわけでもなく、合理性の限界により、代替案をもれなく列挙することもできません。いつまでも考え続けていたら、すばしこいライバルに先を越されたり、時期を逸してしまったりするリスクもあり、考え続けるのもほどほどにした方がよい、という面もあります。

いずれにせよ、代替案にはリアリティーや難易度、想定される結果などに違いがあります。前章で「私」と友人が、登山道をどのルートにしようかあれこれ考えていたシーンが、まさにこのステップです。ここでは「案を数多く考えること」よりも、案の比較考量を通じて、起こり得る事態や結果についてのイマジネーションをできるだけ鮮明に持っておくことの方が大事です。

三番目のステップでようやく、代替案の中からどれかを選択し、決定することになります。これは文字通り、「**選択活動**（Choice Activity）」と呼ばれます。しかし、一長一短あるように見える代替案の中から、どのような基準で選択をするのでしょう？

どの水準を希求して選択するか？

私たちは、ある案を選択することによって帰結する結果を、完全に予想することはできません。当然、想定の中で最良の結果になりそうなものを選ぶのに違いありませんが、たいていは、「まあ、このぐらいの結果に落ち着くならよしとしよう」と思える水準で決定せざるを得ないのです。このような基準を**満足基準**といいます。

これに対して、すべての代替案を比較し、どの案よりも絶対望ましい結果が出るという基準で意思決定することを、**最適基準**による意思決定といいます。しかし、全知全能ではない私たちは、すべての代替案をもれなく列挙することはできませんし、最適の結果がどれかを完全予測することもできません。つまり、意思決定には「制約された合理性」というものが、どこまでもついて回るのです。

満足基準による意思決定は、人間が合理性の限界に屈した末の、残念な妥協の産物なのかと言えば、そうとも言い切れない面があります。これについて、ジェームズ・マーチとハーバート・サイモン（1993）は、以下のような面白いたとえ話をしています。

干し草の山の中に、大小さまざまな針が多数紛れ込んでいるとします。今、分厚い布を縫うための太くて鋭い針が欲しいので、干し草の中から針を1本選び出すことにします。もし、最適基準による方法で選ぶなら、

① 干し草の山からすべての針を取り出し
② 太さと鋭さの順に、全部の針を並べて順位付けをして
③ 1位になった針を選択する

ということになります。こうすれば、誰がやっても選ばれる針は必ず同じ針に一意に決まります。一方で、もし満足基準で針を選ぶなら、

① 干し草の中から適当に針を探して
② 布を縫えるぐらいの気に入った針が見つかったら探索終了

となります。この場合、探し方によって選ばれる針が異なっていても、それはよしとするわけです。もし、干し草の中に針が数本しかなければ、結果は最適基準で決定したのと同じ針に決まる可能性は高いでしょう。でも、もしかしたら、もっと鋭い針が干し草の中にあるかもしれません。それでも布を縫う目的に対して、十分使用に耐える針があったのだからＯＫ、満足基準とはそんな意思決定の方法です。

どちらの方法がいいかは一概には言えませんが、コストで判断することはできます。最適基準による決定は、

最も太くて鋭い針を確実に選ぶことはできますが、手間と時間が非常にかかります。手間と時間とは**コスト**です。そこまで高いコストをかけなくても、布を縫うという目的を達成できるなら、満足基準による意思決定も悪くはないのです。

実際の場面でも、いつまでも「もっといい案があるかも知れない」、「他に案はないのか?」、「必ず一番いい結果が出るのか?」と迷い続けて、なかなか先へ進めない人がいます。合理性の限界にからめとられてしまって、意思決定の3ステップがうまく踏めていないということなのでしょう。そうこうしているうちに時期やチャンスを逃してしまうことの方が、**機会費用**の喪失と言って、ビジネスとしてはよほど痛手です。先行きの不透明性が高く、ビジネスの前提条件となる環境の変化が早くなっている現在は、ある程度のところで踏み切ることや、状況により当初の想定を修正しながら先へ進もうとすることも必要です。

残念ながら、経営学理論は個別のケースについて「どれが正解か」の判断はしてくれません。それは、「一般的にそうである可能性が高い」という傾向法則を学んだうえで、ケースに直面する人自身が決めることです。限界に直面しながらもよりよい意思決定のために、私たちは不足する能力を補い、役割を分担し合うシステムとしての組織を作り、情報処理の標準的な手法を用いてコンピューターやオンライン等のツールを使いこなすのです。高度なＩＣＴによる情報処理は、こういったことの延長線上にあるものと考えれば、位置付けや必要性を理解しやすいでしょう。

登山計画進行中の「私」も、自分に合う登山靴を買うのに、世界中すべての靴を試して決めることはできません。せいぜい数件のお店とオンラインショップのハシゴをして、サイズと予算に合う適当なところで決めることにします。

4. 選択と意思決定のための情報処理

前節では意思決定の3ステップを紹介しました。自分ひとりが当事者であり決定者である場合には、このステップを自分で踏むことになりますが、組織で意思決定する場合には決定権を持つ他の人にステップを委ねるときもあります。

意思決定とは選ぶこと

関わる人の数が多い場合や、甲乙つけがたい案が並ぶ場合には、意見が割れたり判断がつかなかったりして、決定に時間がかかることがあります。必要以上に時間がかかったり、ひどい案を選んでしまったりすることがないように、案の選択という行為についてもう少し深掘りしてみましょう。

人は、多くの場合は満足基準によって意思決定せざるを得ない、という話をしました。原理的にはそうだとしても、実際に意思決定に臨む人々の気持ちとしては、「できるだけ良く考え、良い意思決定をしたい」という思いでいるのが自然だと思います。意思決定の二番目のステップ（設計活動）で提示される代替案の数は、やはりできるだけ多い方がいいと思う人は少なくありません。中には、課題の解決案を考えて上司に持って行ったら、「もっと他にも案を考えて」と言われた人や、逆に、「がんばってたくさんの案を考えたのだから、決定権者には案を全部見て、丁寧に決めてほしい」と思った経験がある人もいるでしょう。意思決定には、「何を課題としよう」、「どの代替案にしよう」など、「選ぶ」という行為がついて回ります。特に意思決定の最終ステップは、案の中から結論を選び他の案を捨てるという行為によって完結します。これを失敗すると努力が水泡に帰すと思うと、誰でも少しは緊張するものです。

選択による意思決定に関する有名な研究に、米国コロンビア大学ビジネススクール教授のシーナ・アイエンガーによる「ジャムの実験」と呼ばれるものがあります[3]。これは、「無条件に提示される選択肢が多すぎると、人は決められなくなる」ということを実証した研究ですが、あらかじめ自分の好みや志向がはっきりわかっている場合には、選択による意思決定は比較的容易に行われることも示されています。

これは、例えば私が洋服や化粧品を選ぶときのように、得意分野で知識や思い入れがあることの場合、人は熱心に代替案となる選択肢を検討し（ステップ2の設計活動に相当）、比較的満足度の高い結論に至るという話です。逆に、そのような状況でない時に結論を迫られると、人は検討疲れを起こして意思決定を放棄してしまい、決定不能の状態に陥ります。おそらく今の私が登山用品店に行って、山登りに必要なものを買おうと思っても、商品をずらりと並べられると、もうどれにしたらいいのかがわからなくなり、手ぶらのまま店を退散してしまうか、逆にあれこれ余計なものまで買い過ぎてしまうことでしょう。多すぎる選択肢を示されると、人は適当な判断しかしなくなる可能性を、この実験は暗に示しています。

個人的な趣味の買い物ならまだしも、責任のある仕事や組織では、意思決定を放り出すことはできません。怖いのは責任があるにも関わらず、適切な判断ができず、苦し紛れの決定をしてしまうことです。これは、その意思決定権者が、性格的に無責任だとか無能だからとは限りません。

意思決定とは、一種の情報処理のプロセスです。おいしそうなジャムや、自社のパフォーマンスを向上させそうなプランなど、魅力的な代替案がずらりと並ぶとき、もし経営資源が無尽蔵なら、何も悩まずに店頭ではジャムを全部買い、思いつく施策は全部実行してしまえばいいでしょう。しかし実際はそんなわけにはいきません。すべてのリソースは有限だからです。だからこそ経営には資源配分に関する思案が必要で、経営者は意思決定プロセスが機能不全に陥る可能性を回避し、限りある情報処理能力をどのような方法で補うかという課題に向き合わなければいけないのです。

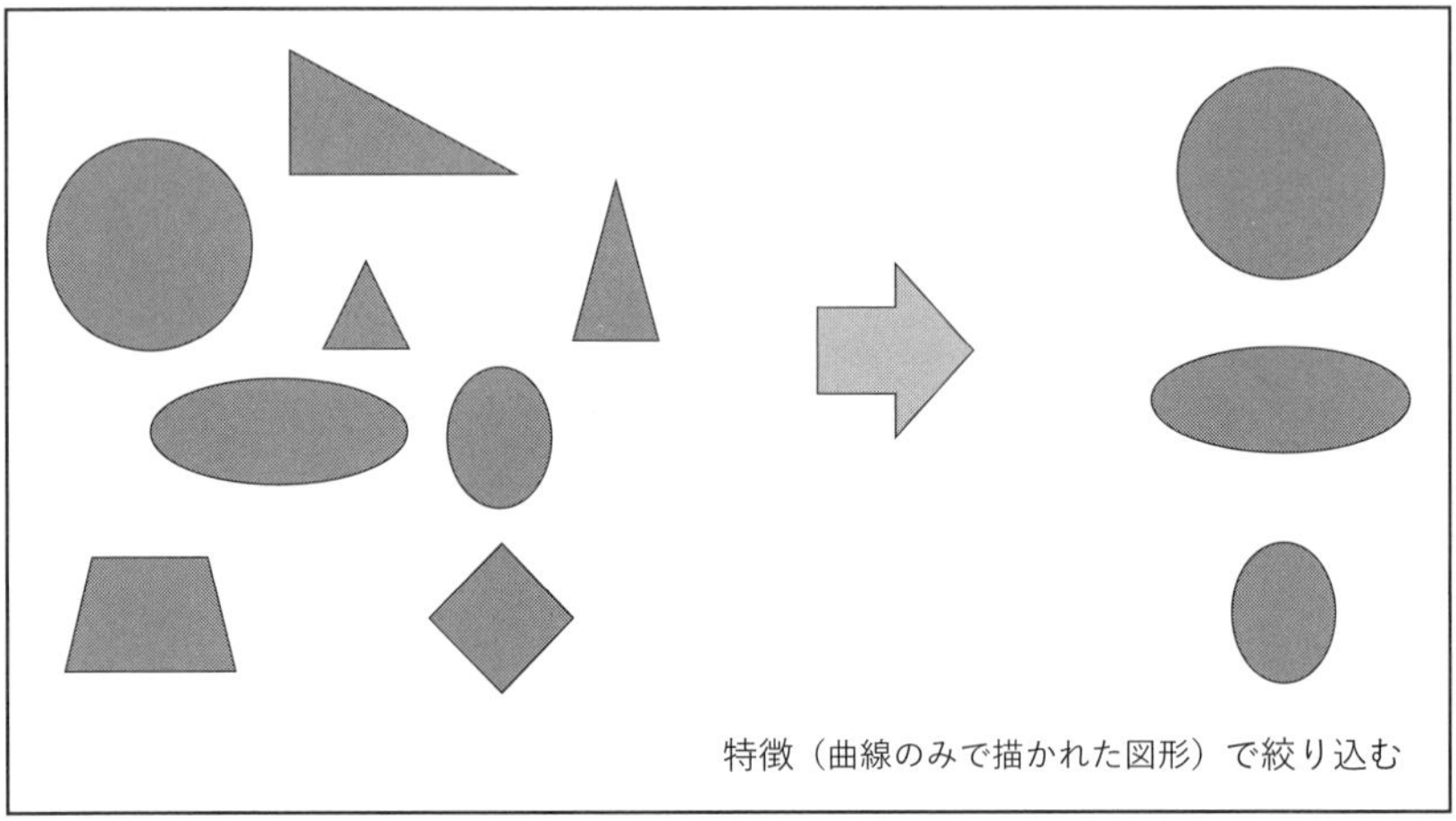

図1　考慮すべき要素の数を絞り込み、選択を単純化する

選択のためのいくつかの賢い手順

代替案の中から良いと思える案を、理路整然と選んでいくためにどのような方法を用いればよいか、いくつかの例で考えてみましょう。

示された代替案は、一通りの検討を経て「全然ダメな案」は除外されており、どの案も一定水準以上の結果が期待できるものと仮定します。この中から、できるだけよいものを、一つだけ選んで決定することとします。

方法の一つ目は、考慮すべき要素を単純化することです。

図1の左側のように無造作に提示された多すぎる選択肢は、「一つだけ選んでください」と唐突に言われても、何を基準にして決めればよいかよくわかりません。しかし、示された図形をよく見ると、形、大きさや縦横の比率の違いはあるにせよ、「曲線のみで描かれた図形」か「直線のみで描かれた図形」のどちらかであるという、決定的な特徴があります。この明らかで大きな特徴の違いから、まず候補を「曲線のみで描かれた図形」に絞り、その中から、中心から円周までの距離がすべて等しいもの（円）を選ぶか、そうでないもの（楕円）にするかを選びましょう。そして楕円を選ぶ場合には、距離の縦横の比率（横長の楕円か縦長の楕円か）を決め

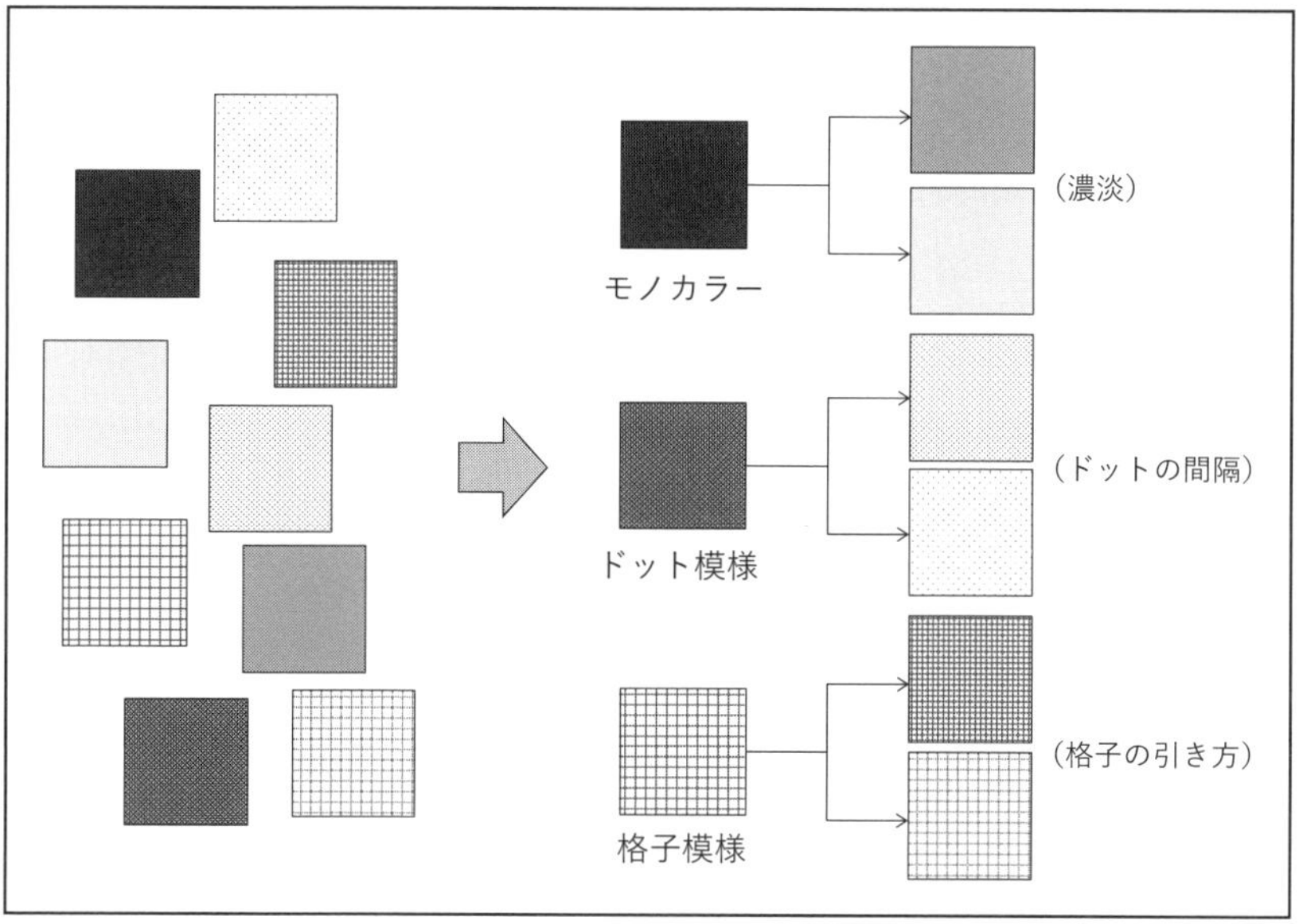

図2　分類する

て選ぶという具合に、考慮すべき要素を単純化することで、思考の右往左往を防ぐことができます。

同様に「直線のみで描かれた図形」を選んだ場合も、描かれている直線の数（3本か4本か）、直線の長さは等しくするかというように、要素を絞り込んでいくことで、最終的な決定に至ることができます。

二つ目の方法は、徹底的に分類をして選択の幅を縮めていくやり方です。

これは実は日常生活でも比較的よくやる方法なので、あまり細かく解説する必要はないかもしれません。先ほどのジャムの例でも、「オレンジ系」、「リンゴ系」、「ベリー系」など系統立てて分類し、候補を絞り込んでいくことができます。同じような色目の洋服選びで迷うときも、図2のように、単色か地模様があるかで大きく分類し、さらに色の濃淡、地模様の種類、模様の目の細かさで細かく系統で分類し、選別ができます。

この方法のいいところは、分類の基準を比較的自由に設定できるところです。一番目の方法のように代替案の間に決定的な違いが見つからない場合には、生産地や製法、コスト、入手条件の違いなど、自分たちが大事にしたいと思う基準や気になる要素を任意に設定して分類できます。

ただしこの時気をつけたいのは細分化し過ぎない、ということです。言うことが矛盾するようですが、多過ぎる選択肢に悩むとき、往々にして私たちは案同志の微妙な違いが識別できなくなっています。店頭で散々迷って買った商品なのに、家に帰ったらとてもよく似たもの（でも確かに微妙に違う）を持っていたということはありませんか？　このケースでは、どの案を採用しても一定水準以上の満足は達成されるという前提を置いています。もし他に大きく結果を左右する要因がないとすれば、見分けがつかないほどの微妙な違いにこだわったところで、帰結する結果には大差がないということになります。

分類や検討にそれなりの時間をかけることは決して悪いことではありませんが、細かく分類することが目的になったり、分類が多くなり過ぎて思考が止まったりしては本末転倒です。図3で示したようにいったん「一番濃い・一番薄い・中間」という風に大胆に分け、そこから少し濃くするとか薄くするといった具合に、どちら側かに寄せていく方法をとるのもよいでしょう。

三つ目の方法は、要素間の関係性に着目してそれを十分に単純化させることです。

これは事例で考えてみましょう。まず図4を見てください。最初に種明かしをしておきますと、図4の左側の図面と右側の図面に描かれている図形は、六つとも同じ形と色のものです。また図形を結ぶ線も、左側の図ではところどころ交差していますが、本質的なつながり方は右側と同じです。

さて、意思決定権を持っている相手にこの6個の中から一つだけ図形を選んでもらうことが、今回の目的としましょう。

まずは左側の図だけを見せて、いいと思うものを一つだけ選んでもらうこととします。

左側の図面では図形と線は無造作に配置されており、なぜこういう配置になっているのかをすっきり説明する

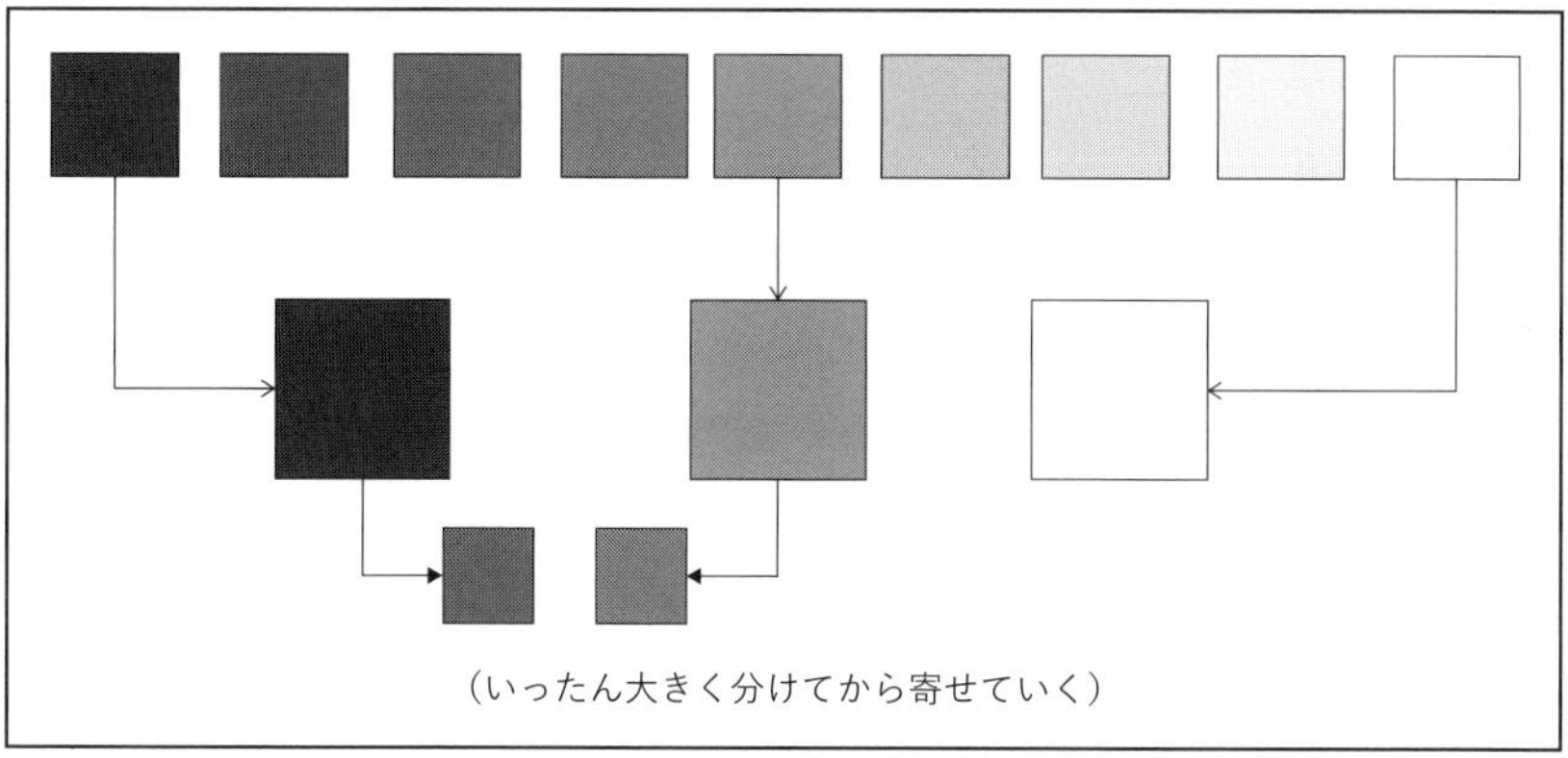
（いったん大きく分けてから寄せていく）

図３　細分化しすぎない

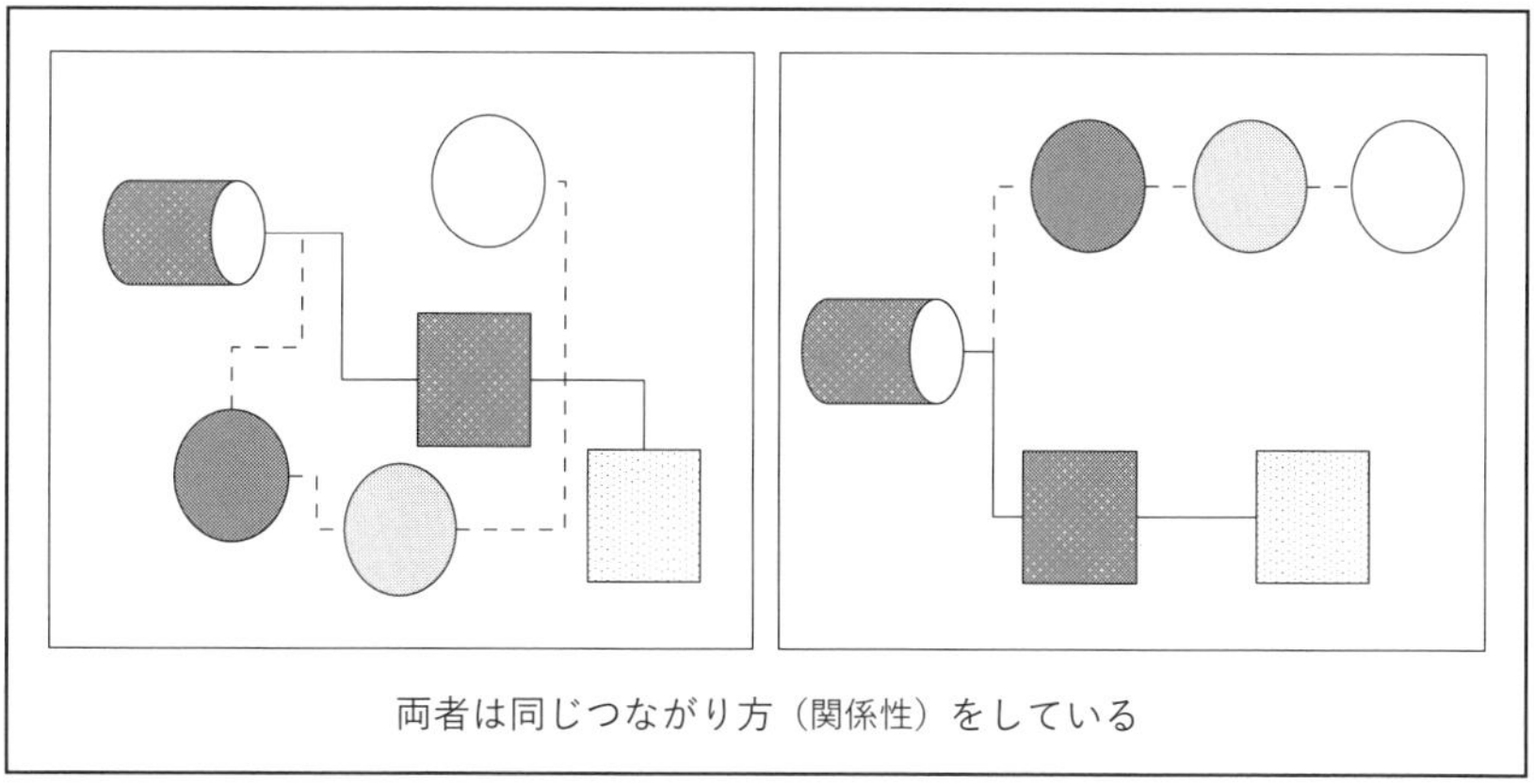
両者は同じつながり方（関係性）をしている

図４　要素間の関係性を十分に単純化させる

のは難しそうです。このような場合、決定を依頼する側の説明は紋切型になりがちですし、選ぶ側の人（意思決定権者）は、よほど好みや信念のようなものがない限り、迷った挙句に「何だかよくわからないけれど、選べと言われたから適当に選ぶ」ということになりがちです。

一方、右側の図を示した場合はどうでしょう。意思決定権者との間で、以下のようなコミュニケーションができそうな気がします。

（決定依頼者）

「選んでいただく六つの案を持ってきました。」

「図形は、形と色、塗りつぶし方の違いで構成されています。
・形は、①円、②四角、③円と四角を合成した円柱形の三つです。
・円柱形から円は円同士、四角は四角同士、線で結んであります。
・線をたどって右に行くほど色が薄くなるように配置しています。
・単色かドット模様が選べます。
順番にご検討いただき、よいと思われる案を選んで決定してください。」

（意思決定権者）

「そうですねえ、直線の方が描きやすいから、四角形がいいねえ。色は目立つように、濃い方がいいでしょう。」

「しかし、ドット柄は見る人の目が疲れそうだから単色の方がいいですね。」

（決定依頼者）

「地色は、案のとおりの色を使いますか？」

（意思決定権者）

「それも悪くはないけれども、もっと濃い色にすれば、よりよいんじゃないかな。」


なんだか要領を得ないまま出された案の中から選ぶケースに比べて、意思決定権者とのコミュニケーションが無駄なく進み、会話のキャッチボールを通じて体系的な検討が行われています。その中で、どうすればよりよくなるかにまで考えが及び、当初よりもアイデアが加わった意思決定が行われていることがわかります。もちろん上記の会話は仮想の会話で、いつもこのようにスマートな意思決定ができるとは限りませんが、できるだけ思考上の分断を起こさず、最短距離でよい意思決定を目指す情報処理の工夫は、常にあった方がよいと思います。

この項では情報処理について、選択による意思決定のための代替案の提示のしかたや、コミュニケーションの取り方という切り口で考えてきました。当然、ここにあげた方法以外にもやり方はあるでしょう。いくつかの方法を組み合わせて複雑な選択問題を解決していくこともあります。いずれにせよ、選択による意思決定で迷わないためには、事前にその事がらに関する知識を持ち、代替案をある基準で分類したり関係性をシンプルにしたりしながら、代替案を絞り込むこと。そのような形で情報処理を行えば、合理的な意思決定に近づくことができるという話です。

ところで、「そんなことは、これからはＡＩ（Artificial Intelligence：人工知能）が自動でやってくれるのだから、そんなに神経質にならなくても任せておけばいいんじゃないか」と思った人がいるのではないかと思います。それは、少しは当たっているかもしれませんが、適切とは言えないところがあります。このことは、改めてChapter 4で考察していきたいと思います。

5. 組織内の意思決定と情報処理のシステム

組織では、何をするか・しないか、誰がやるか、どのようにやるか、いつやるかなど、常に大小の意思決定が行われています。それはある種の情報処理のシステムとして捉えられます（何度も言いますが、システムはコンピューターとは限りません）。意思決定の情報処理とは、解決すべき課題があるかどうか見極めて、必要な情報を組織の内外からインプットし、組織に蓄積されている情報や知識も使って、アウトプットすることです。

この一連のプロセスの中で、ＩＣＴがよく介在できるのは、インプット情報をアウトプットに結び付ける真ん

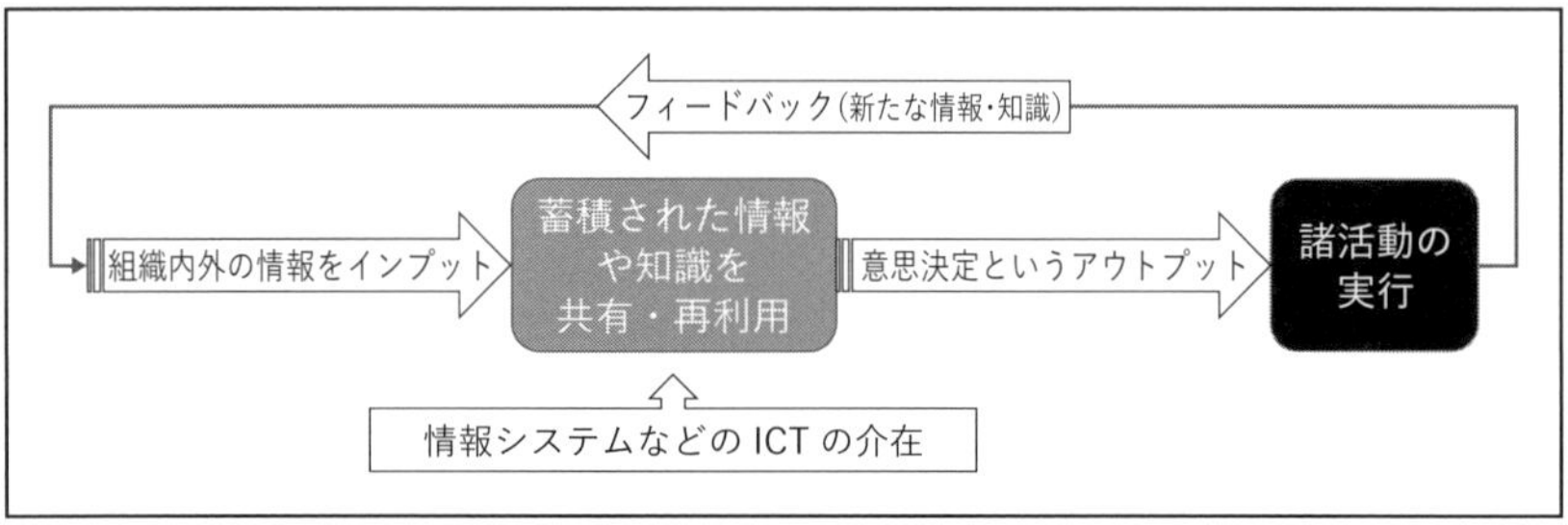

図5　組織の情報処理と意思決定のサイクル

中の部分だと言われています。情報技術を用いて情報をうまく活用し、迅速で適切な意思決定ができれば、諸活動の実行が早く・上手にできる可能性が高まります。活動の結果はフィードバックというかたちで、新たな情報としてインプットすることができます（図5）。本来、組織の情報処理にはこのようなループ性があるはずですが、実際はそれがうまく回っている組織と、ループが途中で途切れたり迷走したりしている組織があります。そのことで、結果的に両者のパフォーマンスには差が出てきます。

どうすれば、このループを上手に回していけるかが問題です。スタンフォード大学ビジネススクールのヘイム・メンデルソンとマッキンゼーのヨハネス・ジーグラーらが、**組織IQ**という概念を提唱しています。IQという以上は、組織が情報を処理する能力の高さを測定しようという試みなのですが、これを比較可能な形で数値測定するのは容易ではありません。ただ、仮に普遍的な計測方法が確立されていなくても、組織の中で情報流通がうまくいっているどうかをチェックするポイントとしては、わかりやすく実務的な着想です。

ここでは彼らが提案する五つの指標がどのようなものでそれらが示唆するものは何か、他の経営理論も援用しつつ、拡張的な考察をしていきましょう。

外部情報の認識

組織の各部門がそれぞれ、必要な外部情報をつかんでいるか？

企業は、ある程度の規模になると製造、営業、研究開発、総務・経理等のスタッフ部門など、いくつかのサブ組織に分かれ、権限委譲や役割分担をしながら活動をします。活動に必要な外部情報は、顧客のニーズやライバルの動き、最新の技術動向、経済指標など多岐にわたります。分掌された業務によって、各部門が必要とする情報の種類や粒度は、均一ではありません。

企業の組織図を見るとわかるように、多くの大組織では、戦略目標の設定や経営資源配分などに関わる全社マネジメントの部門から、配分された経営資源を活用して業務を遂行するオペレーショナルな部門まで、階層構造を取っています。このとき意思決定も範囲を規定し、階層的に分担されます。一般的には上位の意思決定部門が必要とする情報は、市場のトレンドや業績のマクロ数値など、広範囲な情報源から収集する比較的ざっくりとした粒度のものです。一方、現場に近くなるほど、必要なのは日々のタスクに近接した、細かい粒度の情報になっていきます。組織の階層構造を表すのに、よく上部組織と下部組織、トップマネジメントとロワーマネジメントという言い方をしますが、それはその部門が偉い・偉くないということではありません。あくまでも、求められる責任や業務分担の範囲が異なると捉えるべきです。

分担業務により、その部門が最も把握しておくべき情報は異なります。しかし水平の位置関係にある部門同士は、どちらも双方が必要とする重要情報を重なり合うように共有しておく必要があります。例えば開発部門とマーケティング部門は、どちらも技術動向や顧客のニーズをそれなりに了知していることが必要ですし、スタッフ部門は市場動向を知らなくていい、ということにもなりません。

ともあれ、まずは「自組織が把握するべき外部情報が何か」、「できるだけ正確でフレッシュな状態で捉えているか」ということに疎いようでは、お話になりません。

効果的決定構造

意思決定が正しいレベルで、適切な人物によって行われるように、組織や権限が設計され、その意思決定者に有用な情報が正しく伝達されているか？

有用な情報や知識が組織のどこかにあっても、ここぞというときに使われなければ宝の持ち腐れです。情報は活用されてこそ真価を発揮する、ということを意識した組織の構造を、あらかじめ整備しておかなければいけません。また、どんなに有能な意思決定権者でも、間違った情報や偏った情報を与えられれば、正しい判断はできません。

これらのことから、組織の設計とは、単に部や課などの器を作るだけでなく、要所にふさわしい人を配置し、しかるべき人に適切な情報が届くルートを設計することだと理解するべきです。またこの構造は、実際に稼働することが大事です。情報は、発信者がインフォームしただけでは「情報」たり得ず、受信者に受け止められ、意味を付与されてはじめて「情報」たり得るという話は、既に述べた通りです。付け加えるとすれば、情報は、伝達距離が長くなると減衰したり、曲がって伝わったりすることがあるということです（伝言ゲームを思い浮かべてください）。伝達先が複雑だったり、多数にわたったりする場合は、中継機能が必要です。情報の伝達経路の設計については、後ほど少し詳しく見ていきますが（48頁参照）、一斉同報機能や返信・記録機能があるＩＣＴを道具としてうまく使うことは、情報流通を基軸とする組織運営の要諦の一つです。

内部知識流通　意思決定に必要な情報・知識が境界を越えて共有されており、組織の構成員が業務知識や過去の失敗例などを学習できる環境が整っているか?

これは、情報は必要に応じて物理的・時間的境界を越え、組織の垂直方向にも水平方向にも共有されるべきだということです。着目したいのは、上記の文の後半部分です。ヘイム・メンデルソンとヨハネス・ジーグラーは、「学習とは、過去の経験から得た知識を未来へと移転する、時を越えた知識移転である」と言っています。

組織の内部で共有されるべき情報や知識には、きれいごとだけでなく、失敗事例や不都合な真実なども含まれます。なぜならそこには解決すべき課題や、失敗を繰り返さないためのヒントが潜んでおり、組織学習のチャンスとなるからです。しかし人間は、組織にとって合理的な行動を常に取るとは限りません。嫌な思いがする物ごとは、どんなに教訓を含んだものでも、人は口が重くなりがちです。また、「この仕事を人に教えて、誰でもできるようにすると、自分の存在が脅かされるかも知れない」などという心理が働くと、人によっては知識を他の従業員と分かち合うのを忌避することもあります。

これらの行動の背後では、「人前でぶざまな思いをしたくない」とか、「アイデンティティーや居場所を守りたい」という、個人の局所的な思いが働いているのかもしれません。しかし、組織運営の全体最適を考えれば、それは合理的とは言えません。また、人は**認知バイアス**と呼ばれる心理的な作用が無意識に働くことで、非合理的な行動をすることもあります。何か不都合な情報に触れたときに、「今回は無視しても大丈夫」だとか、「自分に限っては、大事には至らない」などと事態を過小評価したり、「他の人も問題ないと言っている」などと、都合のよい情報だけを集めてきて、誤りを含んだ先入観を自己強化したりしてしまうことが、実際にはあり得るのです（この場合、「他の人」とは具体的に誰なのか、言っていることに根拠があるのかといったことが問題です）。

人は自分ですべての経験をすることはできない中で、うまくいったことも、耳が痛い話も、人と分かち合うことによって疑似体験を積みます。また、偏った情報は複数の人の目を通して修正され、組織は学習しながら成長します。そのような環境がないところで、果たして望ましい組織運営や、目的達成ができるものでしょうか？

組織のフォーカス

担当する事業の範囲や管理対象を限定しプロセスを簡素化することで、情報氾濫や過度に複雑な意思決定プロセスを排除し、デリバリーされる情報が最適化しているか？

前項は、「捕捉する情報は多い方がいい」、「情報はみんなで共有をした方がいい」ということが大前提の話でした。しかしその反面で、過ぎたるはなお及ばざるがごとしで、「情報は最適化せよ」ということがあります。ここでいう情報の最適化には、二つのポイントがあります。

一番目のポイントは、情報氾濫への対処という意味での最適化です。どんなに優れた人でも、情報処理能力には限界があります。だからこそ私たちは、組織という形の分業体制をとるわけです。分掌する内容によって、必要な情報の種類や深さの程度に違いがあるという話は既に述べた通りです。責任の範囲に応じて情報は取捨選択をしないと、私たちは情報洪水に巻き込まれてしまい、見極めるべき物ごとを見失ってしまいかねません。

先に紹介したハーバート・サイモンの、著書『*Administrative Behavior Forth Edition*』[4]は、１９４７年の初版から50年後の１９９７年に、80歳を迎えたサイモンによって改訂されたものですが、インターネットに裏打ちされた現在のＩＣＴ時代を見通すような以下の記述があります。

「情報不足は意思決定における本質的な問題ではない（しかしときとして正しい情報の不足は問題となるが）。（中略）科学的・技術的知識、意思決定、情報処理システムによって、情報から私たちが必要とする部分だけをとり出し、選択的にとり入れることができなければならない」。

１９９７年といえばGoogleがようやくアメリカで産声をあげたところで、日本のインターネットは、今と比べればとんでもなく通信速度が遅い**ナローバンド**のダイヤルアップ接続[5]の時代でした。それでも既にこのような指摘があったわけですから、現代における情報選択の必要性はなおさらです。

情報の最適化に関する二番目のポイントは、意思決定のプロセスを複雑化させないことです。組織では必要な情報を共有しながら、大小さまざまな意思決定をしますが、「情報はみんなで共有をした方がいい」という原則を過剰に捉えてしまうと、不必要に大勢の人を巻き込み、進行が煩雑になってしまいます。それでは何のための組織分業なのかがわかりません。企業における意思決定方法の一つに、稟議書で承認を得るという方法があります。「念のため、あの人にも稟議書を回しておこう」、「後から聞いていないと言われると面倒だから、この人にもサインをもらっておこう」、「必須ではないが、一応参考資料をあれこれ添付しておこう」ということをした結果、やたら分厚い稟議書の表紙が、責任や権限のない人たちのハンコだらけになったという、笑えない話があります。余計な時間がかかるばかりで、効率的な組織運営とはとても言えません。事と次第によっては、大事な時宜を逃すことにもなりかねません。

情報時代の事業網

パートナー企業との協業、アウトソーシングの利用を通じて、より高い価値創造が可能と認識しているか?

今日の事業活動は、自社だけで完結することはまずありません。企業には、原材料を仕入れて完成品を作り、流通経路を経て最終顧客の手元に届く、アフターフォローを行う等の一連の活動があります。これらの活動が、付加価値によって連鎖していることを**バリューチェーン**〔6〕といいます。バリューチェーンに連なる活動はパートナー企業に依存する部分もあれば、自社に代わって役割を担ってくれる事業者(アウトソーサー)が関わる部分もあります。分掌範囲に合った効率的な情報流通は、組織のパフォーマンスに影響を与えます。ヘイム・メンデルソンとヨハネス・ジーグラーの言葉を借りれば、「eビジネス時代のIQの高い企業は、ビジネス・パートナーシップの中で前記の四つの経営原則を、事業ネットワーク全体に応用する」ということです。

組織の目的達成のために必要な物ごとの遂行を、外部化するか内部化するかの問題は、経済学の**取引コストアプローチ**によって説明ができます。取引費用経済学の立役者は1991年にノーベル経済学賞を受賞した**ロナルド・コース**(Ronald H. Coase)と、**オリバー・ウィリアムソン**(Oliver Eaton Williamson)です。ウィリアムソンは2009年のノーベル経済学賞受賞者です。

取引コストとは、財やサービスの取引行動をめぐり、参加者が負担せねばならない費用のことです。取引行動アプローチでは、ある仕事を完遂するのに必要な労働力や資源を、組織内部で調達するか市場調達にするかは、取引コストの多寡により決定すると考えます。**内部化**とは、企業内の権限関係によって活動を完遂することであり、**外部化**とは、外注(アウトソーシング)や提携、商契約など、社外の関係者との約束事に基づくメカニズムで活動を完遂することです。

取引コストは、直接的な対価支払いによる金銭コストだけではありません。個々のタスクにかかる労力(手間)、時間、仕事を任せようとする相手が信頼できるかを判断すること、相手との極端な駆け引きの排除、やるべきことを正当に履行しているかどうかのモニタリングなどを、すべて「コスト」として捉えます。また、アウトプットの品質や相手の信頼性を評価したり、適正な取引対価を設定したりするために情報を収集し、評価するという**情報コスト**もあります。これらは対価によってバランスさせる必要があり、総称して**取引**と呼びます。

誰かに職務を任せる時には、必ず取引コストが発生します。内製を選択すれば、労働需要に対するコストを、報酬・昇進・配置転換などの制度、すなわち**雇用**によってバランスさせ、アウトソースを選択すれば金銭や、契約締結時に約束した条件の履行などでバランスさせることになります。労働力の調達は、内部化と外部化のどちらか、取引コストが小さい方が選ばれるのです。

協業やアウトソーシングをすればパフォーマンスが上がると思うのは、早計というものです。外部化をするのは、その方が総コストが少なく、結果として高いレベルで付加価値創造が可能だという判断が働く場合です。そういった見込みなしに外部化をしても、良い結果は出ません。

外部化とは、あるタスクに必要な経営資源をゼロから自力獲得するのではコストがかかり過ぎるときに、ある条件で、その部分を外部に担当してもらうということです。情報戦略論的にはその場合も、必要な情報の円滑な流通には配意をすべきだという話になります。ただし、外部の相手との間には物理的、文化的な距離があることを考えれば、内部化のとき以上に情報流通にコストがかかっても不思議ではありません。

一方で、現代はＩＣＴというツールを利用すれば、遠距離のプレーヤーともほぼリアルタイムで意思疎通ができます。情報流通の手段や経路設計にＩＣＴをうまく導入すれば、地理や時間等の物理的制約を小さくしつつ、外部化可能な範囲を広げられます。それは、より少ないコストで価値創造ができる可能性を意味し、節約したコストを付加価値創造に再投資できれば、収益性向上の期待も展望できます。

ここまで組織ＩＱという概念を借りて、それよりは少し幅広に、組織の情報処理と意思決定の関係について見てきました。市場競争力に差がつく要因は、付加価値創造とコスト構造です。パフォーマンスの高さは収入とコストに依存します。世間のバズワードに引っ張られてやみくもにＩＣＴの小道具を導入するのではなく、自社の活動のどこに、どのようなＩＣＴを導入することがパフォーマンス向上につながるのかを、筋道で考えられることが、情報戦略的な姿勢です。必要な情報が能力のある人によって迅速に処理され、効果的な意思決定に役立ち、活動が実行されることで、パフォーマンスの高い組織が実現し、競争優位性につながるのだということの連続性が理解できたでしょう。

なんだ当たり前じゃないかと思われるかもしれませんが、利害が相反するステークホルダーもいる中で、意思決定は言うほど簡単ではありませんし、一過性のことでもありません。図5に示したとおり、組織運営における理想的な情報処理のシステムにはループ性がありますから、新たな情報や知識を創出するしくみを作り、参加意欲が湧くような、有形無形の制度が整っていることも必要です（本章第2節で説明した、組織が成立するための3要素を思い出してください）。組織における情報処理と流通には、量、質、範囲、経路、ケイパビリティーといった、多次元の要素があります。

6. 組織内の情報伝達

情報は、コンピューターネットワークやメディアなどを介して流通します。流通のしかたは、組織がどのような心理的・文化的な背景を持っているかや、伝達経路（**コミュニケーション・ネットワーク**）の構造に影響を受けるといわれています。このことを「組織の分散とコミュニケーション」と、「組織のコミュニケーション・ネットワーク」という二つの切り口で見ていきましょう。

組織を取り巻く環境には、物理的な環境の他に、心理的な環境というものがあります。現代人は何らかの形で組織に所属し、活動しますが、社風、校風、地域の人々に共通する空気のようなものを感じることがあるでしょう。そういった心理的で主観的な環境は、組織のメンバーが「そこにあるもの」や、「目の前で起こっている現象」をどのように認知し、評価するかに影響を与え、判断や行動の規範となります。この心理的環境の代表が組織文化です。

組織の分散とコミュニケーション

組織文化は、組織の中に根付き、組織に所属するメンバーが共有する、ものの見方や考え方、価値観の基盤となるものです。例えば、「転勤辞令が出た人には〝おめでとうございます〟と挨拶をするものだ」とか、「新入社員は朝出社したら、玄関掃除をする」など、特定の組織内で半ば習慣化しているものや、場合によっては組織外の人にはナンセンスと思えるものも含めて、それはその組織の中では「そういうものだ」、「正しい」としてほぼ受け止められます。そのため何をすべきか、どのようにすべきかなどについての心理的な基準となるのです。

往々にしてこういったものは組織内で暗黙の了解と化しており、その場にいないとはっきりわからない、その組織特有のものであったりもします。しかし、ある程度の時間をかけて順応していくと、人はその組織の人らしくなるという側面があります。5月の大型連休を過ぎると、学校では新入生と上級生の見分けがつかなくなってくるとか、オフィスの最寄り駅でなんとなく我が社の社員だとわかる気がすることがあります。組織文化への順応には、その組織の人かどうかを分ける作用があるということになります。

ところで、情報の伝わり方は組織の構造によって違いがあるのでしょうか? 組織の**分散**とは、組織のメンバーがある物ごとを同じように認知し、同じように考えたり行動したりする程度を表す概念です。組織内での状況認知の共有の程度がバラバラなほど「分散している」といい、逆の場合は「分散が小さい」とか「**斉一化**している」といいます。

分散が小さいということは、メンバーの多くが似たような物の捉え方をし、似たようなロジックで物ごとを考え、背後には似たような文脈や価値観があるということです。したがって、多くの言葉を用いずとも合意形成が図りやすくなるという特徴があります。また何かしようとするときも、どのようにするか方法や程度の意見が一致しやすいということがあります。一般的に、官僚制組織や、ルーチン業務が多く機械的な管理が可能な組織は、分散が小さい傾向があります。

組織の分散が小さく、何かを伝えようとするときに、多大な労力を要さずとも何となく伝わるとか、あまり言語に依存しなくても意図を察しやすいコミュニケーション環境や文化のことを、**ハイコンテクスト文化**といいます。逆に分散が大きい組織では、言語依存度が高くなります。細かいところまで言語化し、ゼスチュアなどの**非言語コミュニケーション**の力を駆使しないと、互いの意思が伝わりにくくなります。このような文化を**ローコンテクスト文化**といいます。「以心伝心」、「忖度」などという言葉があり、同質性が高い日本はハイコンテクスト文化の典型、ドイツやアメリカなどは、ローコンテクスト文化の国だといわれています。

ハイコンテクスト文化で、あ・うんの呼吸が伝われば、それに関しては意思疎通に要するエネルギーコストが少なくて済みます。一方で、ひとたび忖度を間違えたり、以心伝心では伝わらない相手がメンバーに加わったりしてきたときには、活動が混乱する危険があります。逆にローコンテクスト文化の組織では、意思表示は明快ですが、箸の上げ下げまで言わなければいけないという意味では、コミュニケーションに労力が要ります。言語化しにくい暗黙知は、無視されがちで、評価されにくいという面もあります。一概に、どちらのコミュニケーションスタイルが優れていると断じることはできません。現代は多様化が進んでいることを考えると、コミュニケーションする相手と、どの程度共通認識が確立できているかを確認し、お互いのバックグラウンドを理解し合いながら、それぞれのよさを使い分けていく、高度なコミュニケーションリテラシーがいるのでしょう。

子供のころに伝言ゲームをして遊んだ方は、少なくないと思います。みんなで一列に並び、前の人から次の人へ「椅子」とか「石」などの言葉や、文章を順番に伝言し、最後の人まで伝わる早さと正確さを競うゲームです。

組織のコミュニケーション・ネットワーク

単純な単語でも、途中で「いす」が「いし」になってしまったり、長くて紛らわしい文章が出題されたりすると、途中でどんどん文章が変わって、お題とは似ても似つかない文になってしまったりすることがあります。途中でお手上げになって、リレーが続かず、情報が途切れてしまうことも起こります。伝達のチェーンが長いほど、また、伝える情報が長くて複雑なほど、情報の変質、減衰、遅延、途絶のエラーが起こる可能性が高くなります。遊びなら「あー、面白かった」で済みますが、責任を伴う仕事でそんなことが起これば、笑って済む問題ではありません。

コミュニケーション・ネットワークは、いくつかの形態に分類することができます。子どもの伝言ゲームのように、伝達経路が一本線で一列に並んだ形態をチェーン型と呼びます。

それ以外にも図6に示したように、経路の途中に情報が集中するポイントがあるY字型やスター型、横や向かい合う位置をつなぐ経路があるサークル型やマルチチャネル型といった形態もあります。サークル型は隣接する関係者に伝達経路を持ち、マルチチャネル型は隣接関係にない相手にも、直接の情報伝達経路があるものです。Y字型とスター型のイメージの違いは、組織が階層構造を持つか、比較的水平でフラットな構造をしているかです。

図6の◉印は、伝言ゲームで言えば参加者です。通信ネットワークでは、この情報の結節点や始点・終点にあたるところを**ノード**と呼び、情報が伝わって行く線の部分を**伝送路**と呼びます。伝言ゲームでは情報は一方向にしか伝達されませんが、通信や組織のコミュニケーションは、情報は双方向に流れるのが一般的です。

経営的な観点からは、組織の情報流通経路をどう作っておくことが望ましいかを考える必要があります。情報

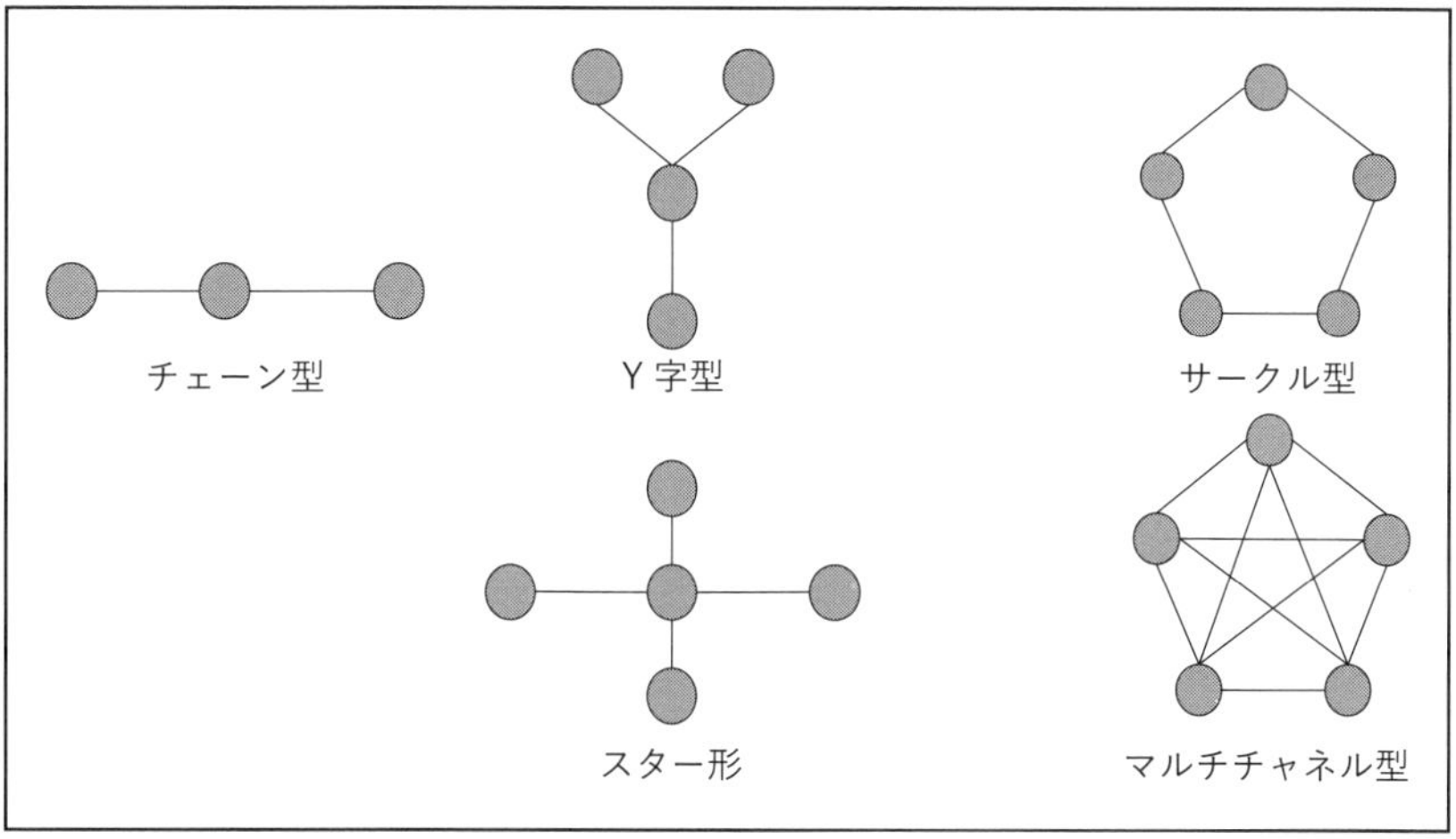

図6　コミュニケーション・ネットワークの形態の例

出所：『組織論』補訂版、有斐閣アルマ、2015年、p. 193に加筆。

はなるべく「早く・正確に」、伝わることが望ましいわけですが、それぞれの形態の長所と短所を理解し、自組織ではどの形態がいいのかを決める必要があります。

チェーン型はシンプルですが、情報伝達が切れてしまったときのバックアップ経路がなく、情報が複数の経路から流れ込んでくることもありません。伝え忘れたり、ノードが機能不全に陥ったりすると、後続の組織との情報流通が途絶してしまうという困った事態になりかねません。組織が大きくなると、順送りに情報伝達をしていては全員に伝わるまでに時間がかかってしまいます。

チェーン型は、途中で内容が変形したり欠落したりしても、他の情報と照合ができませんので、チェックして修正する機能がないという弱点があります。Y字型やスター型のように、途中に結節点がある場合には、複数の経路から入ってくる情報を集約し照合して、歪んだものを修正して再流通させる機能を持たせることが可能です。

組織は役割分担をしていますから、それぞれ欲しい情報や、流通させたい情報が異なります。チェーン型のように一列で情報を流していくと、経路の途中の組織にとっては必要でないものも含めて、一切の情報を受け取り、次に伝

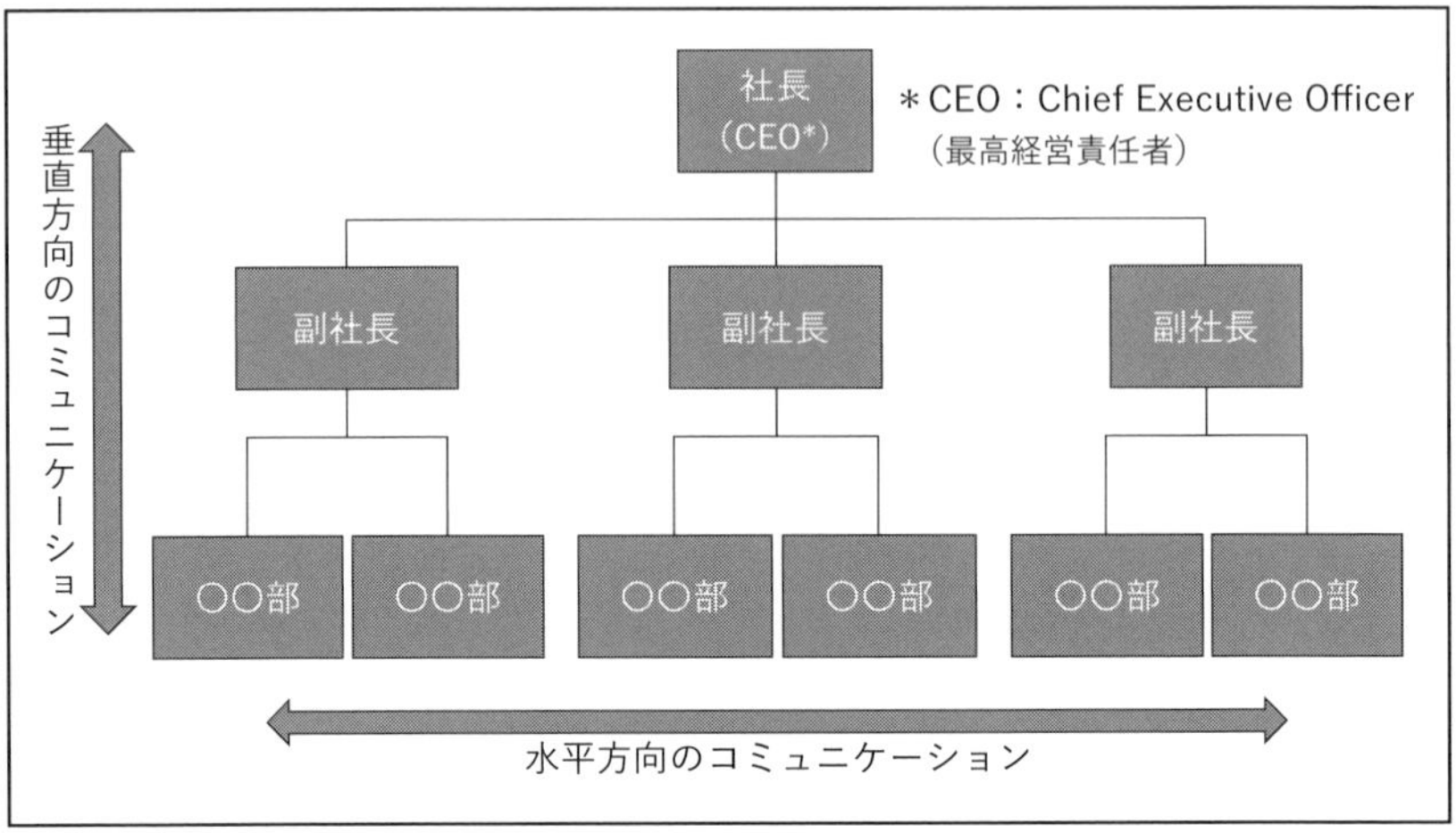

図７　階層構造の組織とコミュニケーションの方向

えなければなりません。もし集約点となるノードがあれば、後続の部門が必要とする情報だけを仕分けして伝達ができます。

役員室や幹部会議などの上位組織から抽象度の高い情報がきた場合には、経営戦略部のような結節点の部門に、現場がわかりやすい言葉に翻訳したり、意図を補って伝えたりする、高度な機能を持たせることも可能です。このような場合、結節点の部門には、伝える相手と内容をよく整理し、適切に、歪みなく情報伝達する能力が必要です。この結節点が機能不全を起こし、情報を滞留させたり、情報が集まることを逆手に情報操作をしたりすると、本来の目的に対して阻害的に働き、組織は停滞します。

官僚制組織のように、垂直な階層構造が形成されている組織（図７）では、「指示を発する人」と「指示を受ける人」の分化が発達しています。混乱を避けるために、指示の発令は一元化され、それぞれの役割は明確に定められ、重複せず、与えられた役割に専念する構造となっています。このような組織では、情報流通は上位組織から下位組織への上意下達のコミュニケーション形態で、様式もフォーマルに定型化し、意思疎通の混乱を回避しようとします。コミュニケーション・ネットワークもチェーン型やY字型のような線形になっていることが多いようです。
これとは対照的に、少人数のスタートアップ企業では、水平的なコミュニケーションや、インフォーマルなコミュニケーションによる意思疎通は、さほど忌避されることではありません。サークル型のようなフラットなコミュニケーション形態が、自然に出来上がることも多いようです。

一人の人が緻密なコミュニケーションを直接頻繁に行い、行き届いた管理ができる人数には限界があります。組織の置かれた環境や、業務の難易度などにもよりますが、それはせいぜい7人ぐらいだといわれています。この管理限界のことを**スパンオブコントロール**といいます。小規模に始めたスタートアップ企業も、ビジネスが軌道に乗り、関係者や組織のメンバーが増えてくると、どんなに優れた起業家でもいつかこの限界がやってきます。そうなると組織は、小単位の組織に分けて、役割や責任権限を分掌することになります。このような場合は、ある程度垂直的な情報伝達経路や、フォーマルなコミュニケーション形態を取り入れていく必要が出てきます。これまで友達感覚でコミュニケーションできていたのに、最近何だか意思疎通や管理がうまくできなくなったと感じるときは、自分たちがスパンオブコントロールの限界に達していないかどうかを点検してみることをお勧めします。

註

1——Barnard, C. I. (1968).

2——正式名称は Sveriges riksbanks pris i ekonomisk vetenskap till Alfred Nobels minne、英語では The Sveriges Riksbank Prize in Economic Sciences in Memory of Alfred Nobel と訳され、日本語訳では「アルフレッド・ノーベル記念経済学スウェーデン国立銀行賞」、「アルフレッド・ノーベル記念スウェーデン国立銀行経済学賞」などと訳される。

3――スーパーマーケットの店頭に試食コーナーを設置し、24種類のジャムを置いた場合と6種類のジャムを置いた場合の購買率の違いを比較した実験。この実験から、選択肢が6種類のケースの方がジャムの購買率が高いことが明らかにされている。また実験結果から、あらかじめ自分の好みがわかっている人は選択時の行動に迷いが少ないことも言及されている。

4――邦訳は、『新版 経営行動―経営組織における意思決定過程の研究』（２００９）ダイヤモンド社。

5――一般的な電話回線から、アクセスポイントと呼ばれる接続ポイントに接続することによってインターネット利用をする方法。ナローバンドとは１２８ kbps 程度の低速回線を指す。

6――バリューチェーンとは、技術開発・製造・流通・サービスの提供・マーケティング・販売活動といった企業の主活動および主活動を支援する業務など、企業が行うすべての活動とその相互関係を価値の連鎖という形で体系的に理解する概念。マイケル・ポーターが著書『競争優位の戦略』（１９８５）の中で提唱している。

Chapter 3
インターネット

現代社会は、インターネットの存在を無視できません。最近は「デジタル」という言葉も併せてよく使われます。ＩＣＴとは「情報と通信・コミュニケーションの技術」です。本章では情報通信の基礎技術にも多少触れながら、ビジネス的な視点に関連付けてＩＣＴを理解していきたいと思います。

本書は技術書ではありません。また、読者の大多数は「自分は戦略を知りたいのであって、技術のことはあまり…」と言いたい方だと思います。したがって、技術的な話には深入りしません。仮に技術解説に見えるところがあっても、それはほんの軽い教養的なものに過ぎません。言い換えれば、このぐらいは知っていなければ、ＩＣＴ時代のビジネスは論じられないだろうという程度の話です。「これでは技術解説にはならない」、「もっと踏み込んでもらわないと物足りない」と思われる方は、技術の専門書にお進みください。

1. インターネット小史

私たちがメールを送ったり、ホームページで物を買ったり、動画や写真をシェアしたりするときに使うあれを、日本では「**インターネット**」、略して「ネット」などと言いますが、英語では **The Internet** と定冠詞を付けるのが正確な名前です。

国内でインターネットの商用接続が始まったのは、一般的には１９９４年とされます。それ以前から、通信ネットワークにつながる汎用コンピューターはありました。また、今でいう「インターネット」を実現する技術や、原型となる前身の通信ネットワーク（**ARPAnet**）は、１９５０年代後半から１９８０年代にかけてアメリカ中心に研究開発が進み、軍用あるいは学術機関同士を結ぶネットワークとして、少しずつ運用形態を変化させながら存在していました。１９８３年に **ARPAnet** から軍用ネットワークが切り離され、大学間を結ぶ、学術・一般向けのネットワークとして定義されるようになったころから、**The Internet** と呼ばれるようになりました。

黎明期

日本では、１９８１年に東北大学が、**ALOHAnet** という通信網経由で **ARPAnet** に接続したこと、１９８４年に高エネルギー加速器研究機構をはじめ、物理学分野の大学や研究機関が相互接続する、HEPNET-J（High Energy Physics NETwork-Japan）プロジェクトが開始されたことや、慶應義塾大学と東京工業大学および東京大学を接続した、**JUNET**（Japan University Network）が運用開始されたことなどが、最初期のインターネットだといわれています。ただ、このころのインターネットは、学術関係者が利用するネットワークという性格が強く、広く一般の人が利用する現在のインターネットとは、かなり様子が異なっていました。

１９９４年という年は、多くの業界関係者が、日本のインターネットが本格的にスタートしたと考える年です。この年に、第1回目の『NetWorld+ Interop Tokyo 1994』というイベントが開催されました。国内でいくつかの**ISP**（インターネット・サービスプロバイダー）が、電話回線を使って接続する「**ダイヤルアップ方式**」のサービスを、ビジネスとして開始しました。このころから学術機関以外の人々も、通信回線とデバイス（パソコンなどの端末機器）を用意して、ISPが提供するサービスに加入すれば、インターネットが利用できるようになったのです[1]。

当初は今ほど携帯電話が普及していませんでしたから、通常はデバイスといえば、有線接続型のデスクトップやラップトップ型のコンピューターを指していました。携帯端末による無線のインターネットが一般に普及したのは、NTTドコモがiモードサービスを開始した、1999年以降のことです。

インターネット商用化直後の通信はアナログ回線接続で、速度は28・8Kbpsから、せいぜい128kbps程度の、ナローバンドと呼ばれる低速接続でした。もし当時、今のように写真や動画が満載のリッチなコンテンツがあったとしても、伝送速度が遅すぎて、とても見られたものではなかったでしょう。デバイス側の処理能力も、豊かな表現を実現するためのプログラム言語やツールも、必ずしも十分ではありませんでした。

ブロードバンドと定額料金制の時代

2000年代に入り、**ブロードバンド**と呼ばれるADSLや光ファイバーによる通信環境が整い、1・5Mbps以上の伝送速度が定額料金で安定的に提供されるようになり、インターネットの使い勝手は飛躍的によくなりました。しかし、いくら通信速度が早くなってコンテンツやデータが早く伝送されても、それを表示するデバイス側の能力が不足していれば、結果としてユーザーは満足を得ることはできませんし、コンテンツの作り手の意欲も湧きません。今日の環境は、通信、デバイス、コンテンツ、表現技術が、それぞれ相互に刺激しあいながら高度化してきたものです。ユーザーが増えれば、各リソースにかかる単位当たりのコストが下がり、経済的な合理性が高まります。それがさらに進化を後押しし、インターネット環境が豊かになってきたのです。

総務省が毎年実施している情報通信統計[2]によれば、6歳以上の世帯構成員で、過去1年間にインターネッ

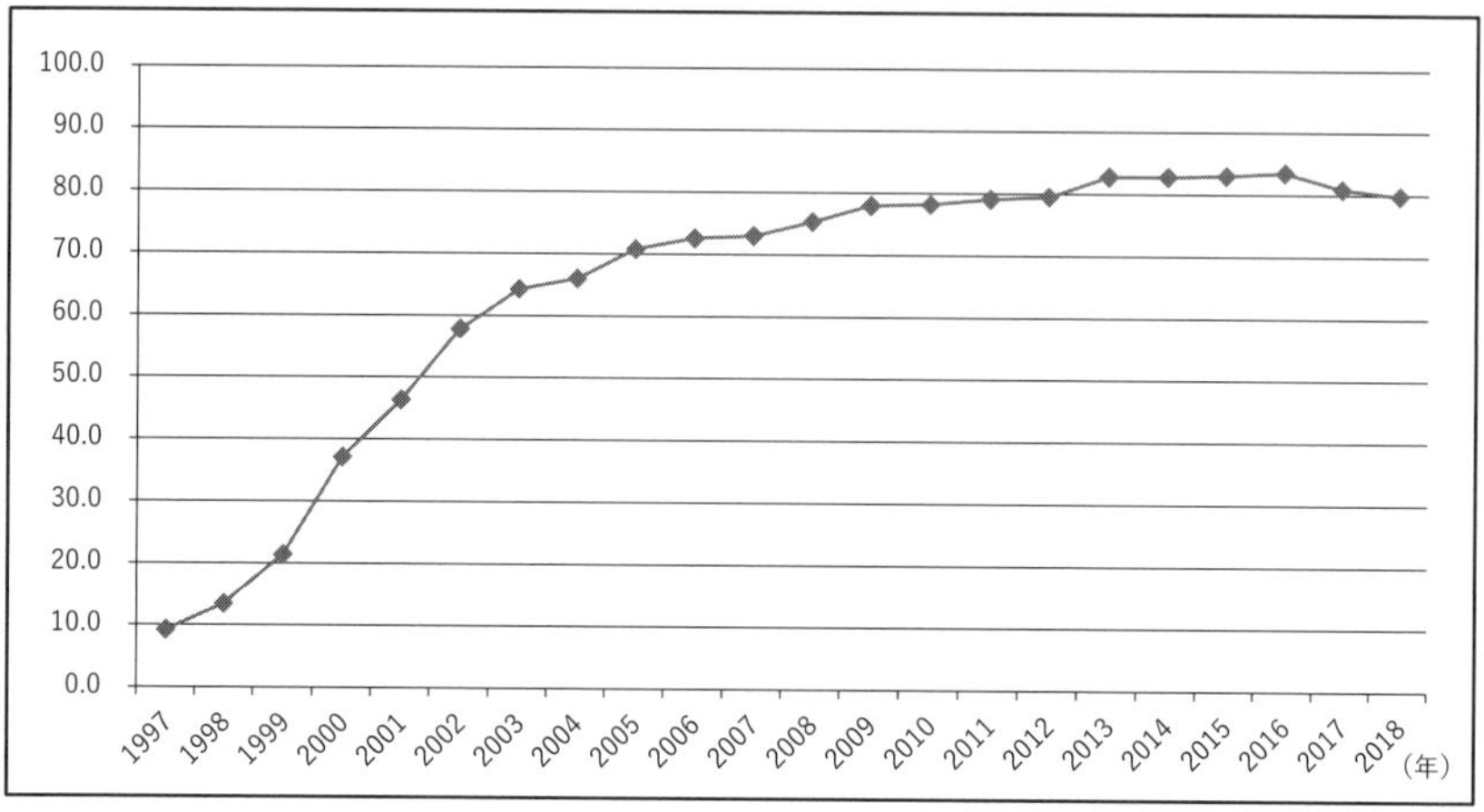

図８　個人のインターネット利用状況の推移

出所：総務省通信利用動向調査および情報通信白書より作図。
注：人口利用状況：単位％

トを利用したことがある人の割合は、２０００年代前半に急速に増えたことが鮮明にわかります（図８［３］）。

このころの大きな出来事は、ネットワークのブロードバンド化と携帯電話によるモバイル通信の普及、そして**月額定額料金制**の導入です。ネットワークのブロードバンド化とモバイル端末の普及は、どちらかといえば技術的なイノベーション要素が強い話ですが、インターネットの利用料金をどう値付けするかは戦略的な問題です。

月額定額料金制とは、「ひと月にどれだけインターネットを使っても、利用料金は一定」というプライシングです。現在もほとんどの接続サービスで、定額料金制が採られています。しかし皮肉なことに、定額料金制は、たとえ今月は一度もインターネットを使わなくても、毎日ムチャクチャ使うヘビーユーザーと払う金額は同じです。通信量や頻度に関わらず、常に決まった料金を払わなければなりません。

実はインターネット黎明期には、ほとんどのＩＳＰが、コンシューマーユーザー向けには「使った時間に応じて料金をお支払いただきます」という、**従量料金制**を採用していました。インターネットの使い勝手があまりよくなく、それほど必要でもなかった頃は、それが問題になることもあまりありませんでした。

しかしやがて人々が「インターネットって面白いじゃないか」と気づき、夢中になっているうちに、つい利用時間が伸び、翌月に思わぬ高額の請求書が届いてビックリ、ということがしばしば起こるようになりました。いわゆる「パケ死」です。そうなるとユーザーには不満が募り、安心して接続ができないため、利用を手控えてしまいます。それはサービス提供者にとっても、いい状況ではありません。利用が伸び悩めば、**規模の経済**［4］が働きません。設備投資にかかるコストは高止まりのまま、先行投資の回収も遅れるという悪循環が続くからです。「インターネットをより早く、より便利に」という流れの中で、顧客獲得競争の市場原理が働き、定額料金制の導入によって、ユーザー数は爆発的に増加しました。これに伴い、接続事業とは異なるレイヤーで、コンテンツやユーティリティを提供するプレーヤーが次々に登場し、市場は急速に大きくなっていきました。

市場が大きくなると、事業者の単位当たりの投資効率は格段によくなります。ＩＳＰ各社は技術や設備増強のための投資を行い、利便性向上による需要喚起を図りました。顧客獲得の原動力となる料金値下げやキャンペーンの原資も、このメカニズムの中から生み出されました。

インターネット市場の発展に働いた力学

インターネットの爆発的普及に拍車をかけたもう一つの力学が、「**ネットワーク効果**」です。ネットワーク効果とは、利用者が増えれば増えるほど、価値や効果が逓増する経済的な効果のことです。電話でもインターネットでも、つながる相手がいなければ全く価値がありませんが、交信相手の数が増えるほど、利用価値は高まります。直感的で使いやすいユーザーインターフェースを持つWindows 95のリリース（１９９５年）は、インターネットのネットワーク効果を強力に後押しする原動力となりました。

ネットワーク効果は、現在も非常にインパクトのある力学として働いています。このためネットワーク効果については、Chapter 6で丁寧に見ていきます。その前に、インターネット市場の拡大の軌跡を、**マーケティング**

の4Pと呼ばれる基本要素の観点で概観しておきましょう。

マーケティングとは、広告や営業だけではありません。それらは部分的な要素に過ぎず、財やサービス、つまり顧客が希求するモノやコトを創造し、入手可能な態様で流通させる必要があります。また、ありがちな話は、「いいものさえ作れば、黙っていても売れる」という俗信です。こういったことに関わる、企業でコントロール可能なマーケティング要素が4Pです。

4PはProduct（プロダクト）、Price（価格）、Promotion（プロモーション）、Place（流通経路）の頭文字で、以下の内容を示しています。

- Productは、製品やサービスが価値として顧客に提供されること
- Priceは、顧客に受け入れられる適切な価格が、ある方針に基づき設定されること
- Promotionは、財やサービスの存在や特徴を知らせ、より理解されるようにすること
- Placeは、財やサービスの流通経路や購買手段が適切に設計され、それを求める最終顧客の手に届くようにすること

インターネット市場の歴史を、4Pで説明すれば、「商用インターネット接続を可能とするサービス（Product）が、拡大の力学によって普及し（Place）、規模の経済と市場競争により価格水準が低下、定額料金制という利用しやすい価格体系で提供され（Price）、ネット上で多様な関係性が構築され、利用が促進される（Promotion）」ということだと考えられます。

インターネットマーケティングの世界で興味深いのは、4Pが一斉に正の方向に作用し、産業レベルで一気に市場が勃興したことです。当然、それぞれの企業にはそれぞれのマーケティングがあるわけですが、企業の活動エネルギーが集中投下されて新市場が短期間で顕在化したのは、歴史的にも稀有と言えるでしょう。インター

ネットは、技術的な要素と経済的な要素が相互に働きながら、社会に大きなインパクトをもたらすイノベーションであることに間違いはありません。

定額料金制はその後、超ヘビーユーザーと、最小限のネット利用しかしないユーザーが同額の料金であることが、「真に公平なプライシングとは何か」という新たな問題意識〔5〕を惹起しています。

2. インターネットがつながるしくみ

インターネットにつながるためには、何が必要でしょう？　ユーザー目線なら、パソコンやスマートホン等の端末、そこにインストールされているブラウザやアプリケーション、ＵＲＬやメールアドレスなどの「通信したい相手の情報」といったところです。しかし、インターネット接続サービスを提供する側、つまりＩＳＰ目線での説明は少々異なります。

インターネット接続サービスを提供するためには、大きくいうと

① 自社が運用するネットワーク設備
② インターネット上の住所に関する資源
③ ①に接続している他のＩＳＰとのネットワーク

の三つが必要です。順番に見ていきましょう。

自社が運用するネットワーク設備

インターネット接続を、顧客に提供するために設備が必要なのは、言うまでもありません。設備とは主に通信回線や、ルーターやサーバー等のネットワーク機器類です。これらのどこまでを、自社の資産として保有するかには、選択の余地があります。全国に張りめぐらす通信回線は巨大インフラですから、誰もが簡単に敷設し維持できるものではありません。ＮＴＴやＫ

DDI等の大きな通信キャリアなら、すべて自前の設備でネットワーク構築をすることも可能ですが、通信キャリアから回線を借りてビジネスする事業者もいます。

通信回線や機器類が揃っているだけでは「自社運用のネットワークを保有している」とは言えません。ネットワークを設計し、構築した後は、日々の運用をする人材が必要です。利用料金をいただきながらビジネスをするための、顧客データベースや顧客対応部門も必要です。それらは、組織が自律的に運用ができる能力です。

インターネット上の住所に関する資源

インターネット上の住所（アドレス）に関する資源は、大きく言って**IPアドレス**と**ドメイン名**の2種類です。これらは、先にユーザーの目線であげた「通信したい相手の情報」に相当します。

皆さんのパソコンやスマートホンのどこかに、「192.0.2.100」や「2001:db9::1」という感じで表現された、IPアドレスが記載されています。郵便で手紙や小包を送る時、相手の住所が必要なのと同様で、インターネットにつながる端末には必ず、固有のIPアドレスが割り振られています。端末間の通信は、これで相手を識別します。ISPの仕事の一つは、あらかじめ用意したIPアドレスを、加入ユーザーに割り当てることです。

IPアドレスは、単語のような意味を持たない、英数字や記号の羅列です。これはコンピューターである通信機器にとって、処理しやすい住所表記の方法ですが、人間には覚えにくい表現です。同じ住所でも、www.example.co.jpや、www.cao.go.jp［6］（筆者注：下線部）という表現の方が、ずっと覚えやすいですよね。このように、人が覚えやすい住所表記の方法をドメイン名といいます。

日本語と英語で翻訳が必要であるように、端末が理解しやすいコンピューター語のIPアドレスと、人間語であるドメイン名もどこかで誰かが翻訳して関連付けをしてくれなければ通信はつながりません。一般的にはISPがこの通訳の役割を果たしており、インターネットの通信は、通常は「ドメイン名」で指定した宛先を「IPアドレス」に変換して行われます。このIPアドレスとドメイン名を関連付けるしくみのことを、**DNS**（ドメイン・ネーム・システム）と呼びます。

ＩＰアドレスやドメイン名が誰かと重複してしまうと、誰が誰と通信したいのかが識別できず、大変困ったことになります。またＩＰアドレスを何桁の体系とするかによっては、端末が無数に増えてきた時にアドレスが足りなくなるという、資源枯渇問題を起こします。これらの資源は、ＩＣＡＮＮ（Internet Corporation for Assigned Names and Numbers）という非営利の団体と、委任を受けた組織によって管理されており、ＩＳＰは、そこからある程度まとまった量でＩＰアドレスを割り当ててもらっています。つまり、たくさんのＩＰアドレスの割り当てを得てサービス運用しているＩＳＰが「大きなＩＳＰ」、「顧客数が多いＩＳＰ」です。ドメイン名も、インターネットを利用しようとする人や組織が、勝手にアドレスを名乗って重複しては困るので、こちらも重複がないことを確認のうえで、利用者が管理組織のデータベースに登録することになっています。

自社のネットワークに隣接した他のネットワーク

インターネットとは The Internet のことだと言いました。そもそも、英語の inter という接頭詞は、インターチェンジとかインターナショナルなどというように、何かを相互につなぐとか、中間を意味します。インターネットとはつまり、Inter-net、あるネットワークとネットワークが相互につながっている、という意味です。要するにＩＳＰは、最低一つは他のＩＳＰと**相互接続**している必要があるのです（図9）。

いくつの・どのＩＳＰと相互接続するかは、それぞれのポリシーで決めればよいことですが、この様子を鳥瞰すると図10のように、各ＩＳＰは直接または間接につながっています。この全体を The Internet と呼び、インターネットとは、言わば「ネットワークのネットワーク」と理解できます。

ＩＳＰは、契約者にインターネットを利用するためのリソース（ＩＰアドレス、ＤＮＳサーバーのアドレス等）を割り当てると同時に、自社が提供しているアドレス情報と隣のネットワークが保有しているアドレス情報をそれぞれのポリシーに従って交換します。これで、異なるネットワークの契約者が通信するルートが確立されま

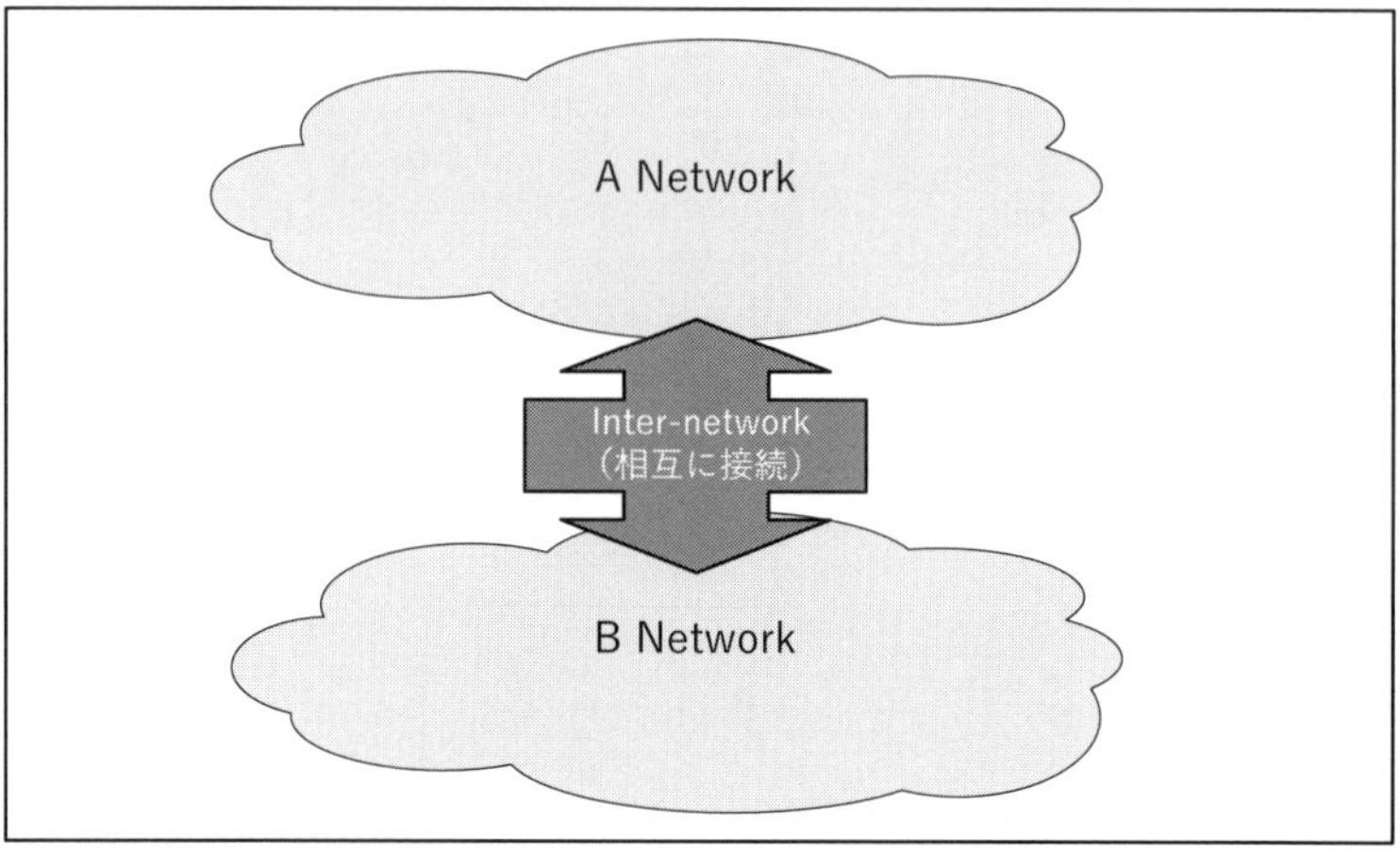

図9　ネットワークの相互接続

す。自前ですべての経路を把握しておくことは、理屈上は不可能ではありません。しかし、世界中のすべてのＩＳＰと、経路情報を直接交換するのは現実的ではありません。ですから非隣接のネットワークを使っているユーザーとの通信を成立させるためには、大雑把に言えば、隣のネットワークから経路となるアドレスを機械的に入手し、そのまた隣へとネットワークを順送りに伝うようにして、遠い非隣接のネットワークとの通信を成り立たせるのです（図11）。

　もしＩＳＰが、隣接するネットワークと接続していなければ、契約者は同じＩＳＰの加入者としか通信できません。しかし、契約しているＩＳＰがどこであろうと、私たちが他社の契約者とメールの送受信をしたり、海外のホームページを閲覧したりできるのは、このような原理によるのです

　図10をみると、**ISP-A**から**ISP-B**に行くには、複数の経路があることがわかります。**ISP-B**へダイレクトに行く道もあれば、**ISP-C**を経由してBに行く方法もありますし、Dを通ってCに向かう経路もあります。もちろん、最も効率的な経路を見つけて行くのが一番よいわけで、その経路を決定するしくみのことを**ルーティング**といいます。

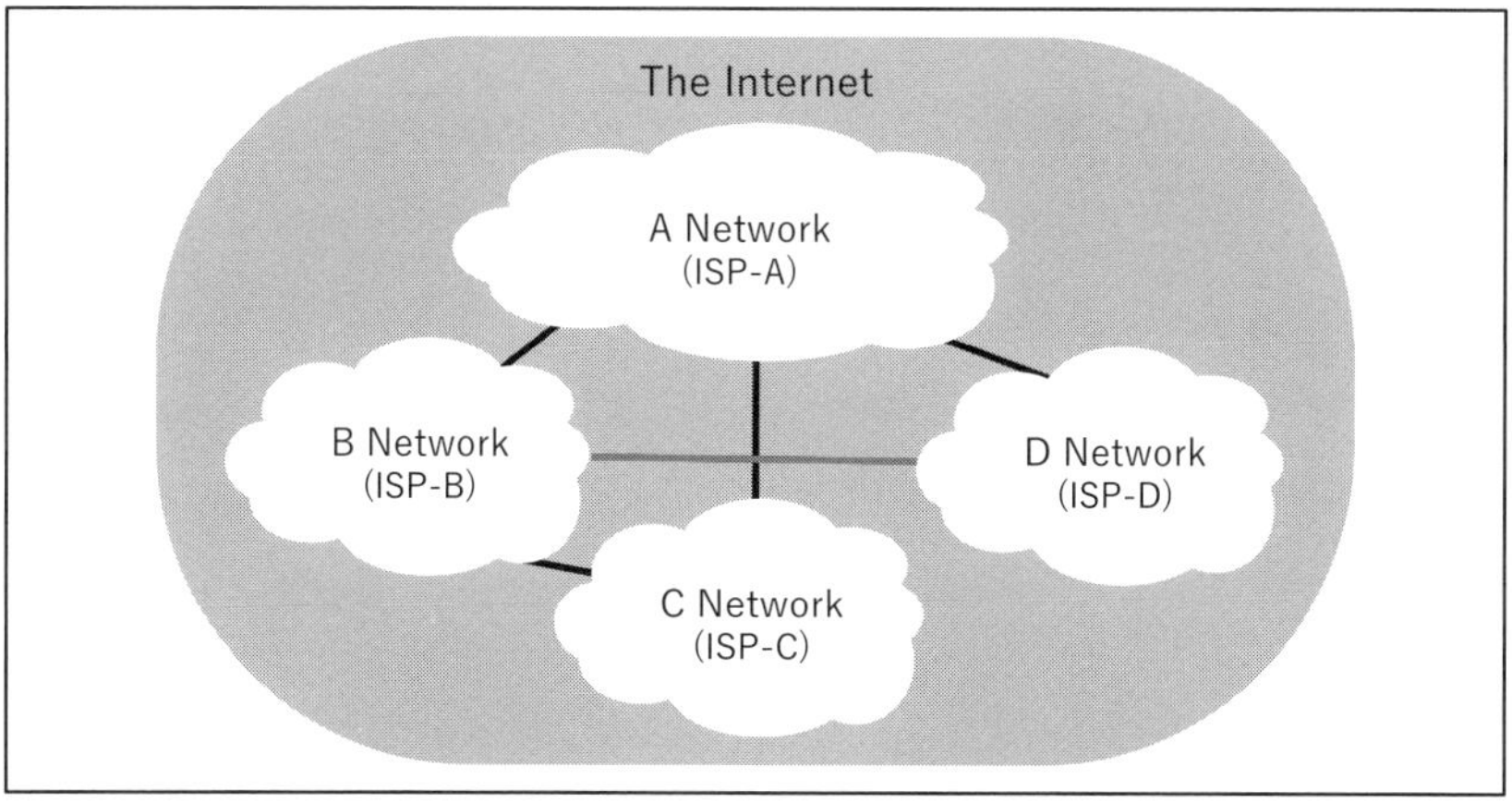

図10　ネットワークのネットワーク

3. ISP間の経済力学

インターネットはISPの自社ネットワークだけでなく、ユーザーが望む通信先に、隣接するISPを経由して他社とつながり合う関係で成立しています。通常、この接続関係は無償ではなく、ISP間で対価が発生します。ISPのビジネスは、大きくはエンドユーザーである加入者の利用料金と、他のISPから支払われる接続料金という、二本柱の収入で成り立っているのです。

これらの収入は、加入者数に依存しますので、ISP間で熾烈な顧客獲得競争が繰り広げられるのもうなずける話です。一方ISPは、技術的にはお互いの顧客の通信（**トラフィック**）を滞りなくつなぎ合う協力関係にあり、業界全体の形は、競争関係と協調関係が併存する独特の構造と言えます。

ユーザーの通信を成立させるのに、ISP同士が、接続をお願いしたりされたりするということは、顧客数が多い、つまりアドレス情報をより多く持っている、大きなISPの方が有利な力関係になります。「非隣接のネットワークに接続

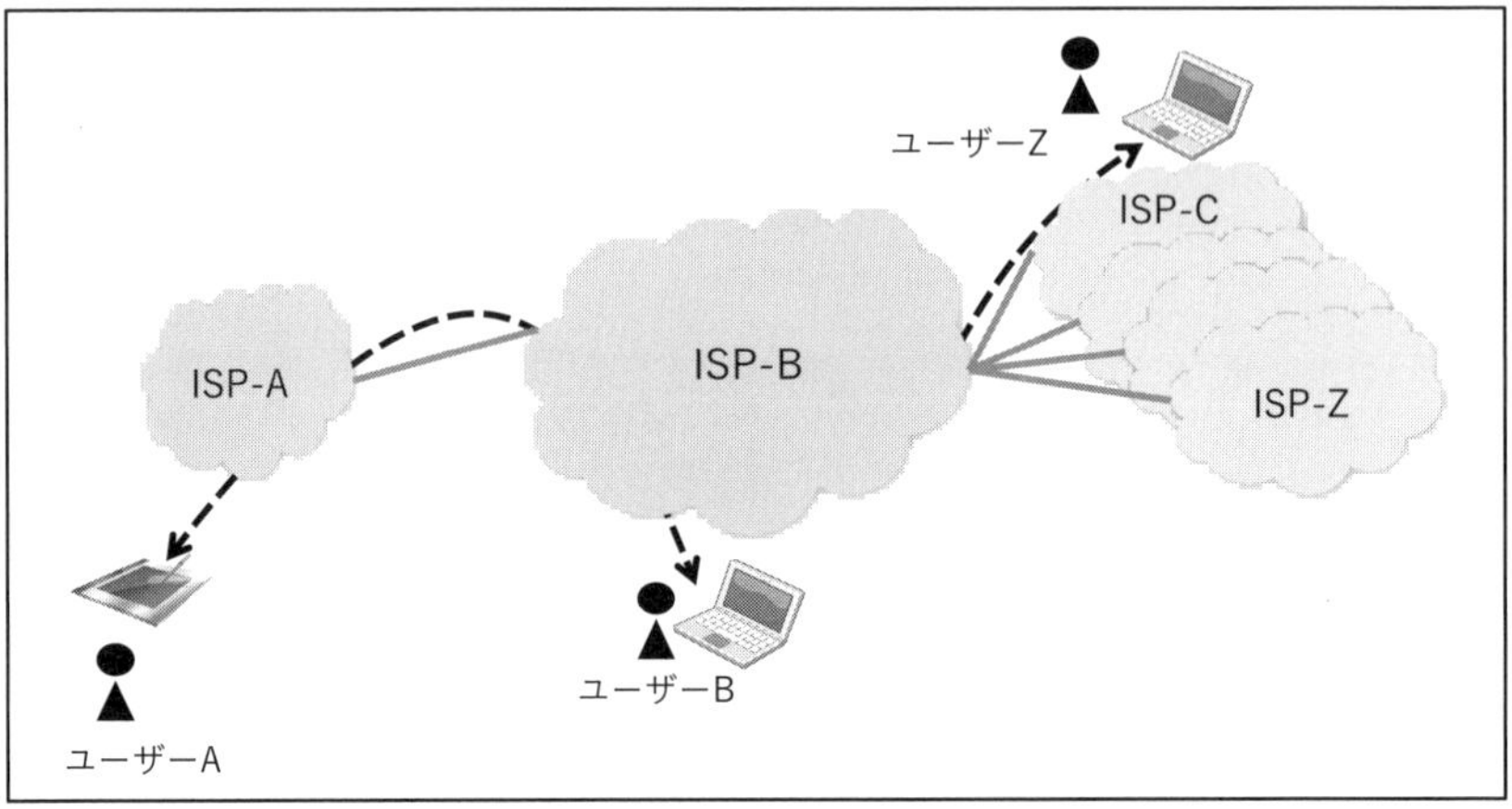

図11　「非接触」のネットワークへの接続イメージ

する経路情報をください」とお願いするよりは、お願いされる方が、交渉力が強くなるということです。接続料金は通信が往復するボリュームによって相殺し、精算されるのが通例ですが、対価をいくらにするかは、この力関係が影響するといわれています。ただし、通信は公共財の性格を有しています。事業者間のコストも、最終的には何らかの形で利用者に転嫁されますので、力まかせの無茶苦茶な対価設定にならないようにすべきところです。

4．インターネットをつなぐ通信技術

前節で、インターネットという巨大なネットワークがどのように構成されているかを、軽く学びました。せっかくなので、ここではその巨大な通信網の中を私たちのメールやファイルのデータが、どのような格好で伝送され、往来しているのかを知っておきましょう。

データは どうやって運ばれるか

データ通信にはいくつもの方式がありますが、インターネットで使われるのは**パケット通信**という方式です。パケットとは、小包という意味の英語です。

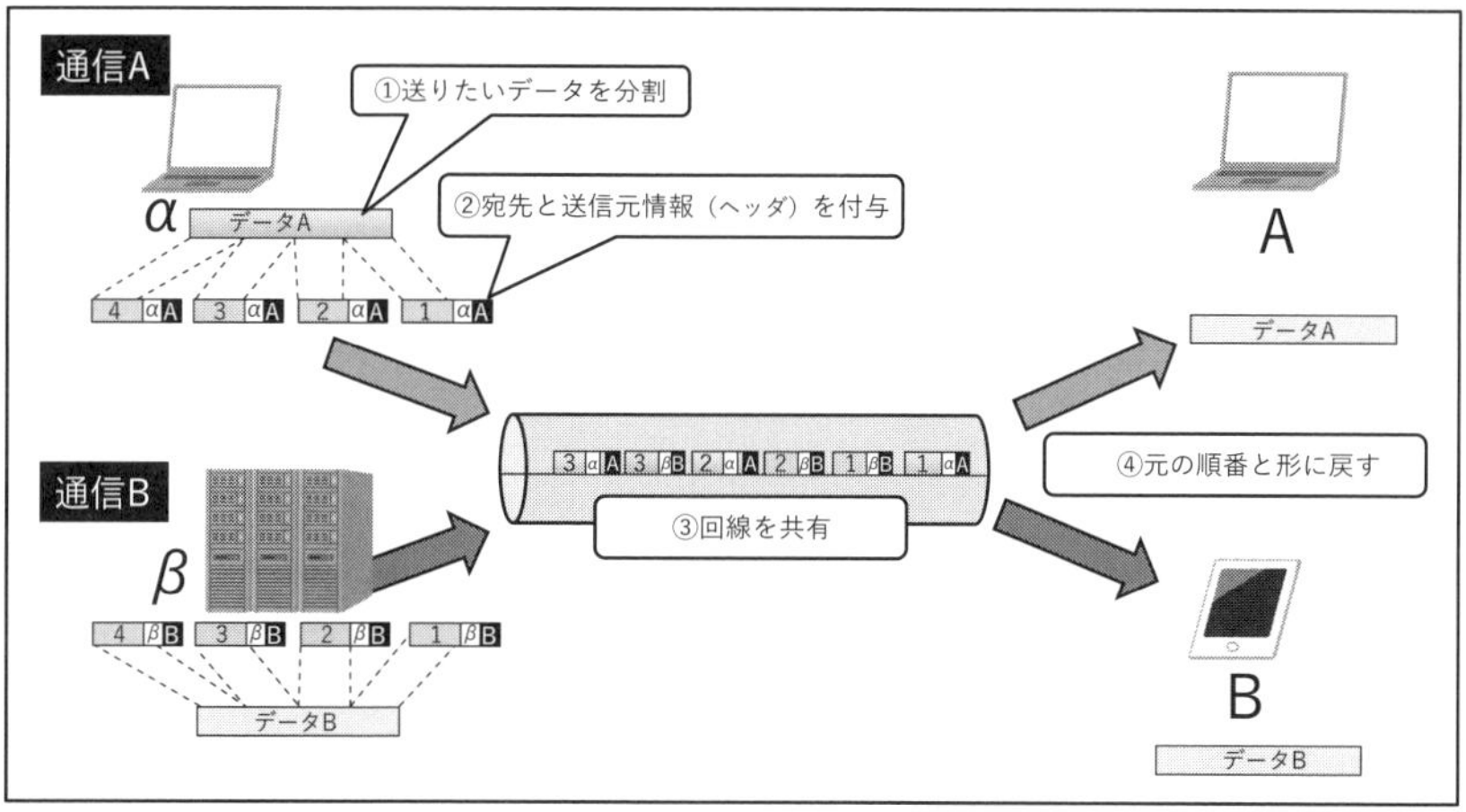

図12　パケット通信のイメージ

画像：いらすとや。

パケット通信では、送りたいデータをいくつかに区切り、**パケット**にして送るのです。

各パケットには、宛先と送信元を含む情報（**ヘッダ**）が付与され、バラバラの細切れ状態で通信回線の中を通って行きます。イメージ的には、長い文章を、何枚かの葉書に分けて書き送るようなものです。もし文章を複数の葉書に分けて送るなら、それぞれの葉書に同じ宛先住所と、差出人の名前を書く必要があります。また、受け取ったときにどの順番で読めばいいか、印をつけておく必要があります。実生活で、手書きの手紙をそんな風に送る人はいませんが、パケット通信が原理的にしているのはそういうことです。

図12の模式図で、αからAへ（通信A）、βからBへ（通信B）と、それぞれにデータが送られるとき、発信者から送り出された細切れのパケットは、基幹回線を相乗り（回線共有）しながら、細切れのまま通って行きます。宛先まではどの経路を通って行ってもよく、混雑した道を大きな形のまま通って行こうとするよりは、小さくなって隙間なく詰め込んだ方が、インフラ全体としては回線の利用効率がよくなるというわけです。

そのようにして宛先をめがけて伝送された細切れのデータは、最後にまた元の順番に並べ直され、ひとかたまりのデータの形で受信者の目に触れることになります。

インターネットの通信プロトコル

コンピューターで通信を行うためには、伝送方法や通信相手の特定のしかた、データの構成や表現方法などをあらかじめ規定しておく必要があります。この手順や約束事のことを**通信プロトコル**といいます。もともとプロトコルとは、「外交儀礼」、「条約・議定書」、「手続・指令」という意味です。通信プロトコルとは、通信する際の手順や規約という意味になります。

通信プロトコルにもいくつかの種類があります。ホームページのアドレスに出てくるＨＴＴＰや、ファイル転送をするときのＦＴＰ、メールの送受信に使われるＳＭＴＰ、ＰＯＰ3などはその例です。パソコンの設定画面で見たことがあるな、と思った人もいるでしょう。

インターネットのデータ転送の際に、標準的に使われるプロトコルは**ＩＰ（インターネット・プロトコル）**と呼ばれます。「もし、あなたがインターネットという空間でコミュニケーションをしたいなら、ここで規定している通信手順（プロトコル）のお作法に従ってくださいね」ということです。イメージとしては、異なる言語や習慣の人々が、意思疎通を目的に集まろうとするときに、あらかじめ「この国際会議では皆、英語でコミュニケーションしよう」とか、「この式典は、日本の儀礼作法で統一しよう」と決めておき、皆がその約束に従って行動する、ということに似ています。もし、事前にお作法の申し合わせがなかったら、話が通じなかったり混乱したりするのと同様に、通信にも一定の約束事が必要です。

ところでパケットは、**TCP/IP**というプロトコルの組み合わせに従って受信先まで旅をするわけですが、途中でパケットの一部が壊れたり、迷子になってしまったりすることが、ごく稀に起こります（**パケットロス**）。すると、ＴＣＰは頑張ってデータの再送を試みますが、利用者には、通信が遅くなったように感じられます。また、パケットロスの発生が長引くと時間切れになり、「メールが届かない」、「文字化けして読めない」とか、「ファイルが壊れている」などといった状態になります。

こんなことが頻繁に起こるようでは困るので、事業者は回線や設備の冗長化等によって、通信品質や可用性をなるべく高い状態に保つことが求められます。これは事業者にとっては、「どの程度のコストをかけて、どの程度の通信品質を担保するか」という課題で、これは単純な技術課題というよりは、投資と回収に関わる経営課題です。

サービスの品質や提供条件について、提供者は「最大限の努力」（best efforts）はするが、結果に関して保証はしない（そのかわり安価であることが多い）、という考え方で設計される通信を、**ベストエフォート型通信**といいます。パケット通信は、もともとはその典型のような存在で、インターネットが普及する前の、ごく最初のころは、「ベストエフォート型通信なのだから、ときどきはパケットロスが起ったり、回線混雑で伝送遅延が起こったりしても、まあ仕方がないね」といった牧歌的な話が通じる時代もあったようです。しかし、仕事や生活に関わる重要な情報が頻繁にやりとりされる時代になると、ネットワーク品質に対する顧客の期待は高まり、そんなことを言ってはいられません。日ごろは、数千円の月額使用料で、サクサクつながって当たり前に思うインターネットですが、安定したインフラとしてインターネットを支えている事業者の方々の、日々の努力には頭が下がる思いです。

5．インターネットの普及と検索サービス

ここまでインターネットがつながるしくみを、多少は技術的な用語も用いて説明してきました。しかし、いくらパソコンやスマートホンがインターネット回線につながっていても、見たり読んだり、書いたりする情報の中身、すなわち「**コンテンツ**」がなければ、便利でも愉快でもありません。物を買う、企業情報、天気予報や交通

情報、料理のレシピなど、何かあると見にいくページ、誰かが写真や動画などを公開しているあれ、**ウェブサイト**や**ホームページ**などと呼ばれるものです。日常生活では「サイト」と言っても通じるようになりました。

主に**HTML**というプログラム言語で書かれ、**ブラウザ**と呼ばれるソフトウェアで閲覧する、個々のウェブサイトの冒頭のページのことを、元は「基点（home）のページ」という意味で「ホームページ」と呼んでいました。しかし、近ごろはどこが冒頭なのかがよくわからないものもあります。また、Googleのような**検索サイト**から飛んだ先が、必ずしもサイトの冒頭ページだとも限りません。今ではホームページは、ウェブサイトとほぼ同義のようになりました。

ウェブ空間の情報を検索する

一般の人々や企業がインターネットを日常的に使うようになって、まだせいぜい数十年です。人類が言語でコミュニケーションするようになった歴史から見れば、それはまだほんの最近のことです。しかし、情報を提供し、私たちを楽しませてくれ、遠くまで出かけて行かなくても便利に手続きでき、円滑な仕事を支えてくれるようなサイトがない日々を想像するのは、今や相当に難しいことです。

現在は無数のウェブサイトがあり、何かを調べたいときには検索サイトでキーワードを入力すれば、文章でも画像でも、いくらでも欲しい情報は出てくるように思えます。しかし、それは最初からこんなにあったわけではありません。日本で最初のウェブサイトは文字だけで、イラストも画像もない大変シンプルなものでした[7]。

ウェブサイトの数が少ない間は、それぞれのホームページのアドレスである**URL**（Uniform Resource Locator）を自分で覚えておいて、直接ブラウザに入力すればOKでした。今でもその方法は使えますが、ホームページの数が増えてくると、その方法では間に合わなくなってきます。

日本電信電話株式会社（NTT）の通信研究所で作られていた、「日本の新着情報」というサイトが1995年12月に形を変え、「NTT DIRECTORY（ディレクトリ）」という名称で検索サービスとして運用開始された[8]

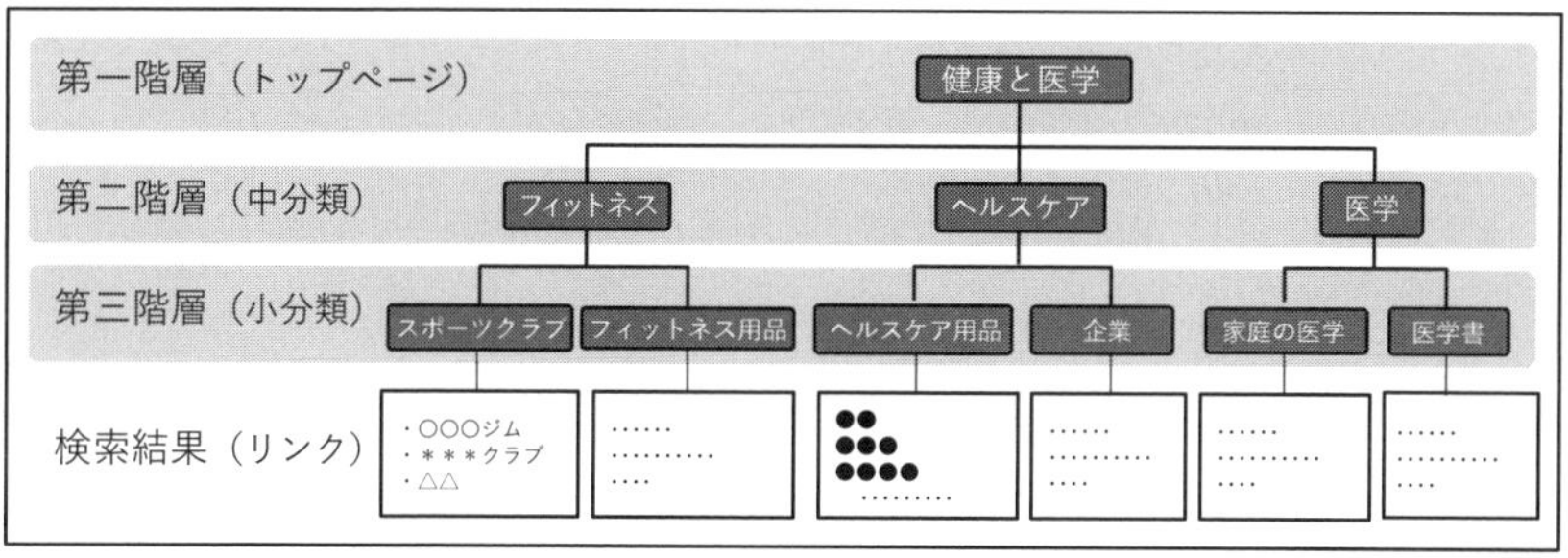

図13　ディレクトリ型（階層構造型）の検索ページ

参考：http://www.ntt.co.jp/RD/magazine/history/

のが、日本における検索サイトの黎明です。ディレクトリとは、電話帳や住所録などのことで、このとき文字通り、ホームページのアドレス帳が登場したのです。直後の1996年4月には、現在のソフトバンクグループが米国のYahoo!と提携して開始した日本語版の検索サイト、Yahoo! JAPANが登場しています[9]。

当初の検索サイトは主に、ウェブページ作成者からの登録依頼を受け付け、情報の内容ごとにURLを分類し、人手でデータベースに登録する方式が採られていました。例えば、トップに「健康と医学」という分類があったとすると、階層下に「ヘルスケア」、「医学」、「フィットネス」というような中分類を設け、さらにその下に「スポーツクラブ」、「ヘルスケア用品」、「家庭の医学」等の小分類を置き、個々のサイトのリンクを配置する方法です。このような作りの検索サービスを提供しているサイトを、「**ディレクトリ型**（階層構造型）検索サイト」と呼びます（図13）。

ディレクトリ型検索サイトは分類の段階で、違法コンテンツや倫理的な問題のあるホームページを目視排除でき、検索結果でいかがわしいサイトを案内するのを避けられる利点があります。しかし、コンテンツの分類や登録作業は、物量的にも編集的にも楽ではありません。

当初は人手の作業で追いつく程度の情報量しかありませんでしたが、インターネット空間にサイトの数が増えてくれば、すべてのホームページを人手で登録することは不可能になります。また、複数の全く異なる内容が同一ページに書かれていたら、どのカテゴリーに分類すればいいのかがよくわかりません。とりあえずは複数のカテゴリーに登録しておいても、もし同じURLのまま、ある日ガラッとコンテンツが変わってしまったら、誰かが気づいて登録し直さなければいけません。多彩なコンテンツが増えてくれば、ディレクトリ構造も複雑化し、どこにどのようなカテゴリーがあるのか、覚えてはいられなくなります。余談ですが、私が最初に携わったインターネットの仕事は、NTT DIRECTORYの構築と運営でした。今では、随分とのんきな仕事をしていたものだなと思います。

人手の編集によるディレクトリ型の検索サイトには、情報量が多くなればなるほど、あらゆる面で管理限界を超えるという大きな弱点があります。ただ、ディレクトリ構造自体は、範囲や目的が限定されていれば、体系的な情報整理に便利な構造です。パソコンに保存されているファイル整理に、ディレクトリ構造が採用されていることは、皆さんもよくご存じでしょう。編集者の価値観や方針に基づき、良いと思う情報を厳選して紹介したいときも、ディレクトリ方式は便利な情報整理の方法です。

検索と言えばすぐに、Googleのような、世界中の情報をあまねく収集してキーワード検索をさせる、大型で汎用型の検索サイトを想起しがちです。私たちはまるでそれに頼り切りになっていますが、ディレクトリ型の情報整理に学ぶところはあります。身近なところでは、社内や学校に無秩序に貯まっているデータや文書を、一定の基準で分類し、一カ所に格納しておくだけでも、利便性や、活用価値は格段に上がるはずです。

紙の情報が体系的に整理され、格納されている典型例は図書館です。さまざまな組織で情報がデジタルデータ化されて、一発検索できるしくみになっていれば良いのですが、そうなるまでにはさまざまなコストがかかります。ただ、「とてもそんなことはできません」と諦め話をする前に、せめて自分たちが情報的な価値として持っているものをどう体系化できるか、ディレクトリ構造的な思考で考えてください。それが情報化の第一歩です。

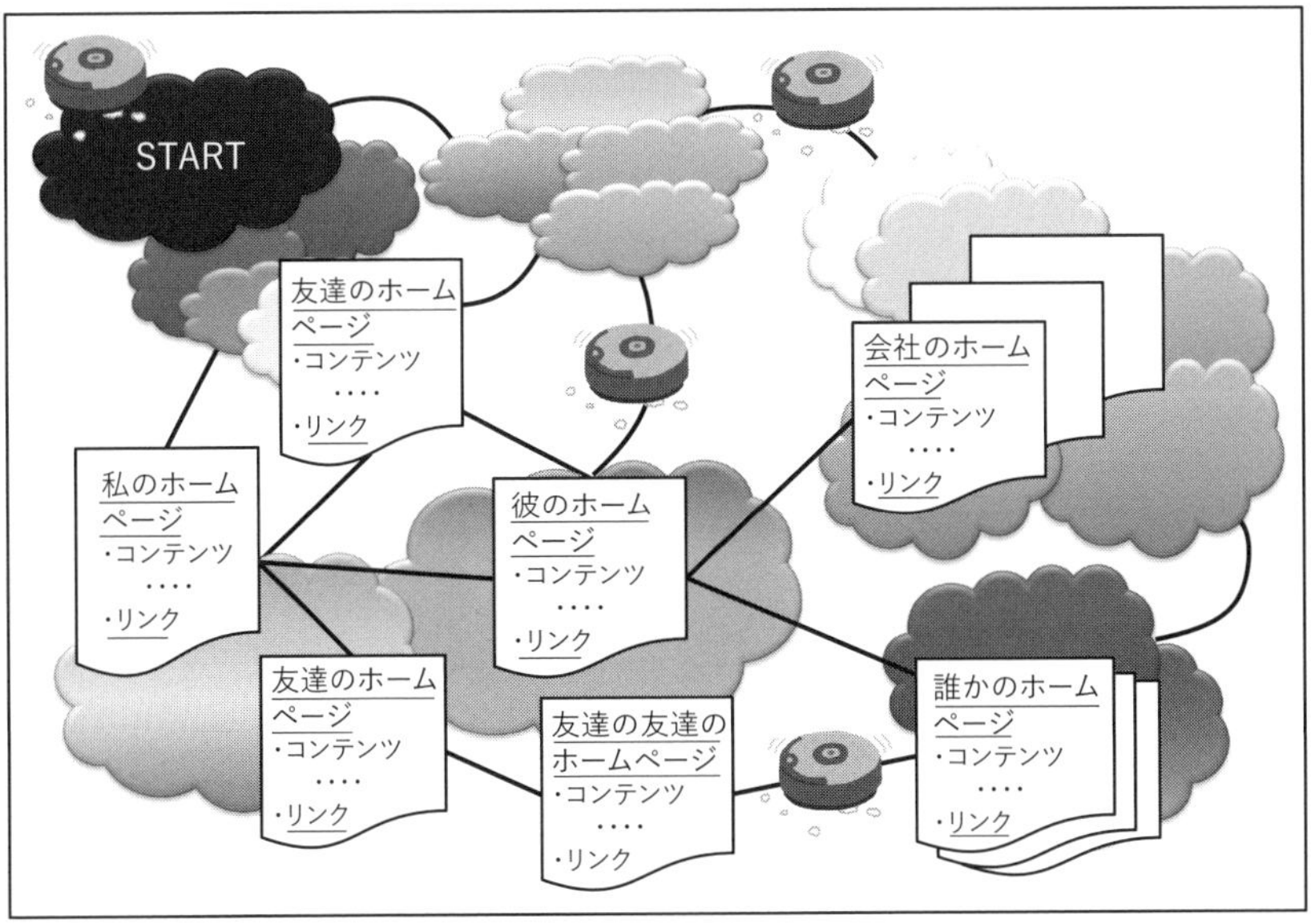

図14　クローリングのイメージ

画像：いらすとや。

サーチエンジン

検索ロボットや**サーチエンジン**と呼ばれるプログラムを駆使して、世界中のホームページ情報を集めて検索サイトを作る**クローラー型**という方法もあります。Googleをはじめ、現在の大型の検索サイトは、ほぼこの方式によっています。

検索ロボットとは、インターネットのWeb空間を自動巡回するソフトウェアのことで、「クローラー（crawler）」とも呼ばれます。世界中のWebページを、リンクをたどって巡回するのでクローラー、「這いまわるもの」という意味です。検索ロボットを使い、どのようにして世界中のホームページが検索できるようにするかは、大きく言って以下のプロセスによります。

① クローリング：Webのテキストを丸ごと収集するプロセス。クローリングの開始位置は「コンテンツが良質で」、「リンク先が多い」サイトであることが多い（図14）。

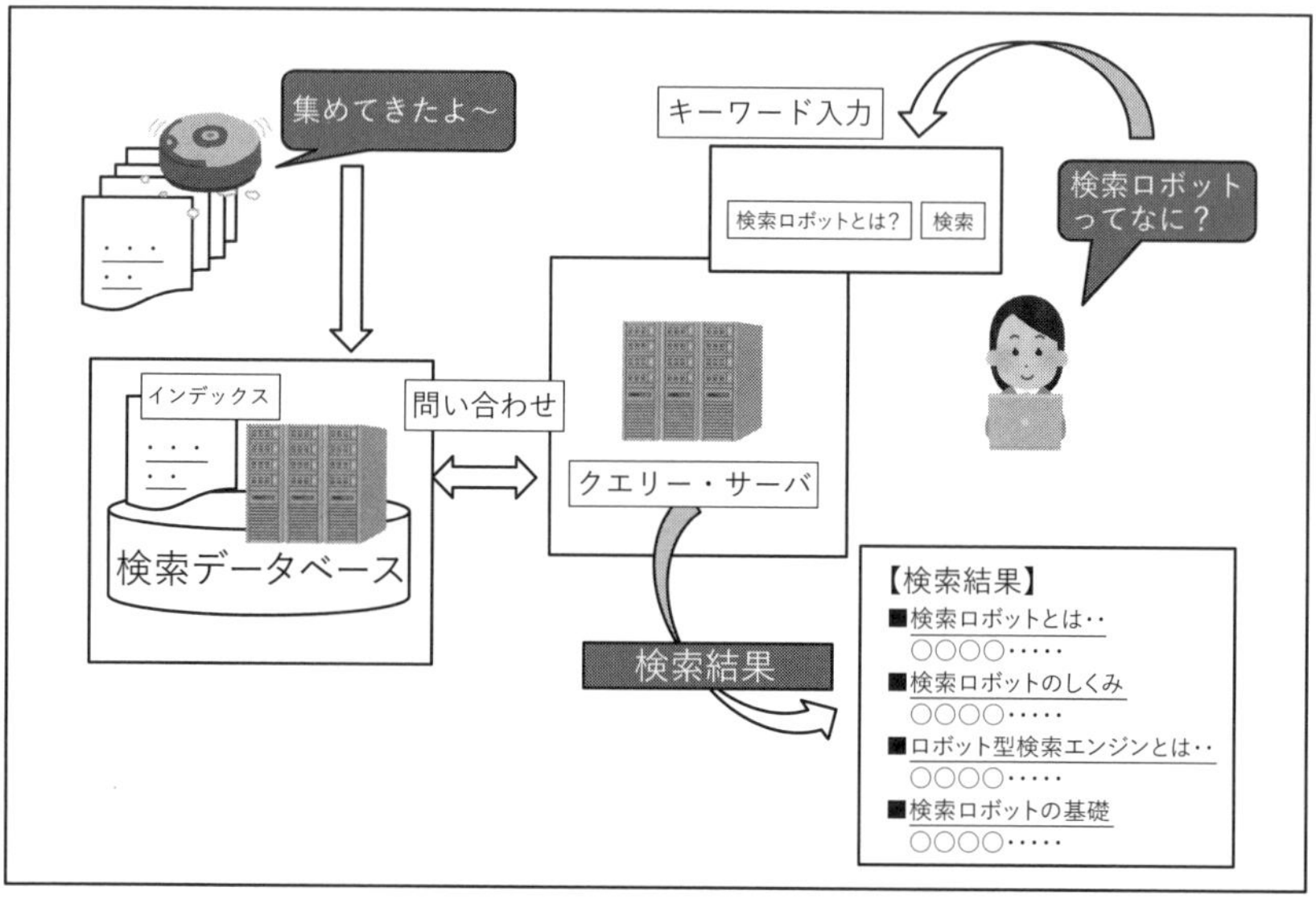

図15　インデクシングとクエリープロセスのイメージ

画像：いらすとや。

②　インデクシング：収集してきたテキストから単語、キーワード、画像など要素を切り出して索引（インデックス）を作り、データベース化する。キーワードにより、重要度や優先度を識別してリストアップする（図15）。

③　クエリープロセス：ユーザーが検索キーワードを入力してから結果が表示されるまでのプロセス。紹介文を生成し、検索結果として表示する（図15）。

実は「NTT DIRECTORY（ディレクトリ）」のようなディレクトリ型の検索サイトも、比較的早い段階からクローラーでホームページ情報を自動収集し、検索インデックスを生成する方法を併用していました。しかし、自動収集方式で集めたホームページのコンテンツは玉石混交です。それで良識上、人の目を通して玉と石とをより分ける作業をしていたのですが、この考え方を大胆にくつがえし、「ホームページの内容について、人為的な関与をしない、情報の良し悪しを判断するのはユーザーのリテラシーの問題である。」という姿勢で登場してきたのが、**ラリー・ペイジ**と**セルゲイ・ブリン**によって創業された、完全クローラー型の検索サイトGoogleです。当初は大きな驚きをもって受け止められたスタイルでした。やがて膨大なインターネット上の情報から、いかに早く正確に結果出力するかを軸に、検索サービスはディレクトリ型から、サーチエンジンの性能競争へと変わって行きました。

検索サイトには多くの情報が集まり、ユーザーは自分が必要な情報のありかをキーワードで検索することで、容易に見つけられます。これは、**情報の探索コスト**が非常に低くて済むということです。このために検索サイトは大勢の人に利用され、インターネットの普及と共に、検索閲覧数が大きく伸びました。

検索サイトが**広告媒体**としての価値を持つとの見方は当初からあり、従来の紙のメディア、すなわち電話帳や新聞・雑誌広告のアナロジーで、広告編集やプライシングが行われました。検索サイトの広告媒体としての価値は、

・表示回数が多く、多くの人の目につくため広告効果が高い。
・ユーザーが検索する内容に近い広告を掲出すれば、関心度が高い人の目につくため、成約確率が高くなる。
・テレビや新聞など従来型の媒体より小口の広告が出せるため、大資本を持たないビジネスにもチャンスをもたらす。
・細かく広告を出し分けることができるため、媒体のデッドスペースが少ない。

というところにあります。

検索結果においてユーザーが見るのは、せいぜい上位10件程度だといわれます。ですから、検索サイトから自社へのアクセスをより多く誘導するためには、自社の情報が検索結果の上位に掲出される必要があります。この

ため、サイトの作り手は、検索サイトが結果を出力するアルゴリズムを解析し、できるだけ有利な場所に掲出されるようにコンテンツのつくりを工夫し、露出の最適化を図るようになりました。これを**SEO対策**（Search Engine Optimization）といいます。本書では検索アルゴリズムの詳細に深入りはしませんが、SEO対策をするなら基本的には以下のような工夫をするとよいといわれています。

①　クローラーが情報を集めやすいようにする

・クローラーはサイトのリンクをたどって情報を収集するため、自社のサイトを構造化し、サイトマップやサイト内リンク、他のサイトへのリンクなどを有機的に作る。

・キーワードと内容の合致性はスコアリングされるため、ホームページの内容を吟味し、関係性が高いサイトとの相互リンクを増やす。

②　良質なサイトからのリンクを増やす

・他のサイトからのリンクが多ければ人気のあるサイト、信頼されているサイトと判断されやすい。

③　キーワードやタイトルをわかりやすくする

・出現頻度の高い単語で掲載情報の重要度を高め、意図したインデクシングが行われやすいようにする。

・URL、メタタグなどのHTML記述を最適化する。

SEO対策は、検索結果の公正性を担保しようとする検索事業者とのいたちごっこを招く結果となりました。検索サイトは検索アルゴリズムを秘匿し、アルゴリズムを頻繁に変更したり複雑化させたりするようになりました。アルゴリズム解析は誰にでも簡単にできるわけではありません。SEOのテクニックを提供することがビジネスになったり、検索サイトが真に検索結果を公平に表示しているのかが社会問題になったりするという、新たな局面が顕在化しています。

検索事業者は、自分たちは検索結果に人為的な関与はしないと言いますが、実際には巡回の規則をどう設定するか、検索結果をどう表示するかといった部分には、サイト運営者の主観が関わらざるを得ず、人為性を完全に排除することはできません。検索利用者や広告閲覧者（広告出稿企業にとっての潜在顧客）、広告出稿者等、ステークホルダーに対する検索事業者の影響力が大きくなるにつれて、結果の恣意性を問題視したり、アルゴリズムの開示を求めたりする動きが大きくなりました。現在も検索サイトの主たる収入は広告ですが、このビジネスモデルに働く強力なメカニズムについては、Chapter 6で詳しく見ていきます。

6. イノベーションとデファクト・スタンダードの力学

イノベーションという概念には、研究者によっていろいろな定義や表現があります。しかしどんな表現にせよ共通しているのは、「既存の慣れ親しんだ方法とはどこか違うやり方で、既存とは異なる価値の実現と提供を行う」ということです。

イノベーションには技術が主導するタイプのものと、格安航空会社（LCC：Low Cost Carrier）のように、仕事のプロセス（オペレーション）を大胆に変えることで実現する、必ずしも技術主導型ではないものがあります。いずれにせよイノベーションとは、ある日突然何もないところからポンと新しいアイデアが出てくるのではなく（それはむしろ、発明という意味でインベンション（invention）と呼ぶべきです）、既存のものを組み合わせ、今までよりも良くしたり、違うものにしたりしていくことで、これまでになかった製品やサービス、新しい仕事や生活様式、市場などを生み出していくということです。その意味でインターネットは、技術が新しい環境を提供し、画期的なビジネスや従来とは異なる生活様式が生み出されてくるタイプのイノベーションです。

インターネットによるイノベーションというと、何か突然すごいことが起こったような（確かにすごいことではあるのですが）気がしてしまいます。これまでの軌跡を見て興味深いのは、「世の中を大きく変えたインターネット・イノベーションも、最初はそれほど大した状態ではないところから出発している」ということです。

本章の初めの方で概観したとおり、ごく初期のインターネットは、比較的限られた範囲でこぢんまりと始まっています。表示はテキストのみ、今のように音声や画像満載ではありませんでした。通信はナローバンドですから重たいデータの伝送は時間がかかりすぎ、おまけにベストエフォート型通信だから、パケットロスが起こってもしょうがないねという状態です。伝統的な電話は既に技術が確立されており、よほど大規模な物理障害でも起こらない限り、時々つながらなくてもごめんねなどということはまずありません。当初、通信会社の中では「パケット通信などという不安定なものは、通信ではない」、「そんな技術のインターネットが普及するわけがない」と豪語する人や、「お客さんに勧めることなど、とてもできない」と言う人が多数派でした。

パソコンの性能も今ほどよくありませんから、重たいデータを送られても処理する力はありません。リッチコンテンツを表現する能力もなければ、オンライン決済や認証の手段もありません。他に大した情報があるわけでもなし、最初のころのインターネットは、技術的にも魅力という意味でも、あまりイケてるものではありませんでした。インターネットのイノベーションは、通信、行き交う豊かなコンテンツ、認証や決済を伴う取引を成り立たせるしくみ、それらを情報として処理するアプリケーションや端末の進化が相互作用しながら、徐々に進化してきたものです。

より多くの情報を、より早く、より処理しやすい形で交換することのニーズがこれほど渇望的で、これほど社会変革をけん引するパワーになると予見していた人が、当初どれほどいたかはわかりませんが、インターネットはイノベーションの典型事例といわれます。それに異論はありませんし、インターネットが社会になくてはならないインフラとして根付くのに、それほど長い年月がかかったとも思いません。しかし、ここで示唆としておきたいのは、「イノベーションと（後から）言われるものは、最初から万人にすごいと評価されるものとは限らない」ということです。

前述したように初期のインターネットは、保守本流の人々から、技術や性能が劣るために使えないと思われ、価値がわからないといわれながら、不断の改良や追加的な技術開発により進化が進みました。それにビジネス的な努力や工夫が加わり、やがて既存の情報通信サービスでは提供できない価値が市場を凌駕した事例です。このようなタイプを、イノベーション論の大家である**クレイトン・クリステンセン**は、**破壊的イノベーション**と呼んでいます。

日本では「破壊的イノベーションを生めないから、成長できないのだ」という批判や、「破壊的イノベーションを起こせ」という掛け声があちこちから聞こえてきます。しかしイノベーションとは、インベンションでもなければ、成功が保証されなければ取り組む意義がないというものでもありません。ある物ごとが既存市場を代替したり、新市場を形成したりするには、それなりの時間と努力が必要です。案外、今自分がやろうと考えていることが、破壊的であるか成功するかの確信は当初の必須条件ではないのかもしれません。いきなりホームランを打たねばと思うのではなく、間断なく打席に立ち、ヒットを重ね、出塁し、走者が揃ったところで満塁ホームランをかっ飛ばす。その勢いで、時にはゲームのルールも変えてしまう。そんなイメージを私は持っています。

インターネットの普及の軌跡でもう一つ、興味深いことがあります。それは「インターネットの通信プロトコルは**TCP/IP**にするとか、一般的なパソコンのOS（Operating System）にはWindowsを標準搭載する（Mac PCやiPhoneのOSはiOSですが）など、誰が決めて従わせているのか」ということです。

JIS（日本産業規格）やISO（国際標準規格）のように、権威のある機関や法律が規格を定め、それに従って製品やサービスを製造する方式を**デジュール・スタンダード**（de jure standard）といいます。これと異なり、

「権威ある機関が言ったわけではないが、皆がいいと思って使ううちに業界の標準の方式になったもの」を、**デファクト・スタンダード**（de facto standard：事実上の標準）といいます。TCP/IPやWindows OSの搭載は、デファクト・スタンダードの例です。

デファクト・スタンダードは、インターネット業界特有のものではありませんが、成立経緯が緩い関係のネットワークということもあり、この業界にはデファクト・スタンダードが少なくありません。特に技術者の間では、特定の機関が強い権力で世界を構成するというよりは、互いがフラットな関係でつながりあうことに意味や価値があるという、いわば横連携の文化意識が根底にあるといわれています。

ところがここに、競争原理が関与するようになると、事情は少々違ってきます。インターネット業界では、マイクロソフトとネットスケープのブラウザが、シェアをめぐって、裁判になるほど激しい主導権争いをしていたことが有名です。

デファクト・スタンダードで物ごとが決まるということは、「いいね」と思う人が多いかどうかで、業界の標準が決まるということです。ある企業が「事実上の標準」を勝ち取れば、他社も自社が開発した技術や規格を採用するようになります。自社は最初からその規格で商品開発を行っているために先行者優位が働き、市場における存在感や影響力が高まります。特許の力が働くこともあります。

ある規格が標準という名の業界常識になってしまえば、後発参入者がこれを覆すことは相当難しいでしょう。デファクト・スタンダードを取れば、業界における勝ちが勝ちを呼ぶ、という観測が働くため、競争は時に熾烈を極めることになります。

競争戦略論は、市場でいかに自社の持続的な競争優位性を確立するかを議論するものですが、実社会では、特定の企業による独占や寡占の弊害が懸念されると、規制やコントロールの議論が起こってきます。このことは、

Chapter 6で改めて取り上げていくこととしますが、さらに興味深いのは、皆がいいねと言ってくれる技術がデファクト・スタンダードになると言いつつも、最も優れた技術がデファクト・スタンダードになるとは限らないし、勝者になれるとも限らない点です。

デファクト・スタンダードの候補になるような技術は、どれもそれなりの品質や価値を内包しています。しかしデファクト・スタンダードとなるには、技術ではなく、使い手や話の聞き手にとってのいいこと「**バリュープロポジション**」が、文脈で理解される必要があります。そのためには、「伝えるコミュニケーション」**ストーリーテリング**の能力が必要です。

「それは、技術者や開発者が考えることではないぞ」と思った方、それは早計というものです。試しに初期のインターネットには理解者や支持者が少なかった、というエピソードを思い出してください。

想像していただきたいのですが、その当時は「もしもし」の電話の全盛期で、「今のやり方で、何も困ったことはない」と思っている人たちばかりです。この先どんな大変化が起こるかは、大半の人には想像できません。マーケターや営業どころか、理系のサービス開発者も、インターネットという奇抜なものを普及させていくことの意義や可能性が、すぐには理解できませんでした。それはどんなに**TCP/IP**や、パケット通信の原理を説明したところで、いいねとは言ってもらえない状況を意味します。

初期のインターネット技術には未熟なところもあり、目に見えて面白いコンテンツもなく、社内でも何がいいのかよくわからんという状態です。しかし、社内の人々は最終ユーザーにつながるバリューチェーンの一部を担っています。「専門外の人にわかってもらえなくてもいい」、「わかる人だけわかればいいんだ」などとうそぶいている場合ではありません。「あなたの話がわかりません」という人が、活動を支持してくれたり、社内外のステークホルダーやお客さんに、「これいいでしょう?」と言ってくれたりするはずがありません。

「わかる人だけがわかればいい」と、同質的で居心地のよい世界に留まっている間は、革新的進歩は期待できません。「あなたが考えていることはよくわかりませんね」、という人に物ごとを説明するのは骨が折れます。「なぜ、そんなメンドクサイことをしなきゃいけないんだ」、「自分で考えろよ」と思うこともあるでしょう。しかし、それを克服しなければ、大きな投資を行い、打って出ようという意思決定もなければ、こうすればいいねというフィードバックもありません。せっかくポテンシャルのある資源を持っていても、それが活きないのは残念な組織です。それはすなわち世の中から求められることのない、「生き残れない組織」です。

企業の先端技術者にとって、直接の顧客は誰でしょう？　一つの考え方は、先端技術を、実用的な財やサービスに落とし込む役割の人たちです。その人たちが直接お金を払ってくれるわけではありません。しかし、その先には生の技術ではなくバリュープロポジションで価値評価する最終顧客がいます。デファクト・スタンダードは、皆で使っているうちに、結果的に業界内の標準になったものだと言いましたが、何も働きかけなくていいということではありません。デファクト・スタンダードの獲得が目的ではないとしても、ある技術が市場に定着していくメカニズムを理解しておく必要はあると思います。もちろん、聞き手が「どうせわからない」とか、「専門ではないからわかりたくない」という拒絶的な態度でいるのは問題です。「情報は、発信者と受信者の相互関係によって初めて価値たり得る」、という話は、もうシツコイぐらいしました。

本章は、インターネット技術の話ばかりだったと思われるでしょう。最低限の知識は持ってほしいという意味では確かにそうですが、もう一つ重要なメッセージがあります。それは、異なる専門性やミッションの組織間で、目標を共有し、意思決定を促し、成果を出していくためには、理にかなった情報流通が必要だということです。イノベーティブであろうとするならなおさら、ここで紹介したトピックスには、世の中に新しい価値を提供していくことや、イノベーションには何が必要かということへの示唆が十分に含まれていると思います。

註

1——JPNIC アーカイブス「インターネット歴史年表」 https://www.nic.ad.jp/timeline/ 参照（２０１９年12月12日現在）。

2——出所：総務省通信利用動向調査「個人のインターネット利用状況の推移」 http://www.soumu.go.jp/johotsusintokei/statistics/statistics05.html

3——情報通信白書令和元年版 https://www.soumu.go.jp/johotsusintokei/whitepaper/ja/r01/pdf/n3200000.pdf 他、各年発表の情報通信白書による。

4——生産量の増大に伴ってコストが低減し、収益率が上がること。

5——この問題は料金制度問題だけでなく、ネットワーク上のトラフィック混雑の制御方法や市場支配的な力を持つ事業者の規制問題などさまざまなイシューを含み、「**ネットワーク中立性問題**」と呼ばれている。

6——日本の内閣府のホームページのアドレス。

7——１９９２年に高エネルギー加速器研究機構計算科学センターの森田洋平氏が作成したウェブページや、１９９３年に日本電信電話株式会社（ＮＴＴ）の通信研究所で作られた「日本の新着情報」が、日本におけるウェブページのはしりだとされている。 https://www.kek.jp/ja/newsroom/2016/09/30/1512/ ２０１９年12月16日閲覧。

8——http://www.hct.ecl.ntt.co.jp/panel/pdf/C-2-6.pdf ２０１９年12月16日閲覧。

9——https://about.yahoo.co.jp/info/company/history/ ２０１９年12月16日閲覧。

Chapter 4
ＩＣＴ活用と経営戦略

多少の技術的な話題を含み、情報と組織について基本的なことを見てきました。「基本的な」とは必ずしも「簡単だ」ということを意味しません。ですから、「一回では、よくわからないなあ」と思うことがあっても、ガッカリしたり放棄したりせず、自分でも汗をかいて調べたり、なぜこれを理解しようといわれるのか、勉強する意味まで立ち戻って考えたりしてほしいなと思いますが、とりあえず先に進みましょう。ここからは、いよいよ今風のＩＣＴ経営や、インターネット時代特有の現象と力学に触れていきたいと思います。

1. デジタル化とは

最近よく耳にする言葉に「デジタル化」とか、「ＤＸ化」があります。ＤＸと書いて「デジタル・トランスフォーメーション」。ＤＸのことはChapter 7で詳しく考察するとして、ここで理解したいのは**デジタル化**の話です。「これからはデジタル化だ」とか、「わが社もデジタル化の波に乗り遅れてはいけない」などと使う割には、きちんと説明されることが少ない言葉のような気がします。なぜデジタル化なのでしょうか？　なぜわが社もデジタル化しなければならないのでしょう？

「デジタル」とは整数のように、値と値の間があいている飛び飛びの値のことです。整数は1、2、3…という値をとります。しかし1と2の間には1.5とか1.0000001といった小さな数が隙間なく無限にあります。しかし、そういう連続的な値は、ここではちょっと無視してしまいましょう。こういう飛び飛びの状態で値を扱うことを、**離散的**に値をとるといいます。デジタルデータというとき、データは離散的な値で扱われています。それとは対照的に、飛び飛びではなくみっちり隙間なくつながった**連続量**のことを**アナログ**といい、連続量で表されたデータをアナログデータと呼ぶのです。

デジタルコンピューターの計算処理に用いられる、離散的数値の典型的な位取り記数法が**二進法**です。デジタルコンピューターというからには、アナログコンピューターがあるのか、と言いたくなるでしょう。ややこしくなるのでその話は置いておくとして（あるか、ないかと言われればありますが、日常はほとんど目にすることはありません）、デジタルコンピューター（以下、コンピューター）が使う値は0と1の2種類です。

二進法では、0→1→10（十進法の2）→11（十進法の3）→100（十進法の4）と、すぐに桁が繰り上がります。普段私たちは、1年は365日と思っていますが、それは10進法の話で、二進法なら101101101日です。あっという間にものすごい桁数になってしまい、とてもパッと読める桁数ではありません。20歳のお誕生日おめでとうは、「10100歳おめでとう」ですし、還暦は111100歳って、気分的には何だかノリが悪いですね。

二進法は値の種類が二つです。9種類の数字で数を表す十進法に慣れた私たちにとって、二進法は感覚的に馴染みにくい面がありますが、コンピューターで二進法を用いることにはいくつもの利点があります。まず、コンピューターは電気で稼働しますから、0と1で表現すれば、データはスイッチのオフとオンで表せます。0か1

かの識別ができればいいというシンプルさは、情報の蓄積や加工や、通信回線を使って伝送したりする際に、誤りを起こす率を低く抑えられます。またコピーも簡単で、複製コストが限りなく低減します。つまり、デジタルで表現することの利点とは、効率よく情報処理ができることです。

情報がデジタルで表現されると、コンピューターで効率よく計算処理ができるようになります。さらにデジタル信号の形で情報を送受信すれば、単位時間あたりに流通するデータの量は格段に大きくなります。情報流通量の増大に牽引されて、人々の活動の範囲や量も広く、大きくなります。モノやサービスの需給関係も、活発化することでしょう。経済学的には、ある財の生産量の増加は、その財の生産コストの低減に結びつくことがわかっています（規模の経済）。情報のデジタル化をトリガーにして、経済の総量が大きくなり、コストが下がり、経済の回転効率もよくなることが期待できるという、わくわくする連鎖がイメージできませんでしょうか。

情報のデジタル化をトリガーとする経済連鎖の拡大は、「なんだか忙しくなるなあ」ということなのかもしれません。しかし、これまで簡単に遭遇できなかった人と交流して知的な化学反応が起こり、今までよりも短い期間でアイデアをビジネス化できる土俵ができます。この流れに乗れる企業とそうでない企業では、パフォーマンスに格段の差が出るだろうとは、直感的にも想像できるところです。それは、イノベーションが急速に注目されるようになったことの背景だとも言えるでしょう。

実はイノベーションという概念自体はそう新しいものでもなく、すでに1912年にはオーストリアの経済学者**ヨーゼフ・シュンペーター**が提唱をしています。問題は、「どこから、どのような順番でイノベーションを進めるか」ということです。何しろ使える予算をはじめ人員、必要物資など、投入できる経営資源はいつだって無尽蔵ではなく有限ですから。自社の経営戦略を鑑み、シナリオに優先順位をつけていかなければなりません。え、自社に経営戦略がないですって？　それはお話になりませんね…。

2. 競争優位性とICT活用

ICTを構成する中核技術は、コンピューターと通信の技術です。最近の通信は、コンピューターで制御されますから、それも含めて「コンピューター・テクノロジー」と言ってしまっても、それほど大きなウソにはならないと思います。そんな背景もあってか、感覚的にはICT活用＝コンピューター、通信情報システム＝デジタル化という図式が、無意識に出来上がっているような気がします。しかし、それはいかにも単純すぎだと感じられ、ICT活用には、もう少し踏み込んだ考え方を持ち込んでいく必要があると思います。

ここでは、経営戦略にICTが果たす役割と期待について考えていきましょう。

「情報」が必ずしもデジタルデータではないことや、「システム」が必ずしもコンピューターではないことは、何度も書いてきたとおりです。しかし、話をシンプルにするために、ここでは一般に、情報システムやICTシステムとは、コンピューターによる情報処理を前提とした、ビジネスを円滑化したり強化したりするための構造物、という意味で使いたいと思います。

誰を喜ばせるICTか？

ICTの活用が上手で、業界で持続的な競争優位性を保っている国内事例の一つに、ヤマト運輸株式会社（以下、ヤマト運輸と表記）があります。同社が長期的に投資をしてきた情報システムは、いろいろと研究され、同社の経営者が著書を書いたり積極的な情報公開をしたりしています。情報システムそのものの解説はそちらに譲りたいと思いますが、私の見るところ、同社のICT投資の最大の特長は「何のために、情報システムに投資を行うのか」が非常に明快だということです。同社のコアビジネスは宅配事業ですから、中核は小口宅配荷物の「集荷－配送－配達」というプロセスです。同社の経営課題は、宅配荷物の量が増加する状況の中で、このプロセスをいかに効率化し、顧客満足度を上げ、リピーターを増やしていくかというところにあります。

同社では1980年代から現在まで、継続的に段階を踏んだICT投資を行っています。本書執筆時点では、300億円規模の初期投資を行い、2010年から運用開始している第7世代の情報システム[1]が稼働しています。さらに、2020年1月には4年間で約1,000億円の資金と300人規模の要員を投入し、AIを用いたデータ分析のシステムを構築すると発表しています。AIが得意とすることの一つである予測に基づき、要員および車の配置の最適化や配送ルートの改善による配送プロセスの最適化を図ったり、e-コマースに対応できるデジタルプラットフォームを構築して、受発注から配送、在庫管理、決済、返品までの一括管理を可能にさせたりする計画だということです[2]。

私が同社のICTへの投資（いわゆるIT化）の軌跡を見ていて上手だと思うのは、そのシステム投資が、誰を喜ばせるかがはっきりしている点です。言い方を変えると、「その投資がビジネスプロセスのどこを変え、誰の利便性が向上して、経営パフォーマンスが上がるのか」という意図をストーリーが明確だということです。

初期の同社の投資は、集荷時の伝票入力を電算化し、POS化してドライバーが現場で集荷伝票を入力できるようにする、しかも、徐々にその入力時の手間や負荷を軽くするということへの投資でした。この投資は内部の業務プロセスに対して効き、直接的なメリットを享受するのは集荷ドライバーや荷物を仕分けて配送する役割の、いわば「中の人」です。もちろん内部プロセスの効率化は、最終的には荷物を受け取る顧客のメリットにつながりますが、このようなICT化は組織の内に作用する「内側向きのICT活用」と言えます。

一方で、同社の近年のICT投資は、インターネットと接合した情報活用による、顧客サイドの利便性向上に意識が向いているように見受けられます。集荷依頼や配達日時の指定等の顧客サービスは、比較的早い段階で実現されていました。今はそれらが、電話オペレーターなどの人手をほとんど介さない方向に進化しつつあります。例えば顧客が会員登録[3]をすれば、スマホアプリで集荷依頼をし、荷物がどこまで配送されたかも追跡できます。サービスが会員データベースに紐づくと、住所や連絡先などの基本情報を毎回入力しなくて済み、手書きの送り状が不要になります。また、荷物を受け取る側の顧客が、配達の日時や場所を変更できるようにもなります。結果として、宅配事業にとって悩ましい、不在再配達という非効率が低減し、事業パフォーマンスが向上します。外部のポイントサービスと連携ができていれば、顧客はさらに得をした気持ちにもなります。

このようなことを実現するICT投資は、企業の外にいる顧客の利便性や、継続的関係性の維持に効きます。ですからこれは、「外側向きのICT活用」です。

ヤマト運輸の事例からは、少なくとも二つのことが学べます。

一つ目は、ICTを活用したシステムには、内部的なしくみの変革に効果を発揮するものと、外部との関係性に効果があるものの2種類があるということです。前者は、効率的なプロセスを定着させ、模倣困難なしくみを作り上げることで、後者は顧客や取引先との関係性を強固にすることによって、持続的な競争優位性を作り出します。

二つ目は、システム投資はそれがビジネスプロセスのどこで、誰の課題を克服し、パフォーマンスを向上させるのか、という道筋が明確であるべきだということです。

戦略的なICT投資とは

戦略とは「長期的に達成したい目標を実現するためのシナリオのこと」と定義しました。企業向けの広告や記事にはよく、「戦略的なIT投資…」と、かっこいいフレーズが踊っていますが、宣伝されるIT商品を無邪気に購入することが戦略的とは思えません。情報システムへの投資が戦略的なICT投資かどうかは、自分たちが実現したいことや、長期的な経営目的と投資が実務運用とともに、一貫した文脈になっているかどうかです。

情報システムへの投資は決して安いものではありません。また、実務要領の変更を伴うケースが少なくありませんから、円滑運用が求められる現場の混乱や、不安は極力小さくする必要があります。その意味では、何もかもいっぺんに変えようとするのではなく、優先順位をつけて段階的に実施していくことの大切さも、本事例の示唆だと思います。

情報システムを迷走することなく進化させていくには、ICT投資に関わる人は、業務プロセスの理解を通じて、現場の期待や顧客の願望がわかっていなければなりません。「技術的に可能だ」ということと、「投下可能なコストの範囲で実現可能だ」ということの違いも、理解しておかなければなりません。「自分は技術系の人間だから、人と関わるより、パソコンに向かっている方がいい」と言っている場合ではないと思います。また、業務サイドや顧客フロントの人も、「私はシステムやコンピューターは苦手」とか、「今のやり方で困ってない」と言っているようでは進む話も進みません。両者には、立場による目線の違いや得意不得意の差がありますから、辛抱強くコミュニケーションする力も必要になってきます。この時に、両者のギャップの橋渡しをするのが、自分たちはどこへ向かうのか、何を成し遂げようとしているのかを示す「戦略」なのです。

悪いICT投資

もう相当な時効だと思うので、皆さんの後学のために書いてもいいかなと思う大失敗プロジェクトの経験が、私にはあります。私が若造だったころの話です。

私は外資との合弁コンサルティング会社で、ある特化型事業のマーケティングを担当していました。一般社員でしたので、会社の意思決定にはまだ関与できない立場でした。あるとき、会社の上層部で「大型の情報システムを独自構築し、広告事業の大量データを分析し、マーケティングをするべきだ」という話になりました。今風に言えば、「ビッグデータでマーケティングをするための情報システムを、内製で作れ」という話です。予算的にはかなり、金に糸目はつけない感じの予算がついていました。

当時の私は、パソコンすら一度も触ったことのない素人でしたが、なぜかその大型プロジェクトにいきなり放り込まれることになりました。プロジェクトチームは事業やマーケティングの素養が全くないシステムエンジニアと、私のようなマーケティングには詳しいがコンピューターはさっぱり、おまけに採用母体が異なる多国籍社員の混成というややこしさでした。

この話、ドタバタ喜劇の本が書けると思うぐらい支離滅裂、百鬼夜行みたいなプロジェクトだったのですが、結末だけをかいつまんで記します。当時最新鋭のハードウェアと統計解析のアプリケーションを相当な金額で注ぎ込んだにも関わらず、ついにシステムは日の目を見ることなく、このプロジェクトは5年で解散してしまいました。喜んだのはハードウェアと、統計解析のアプリケーションを納入したベンダーさんだけでした。

当時は、どうしてこんな嫌なことになるのかと随分思いましたが、今にして思えば失敗の理由は簡単です。最大の理由は、大きな情報システムを作れば、すごいことができるのではないかと、上から下まで全員が漠然と思っていただけだったということです。「予算はつけるし、システムエンジニアとマーケッターの混成部隊を作ったから、何かいいものを作ってくれ。後は任せる。」これは本当に、当時の役員に直接言われた言葉です。「何かいいものを作ってくれ」と役員から言われて、システムエンジニアは最新のワークステーションとソフトを揃えました。そして、当時「これからはこの手法だ」と一部で言われていたやり方で開発するのだと意気込み、私たちにもエドワード・ヨードン［4］等が書いた、システム開発の専門書を英語で読むようにと言いました。しかし私たちは、「自分はマーケッターだ。システム開発ではなく、マーケットレポートを書くことが本分である」という強い自負を持っていました。ですから自分がなぜいきなりシステムの専門書を読まされ、膨大なデータベース構築作業に労力を費やさなければいけないのか、理解も容認もできませんでした。

本業のマーケティング自体は、パソコンの性能とExcelの使い勝手がどんどんよくなるおかげで全く困りません。それどころか、業務特性からいえば、無理やり集めた割にやたら大きくて、ゴミだらけのデータセットは必要ないこともわかっています。しかも、エンジニアは大言壮語するくせに、いつまでたっても動くものが出てくる様子がありません。隣の席で着々とマーケティングの業績を上げている先輩社員に、「大変ね～」と冷ややかに同情されて、こんな会社辞めてやると初めて本気で思いました。私たちマーケッターにとって、「何かいいもの」とは、処理能力が高い最新のコンピューターではなく、お客さんのために、毎年手間暇かけて書く膨大な分析レポートの作成を楽にしてくれるもの、という意味だったのでした。

辞めてやると思った割に、本社に戻ってからの私は、会社には随分長く勤めました。後に大学院で、この顛末を経営学視点で研究したときの分析によれば、失敗の原因は以下です。

① 事業計画値が毎年達成されることが最優先だという認識が先行し、コンサルティング会社としての、ビジョンも議論もなかった（戦略不在）

② 大きな情報システムの構築が、部門の仕事や顧客に、どのようなブレークスルーをもたらすかというシナリオがなかった（価値創造意識の欠如）

③ システムの開発サイドとユーザーサイドが協働する意義の落とし込みがなく、コンフリクトマネジメントが行われなかった（現場組織のマネジメント不全）

この結果起こったのは、システム構築が目的化したことと、自分にとって大事なものが異なるメンバーの、コンテクストギャップの顕在化です。

当時の経営陣を非難する気持ちは全くありません。しかし、システムのユーザー、すなわちマーケッターをシステム作りにアサイン（assign：任命、配属）することの意味を誤解した戦略不在の経営陣は、次々と起こる現場のコンフリクト（conflict：対立、衝突）に対して、なんとかうまくやってくれよとオロオロするばかりでした。

結局、これが致命傷となってプロジェクトは本社から解散を言い渡され、瓦解してしまいました。情報システムを使ってマーケティングができるはずだ（したい）、システム作りは開発者とユーザーが近いところにいて協働した方がいい、という着想は決して悪くなかったのに、本当に残念なことでした。

当事者の共通のシナリオである戦略が先導し、それを実現するためのＩＣＴ投資でなければ、立場や気持ちが先走ってしまい、小手先のシステム開発を誘発してしまいます。下手をすれば、合わない靴に無理やり足の形を合わせるような、リクツ合わせが後付けされたりもします。悪いＩＣＴ投資の典型です。大金と労力を注ぎ込んだ割に誰も喜ばず、使えない残念なシステムが、形ばかりのローンチセレモニーを迎える、そんなケースをその後も何度も見聞きしてきました。

情報技術は、ほぼすべての産業において、いかなる戦略にも活用できる強力な**イネーブラー**（enabler）として機能する可能性がある。しかし、情報システムを構築したというだけで、競争優位の源泉になるのではない、ということが、学術的にはほぼ定説となっています。いくら投資体力があっても、戦略を持たない企業が流行に乗って「わが社もシステム化だ」とか、「デジタル化の波に乗り遅れてはいかん」などと言っても、あまりろくなことにはならないような気がします。

私がドタバタに巻き込まれたその会社は、現在はもう解散してしまって存在しません。私個人はその５年間で、相手の責任を追及する口汚い英語ばかり覚えてしまい、美しい英語は少しも身につきませんでした。ただ、このときに図らずもコンピューターエンジニアリングの基礎に触れたことは、その後の私の活躍の機会や、接する人の幅を広げることになり、今となっては感謝すべき経験となっています。人間は、意味を感じないことを長くは続けられません。しかし、自分以外の「ひと」や世界に何が起こっていて、どうすればＩＣＴが人の助けになるのかということへの、前のめりの好奇心と達成意欲、そして少しばかり土俵が異なる相手の話が理解できる程度には、基礎知識を持つことが必要なのだと思うようになりました。

3. ビッグデータ・アナリティクスとＡＩ

ハードウェアの能力が向上する一方で価格が下がり、使い勝手の良いＯＳやアプリケーションソフトウェアが登場したことによって普及、発展してきたのがインターネットです。ハード、ソフト、ネットワークの三者と、これを使いこなす**情報リテラシー**という人に備わる能力は、相互に影響し合いながら発展し成長してきました。経営戦略と情報技術の関係は、時代の要請や、その時々の経営の中心的関心事との間で変化し、成長していくものです。まだ少し書くのは早いかなと思う部分はありつつも、できるだけ新しく具体的な切り口で、このことを考えてみましょう。

「今、そこで起きている現実」をつかまえる

IoTとは、Internet of Things「モノのインターネット」と呼ばれるものです。少し前の資料ですが、総務省の平成30年版情報通信白書にこんな記述があります。

「インフラ、制度、組織、生産方法など従来の社会・経済システムに、AI、IoTなどのICTが導入される。次に、社会・経済システムはそれらICTを活用できるように変革される。さらに、ICTの能力を最大限に引き出すことのできる新たな社会・経済システムが誕生することになろう」（第1部2-(2)）。

なんだか壮大な文章で圧倒されてしまいます。いやいや、そんなことではいけないと気を取り直して周りを見渡すと、ありましたIoT。ごみが満杯になるとアラームを発信し回収業者さんがやってくるシュレッダー、電子マネーで買える売り切れの少ない自動販売機、駅のコインロッカーの空きがリアルタイムでわかるスマホアプリ。実家のホームセキュリティシステムから通知が飛んできました。どうやら留守中にまた猫が屋根裏を走ったらしい…。

初期からのインターネットが、ホームページを閲覧したりコメントをしたり、ポチっとクリックして本や洋服を買う、文章を書き情報や意見を発信するなどの、いわば人が操作する「ヒトのインターネット」だとすると、IoTはカメラや自動車、産業機械、街角の自動販売機にオフィス機器、ドア、スポーツウェア等、モノが直接インターネットにつながって刻々とデータを送り込んでくる、そんな状況です。通信機能を持った機器から、

「今、そこで起きている現実」が、デジタルデータの形で指定された場所に送り込まれ、頻度やデータの形式によっては、非常に膨大な量となって蓄積されます。

データ収集の中心的な役割を果たすのは、重量や熱、音、モノが動く方向や速度を検知するセンサー類やカメラなどの機器と、データをサーバーに伝送する通信です。近年はモバイル通信が発達してきていますから、通信電波さえつながれば、動き回る動物や自動車からもデータ取得ができます。

ＩｏＴ実現の背景には、ＩＰアドレスの付与体系に**IPv6**と呼ばれる体系を導入したという、技術上の変化もあります。インターネットに接続されるものは、それぞれを識別するための、固有のＩＰアドレスを必要とします。インターネットの急速な普及により、アドレスの数が足りなくなることが２０００年ごろから懸念されていました。このため**IPv6**と呼ばれる、アドレスを１２８ビットのデータで表す方式が導入されたのです。これによりＩＰアドレスの総数は、３・４×10の38乗個（約３４０澗《かん》個）となり、インターネット上の住所に関する資源（ＩＰアドレス）は、事実上ほぼ無限といえる数になりました。このことでより多くのモノが、インターネットに直接接続できるようになったのです。これらが間断なく捕捉するデータを、ほぼリアルタイムに近い状態で、デジタル通信回線が運ぶ。これが「モノのインターネット」ＩｏＴです。

モノ以外にもう一つ、「ほぼリアルタイムで起きている現実」と言えるものに、履歴（ログ）が残る「人の挙動」があります。いつ、どこで、何を買った、どんなことをつぶやいた、どんなサイトをどのぐらい見た、どんな経路で移動した等々、あらゆるヒトとモノが、インターネット上に軌跡を残していく時代になったともいえます。ある意味で、気持ち悪いと思う面もあります。

ここで強調をしておきたいのは、どのぐらいの頻度で、どういう種類のデータが、どのぐらい必要なのかは、目的次第で人が決めるということです。つまり、なぜ「今、そこで起きている現実」を捉える必要があるのかは、活動上の必要性や意思および社会的要請によるもので、技術が決定権を持つ話ではありません。意思決定の3ステップの項でみたとおり、問題の所在と解決すべき課題の設定は、人の認識や発想に依存するのです。

時々刻々、モノや人のさまざまなふるまいが蓄積されると、それは結果的に量非常に大きなデータの集合体になります。**ビッグデータ**と呼ばれるものです。

近未来を予測する

一般的にビッグデータが量にしてどのくらいの大きさかといえば、今のところ数十テラバイトから数ペタバイトぐらいのものを指すようです。テラバイトやペタバイトなど、あまり日常生活の中で出てくるような単位ではありませんが、1テラバイトは1,024ギガバイト、1ペタバイトは1,024テラバイトです。携帯電話会社やISPなどが通信プランに「ギガ○○」というようなサービス名称をつけて「大容量」、「高速」とうたっていますが、その千倍、百万倍というボリュームです。普通のスマホで撮った写真が1枚で数メガバイトですから、ざっと数千万枚から数十億枚に相当する量ということにもなるでしょうか。

ビッグデータには、ボリュームが大きいというだけではなく、データの出所が多様である（多源性）、データの生成や取得の頻度といった時間的な密度が高い（多頻度）、あらかじめフォーマット化されたデータベースになじまない、雑多な形態[5]のデータを含む（多様性）といった特徴があります。

数日に1回や2回ぐらいの頻度で、数台の自動販売機やシュレッダーが売切れやゴミの量を知らせてくる程度であれば、大した集計量にはなりませんし、変数も少ないのでわかることは知れています。一方、大都市で車や人や自転車などが毎日、この瞬間にどのような動きをしているか、稼働中の機械に取り付けた多種類のセンサーが報告してくるデータ、全国ですべての顧客がどんな行動をしたのか、細かい単位の気象の捕捉、家畜の挙動等々の大量データは、統計分析を通じて意味や価値を引き出さなければ、収集や蓄積のコストがかかるばかりです。しかも、いったん収集されたデータは、次の瞬間にはもう「過去」です。しかしこれらの膨大な事実の集積から統計的に相関の高いパターンを一気に見つけ出し、高確率の予測に基づく対応や、きめ細かい制御をすることができれば大変役に立つことでしょう。データは、意味のある「情報」に質的な転換を遂げることになります。

統計とは、数的処理によってある現象を記述したり推計したりすることです。推計には、それが起こる確からしさを示す確率指標も深く関わってきます。

もし、元のデータの種類や量が大したものでなければ、低次の方程式で処理することも可能でしょう。しかし、多くの変数を含むビッグデータで未知のパターンや法則を見つけ出そうと思えば、処理能力が小さなコンピューターでがんばるには無理があります。格闘しているうちにデータも陳腐化してしまい、現場では手遅れになってしまいます。時間も手間も実業の世界ではコストです。いくらいい推論をしても現場で使えないのは、コスト回収ができないことと同義です。そこで注目されるのが人工知能、すなわちＡＩの活用です。

落語の三題噺のようですが、「ＩｏＴ」、「ビッグデータ」、「ＡＩ」。新しい経済や社会を拓く、あるいは経営情報戦略を語るときの三大ワードです。高感度センサーや高解像度カメラなどのデバイスが集め、遅延なく伝送されてくる大量のデータを、高度な解析力のソフトウェアと、パワフルなＣＰＵやＧＰＵを搭載したコンピューターで情報処理をする。その結果をビジネスや経済、社会公共に活かすというのが、三題噺の真骨頂だと思います。また、それがうまく実現されるように、仕事のしくみや社会構造を変えていくことが**デジタル・トランスフォーメーション**だと私は理解しています。

統計とＡＩ

人工知能の概念の登場自体は意外と古く、１９５６年のダートマス会議において、人工知能が学術研究の一つの分野として確立されたといわれます。ＡＩはその後、何度かのブームと失速を繰り返しながら今日に至り、現在のブームを第３次ブームと呼ぶ人もいます。

何度目のブームかはさておき、いまＡＩを導入することで期待されることは、人間の情報処理能力では見抜けないパターンや法則性を統計的に見つけ出し、最適解の候補を提示したり、高い確率で近未来の予測をしたりするといったことです（遠い未来の予測は、外部からのかく乱要因が働くので、うまくいかないことが多いといわれています）。

簡単に丸めて言うなとお叱りを受けそうですが、現在の多くのＡＩがやっていることのコアは、ものすごく変数の多い統計解析です。あるテーマに対して、フォーマット化されていない非構造化データや、外部から取得した情報を含む、大量データをインプットし、特徴を識別して分類したり、時系列や前後関係から、ＡならばＢ（だろう）という、予測に使える関数を導出するといったことをします。このときに使われるのが、**自律学習**や**ディープラーニング**です。

ディープラーニングでは、ＡＩに事象データを与えるときに、何が正解や成功かを、報酬（得点）を与えて知らせ、短時間で成功すればより多くの報酬を得られるとの強化学習をセットしておけば、望ましい動作を早く学習するようになります。また、インプットとアウトプットの間に中間層を多重におけば、並列で処理できる数が増えるので、あたかも深く考えて答えを出しているかのような候補解を得ることが可能になってきます。

現在のＡＩの多くがやっていることは、高次元の統計処理を通じて、ある法則性を見つけ出したりモデルを作ったりして、問いに対する正解の確率が高い答えを出力することです。具体例には、ＭＲＩ画像に写る病巣の識別、早い段階での機器異常の察知、ゲームで勝てそうな次の一手の提示、自動運転車がぶつからないタイミングを計る、気象予測による防災や予防保全、微妙な表情変化からの感情推測、顧客の質問に対する「それらしい回答」の提示、サイバー攻撃の監視、スパムメールの判定、有名作家風の文章や音楽の制作、などがあります。まるで何でも簡単にできそうな勢いで書いていますけれども、ＡＩを扱うことができる高度な計算能力のあるマシーンを揃えたところで、それを扱うのは人です。どれも背後には、データ処理をめぐる大変な労力と試行錯誤の過程があることに変わりはありません。

扱おうとする問題が複雑であれば多次元の解析になります。統計には、十分なボリュームと正確さのある元データが必要です。そこでは、「膨大な、ほぼリアルタイムで起こった事実」の集積と目されるビッグデータが、インプット素材として用いられます。しかしどれほどデータ量が多くても、質が悪ければ分析の質が悪くなるのは自明です。したがって、分析の前には、データクリーニングとかデータクレンジングと呼ばれる、データ欠損や異常値、入力ミスや重複、書式のばらつきなどを補正する作業があります。気が遠くなるほど膨大なクリーニング作業を経て、ようやく仮説の検証作業に入れるわけです。仮説の検証とあっさり書きましたが、課題を認識し、問いを立て、イカした仮説を立てることには、それなりの時間を要します。こういったことは、人間にしかできないことです。

私は経験的に、これらにまつわる地道な作業には相当泣かされることをよく知っています。変数や次元が多くなれば工程数が増大するので、そこがビッグ・チャレンジになることも、かなりわかっているつもりです。ですがどうも、いつもこのあたりがエンジニアの皆さんに、「お前はやりたいと言っていることがどれだけ大変か、わかっているのか？」と言われるところです。しかし、どうしても問いを解きたい側にいる私は、「一緒にがんばろうよ〜」と言うのは、仕事のうちだと思っています。それに、もしかしたら、前節で紹介したあの大失敗のマーケティングシステムも、現在のマシンパワーと解析技術があれば、もう少し成果に肉薄できたのかも知れないなと、ほんの少しですが思わずにはいられません。もちろん過去を振り返っての繰り言です。当時も、「どういう顧客に、どのような提案をすればアップセルの確率が高くなるか」、「どのような特性の営業担当者に、どういう顧客をアサインすれば、パフォーマンスを最大化できるか」、「どのような行動傾向の顧客に、どのタイミングで、どのようなオファーをすれば、成約率が最も高くなるか」など、変数が多くて厄介だけれども知りたかったことは、たくさんありました。

いや、しかし、どんなにパワフルなマシーンとＡＩがあっても、やはり戦略先行です。共に登るべき山を知り、ゴールへのシナリオが一致し、メンバーの内心のコンテクストを対立させず、マネジメント不全に陥らなければの話です。

ともあれ、ビッグデータやＡＩが、エンジニアだけのものではないことは声を大にして言いたいところで、現場や経営者には、解明したい問いや好奇心が次々に湧いてきますし、やりたいことはたくさんあるのです。技術的な用語でうまく説明できなくても、怒ったり呆れたりせずに辛抱強くお付き合いいただきたいのです。

逆に、「統計って数学でしょ、私、数学不得意だし嫌だな」と言って避けて通ろうとしている人にも、「少しはかじってみようよ」と、言いたいところです。え、課題や疑問に感じることがないですって？　それはまた別の問題ですね…。


ＡＩを動かすコンピューターの圧倒的な計算能力に、人は太刀打ちできません。故障さえしなければ、文句も言わずケアレスミスもせずに、延々と作業をこなす力も人力の比ではありません。「言われたことを言われた通りにこなすのが得意です」という土俵は、人間にとってどんどん小さくなっているような気がします。

その一方で、ＡＩは、最初の一歩となる課題の識別や、問いの設定はしてくれません。「ねえ、ド〇えも～ん」と言えば、ネコ型の（?）、強力なＡＩ（Strong AI）が、適当に何とかしてくれるということもありません。Chapter 2 で述べた意思決定の3ステップは、人間の仕事です。

ＡＩは自律的に賢くなっていき、人間の脳とＡＩの能力が逆転する、**シンギュラリティ**（技術的特異点）に到達すると予測する学者もいます。特定の分野ではもう、とっくにＡＩは人間の能力を超えていますが、倫理問題も含めて、いろいろな受け止め方はあると思います。しかし私は、生身の人間にしかできない領域は必ず残ると思っていますし、新しい仕事も生まれてきます。むしろ、その時々のＡＩができないこと、させないことに対して、さまざまな専門の人が積極的に関与し、議論をしていく必要はますます高まると思っています。

なぜ私たちが、ビッグデータ・アナリティクス（analytics：分析）やＡＩ活用に意義を感じるかといえば、それは社会や生活を豊かなものにしていきたい、事故や災害などで不幸な思いをする人をなくしたいと思う気持ちが常に根底にあるからです。そして、ツールに使われる側ではなく、使う側に回りたいものです。理系・文系を問わず、そのための能力も絶えずアップデートすることが必要です。

指示的アナリティクスをめぐるチャレンジ

ビッグデータやＡＩを用いたデータアナリティクスによる経営革新や、ＩＴマネジメントの専門家である、バブソン大学特別教授の**トーマス・ダベンポート**は、ハーバードビジネスレビューやフィナンシャルタイムズなど多くの出版物に論文や記事を執筆している著名人です。２０１３年12月号のハーバードビジネスレビュー（邦訳は２０１４年5月）の中で彼は、データアナリティクスを、①過去について何が起こったかを報告する「説明的アナリティクス」、②過去データに基づくモデルを使って将来を予測する「予測的アナリティクス」、③最適な行動や活動を特定するのにモデルを用いる「指示的アナリティクス」の３種類に分類しています。特に、すべての機器や顧客などが、膨大な行動の軌跡を残していく中で、これを分析し最適行動を示唆する指示的アナリティクスの果たす役割が重要視されると言っています。

指示的アナリティクスの典型は、ごく直近のデータから最適な行動パターンを算出し、人に提案したり指示したりすることです。具体例には、刻々と変化する状況変数を元に、荷物の配送担当者に最適経路を指示するとか、高度なターゲット広告や購入アドバイスのアルゴリズムから、需要を創出するモデルを短期間で構築するといったことがあります。ダベンポートは、これらのシステム作りは、統計や数学が得意な専門家に丸投げの任せっぱなしではうまくいかないことを、併せて主張しています。

どこかで書いたような話ですが、ある組織に、統計数学やコンピューターエンジニアリングが得意なグループと、マーケティングや戦略実施など顧客フロントに近い活動を得意とするグループがいたとしましょう。

ビジネス上の課題から最適解の候補を検討するところは、フロント側が関わらなくてはなりません。解決したい課題を抱えている現場のことは、顧客に近い側が経験も含めてよくわかっているはずだからです。そのうえでエンジニアグループがソリューション設計を提案し、意思決定を行うのは、課題とソリューションについて比較衡量ができる経営者や、意思決定権を与えられたマネージャーの役割です。

いささか文学的な表現だとは思いますが、ダベンポート（2013b）は、

「問題を特定し、過去に（筆者加筆：類似の問題が）どのように解決されたか、というのがビッグデータのユーザーにとって、最も重要な分析プロセスとなる。ここで発揮されるのがあなたのビジネスにおける経験と直観である。結局のところ、仮説とは、世界がどのように動くのかについての予感なのだ。」

と表現しています。アナリスティックな行動とは、複雑性を抱える課題について、より数学的に仮説を立て、結果を検証することであると言えるでしょう。課題の論点を見極め、解決に向けた仮説を立てられない組織が、AIを導入するのはナンセンスだ、と言われているようなものです。

ダベンポートはアナリティクスによる意思決定を、六つのステップに分解して説明しています。

①　問題や疑問点を認識する
②　以前にわかっている事項を再検討する
③　ソリューションのモデルをつくり、変数を選ぶ
④　データを収集する
⑤　データを分析する
⑥　プレゼンし、結果に基づく行動を取る

ダベンポートは、もし自分がアナリティクスの専門家ではない場合は、「六つのプロセスの中間部分の詳細はその道の専門家に任せるとしても、マネージャーと呼ばれる経営の責任者[6]は、最初と最後にはフォーカスして関わっていかなければいけない」と言っています。

情報処理の原則に、「**Garbage in, Garbage out**」という言葉があります。これは、「不正確なデータをいくら分析しても、不正確な結果しか出てこない」という意味です。したがって関係者は、いかに良質なデータを収集するかを心するべきです。そのためダベンポートは、マネージャーは最初と最後にフォーカスしろと言いつつ、「マネージャーは、エンジニアやアナリストと呼ばれる専門家たちが作業をしている間も、データの出所やデータの母集団の代表性、分析の背後にある仮定や条件、分析アプローチの妥当性、変数同士の因果関係や相関関係などについて多くの質問を投げかけ、結果の正当性を担保するようにすべきだ」と言うのです。結局、統計のマジックや、歪んだ結果で意思決定を誤らないためには、関係者全員に最低限の統計学の知識が必要なのです。

一方、エンジニアやアナリストも「素人は黙っていてくれないかな」とか、「現場で起こっていることは知りません」というのではいけません。膨大なリアルタイムデータがあったとして、現場は何をどうしたいのか、本質を理解したうえで、何が実現できるかを考え、専門家ではない関係者にも納得を得ながら、アナリティクスを実行していく必要があります。

データアナリティクスもまた、単なる技術論ではありません。データ処理システムを扱う側と、結果を用いてアクションを起こす側が協働するには、相手のコンテクストが理解できて、会話ができる程度には、認識や知識のレベルを接近させておかねばなりません。専門性が高くなればなるほど、人はこだわりや自負が強くなりがちなので、かみ合わずにイラっとすることが多くなります。しかし、どちらかが怒って放り出してしまったら、志の高い山登りもゲームオーバーです。

AIの失敗と活用へのチャレンジ

異常検知、医療解析、株価や為替の変動予測、試合や競馬の結果予想など、ＡＩのビッグデータ・アナリティクスの力を、さまざまな場面で見聞きするようになりました。中には、「カスタマーセンターで応えているのは担当者だと思ったら、実はＡＩの自動応答だった」とか、「それは悪手だろう」と思われた将棋の指し手が、実はＡＩがはじき出した斬新な解であったことが後でわかる、ということもあったと聞きます。

それらのエピソードには素直に感嘆し、そこに至るすさまじく地道な作業と、継続的努力に対して惜しみない賞賛を送りたいと思います。しかしその一方で心しておきたいのは、これらの事例は、「ＡＩは絶対」という意味ではないということです（もし、ＡＩの競馬予想が必ず当たるなら、全員がそのパターンで勝ち馬投票をするでしょうが、今のところそんなことは起こっていませんよね）。

ＡＩは、計算可能で、統計処理になじむものでなければ扱えません。また、統計から導き出される、モデルやパターンといった傾向法則で予測をするという意味では、「他の条件が大きく変わらなければ、そうなる可能性が極めて高い」、「モデルがうまく作れなければ予測精度が出ない」、「モデルには人の主観やノウハウが関与するため、出力は人間の資質に依存する部分がある」ということを捨象してはいけません。

失敗事例はあまり公にされないものですし、あまり書き立てられたくないと思うのが人心でしょう。しかし、チャットボット[7]には、象徴的に有名な教訓事例があります。

〈事例１：チャットボット〉

Tay（テイ）は、Microsoftの研究チームが開発したＡＩで機械学習するチャットボットである。研究チームはTayをさまざまな条件下でストレステストしたうえで、大規模なユーザーグループと接触させ、ユーザーのやりとりから自然言語を覚えさせるため、Twitterに公開した。米国時間の２０１６年3月23日のことだった。しかし、Tayの脆弱性を悪用した一部の人々による協調攻撃が原因で、Tayはオンラインになって最初の24時間のうちに、差別的で攻撃的な不適切発言を繰り返すようになった。

このことはTime誌にも大きく取り上げられた[8]。3月25日にMicrosoftは声明文を発表し、Tayが発信した一連の差別的なツイートを謝罪したうえでTayをオフラインにした[9]。同社は声明文の中で、今後、世の中や同社における原則や価値観と矛盾する悪意を、よりよく予測可能だと確信できる場合にのみ、Tayを元に戻す予定だと宣言した。

この事件には、いくつもの教訓があります。まず、ＡＩの機械学習は与えられたデータを分析し、有意と判定したものからそれらしい回答を戻すことはしても、意味の解釈をして社会通念や倫理・道徳に基づく、臨機応変な判断や対処はしないということです。今回のケースは、与えるデータが悪ければ出てくるものも悪くなること、ＰｏＣ〔10〕で想定した範囲や設定条件以上に現実は複雑であり微妙で、ラボ外の現実社会に晒したときに、想定とは異なる結果が起こり得ること、事前に想定されていないことにＡＩは必ずしも適切に対処できない、という諸々の弱点を、図らずもいっぺんに証明してしまったのです。

二つ目の教訓はチャレンジについてです。大失敗をした時にありそうなのは、あー失敗した恥かいた、こんなことやろうと言ったのは誰だ、やめてしまえと言って戦犯をまつりあげ、プロジェクトを放棄してしまい、以後は羹《あつもの》に懲りて二度と手を出そうとしない残念な風景です。

大胆な失敗は、名誉や看板に傷がつくだけでなく、経済的な損失が出る可能性もあります。世界規模で失敗をしておいて、全く凹まないという人は少ないでしょう。もし私がTayプロジェクトのリーダーなら、再起不能なぐらい心が折れると思います。ですが、ここで失敗したからとプロジェクト自体を放棄してしまわないところに、実はTayプロジェクトの力強さや価値があるとは言えないでしょうか。

声明文の中で、バイスプレジデントのピーター・リー氏は、

・ＡＩの開発（デザイン）には、技術的な課題と社会的な課題の両方があること

・人々とのインタラクションの中で、ＡＩはポジティブな作用もネガティブな作用も同じように受け取ること

・技術的な悪用を制限するために、開発チームは可能な限りのことを行うが、起こり得るすべての誤用を完全に予測することはできないこと
・公開の場での反復的な経験や間違いから学ぶことなしに、ＡＩを正しく、価値あるものにしていくことは困難だ

という意味のことを述べています[11]。もちろんちゃんと謝罪はしているのですが、平謝りに謝ってその場を収めようとするのとは違う、前進への意思のようなものを読み取ることができます。

私はこの声明文こそが、この事例の最大の教訓であり示唆だと思います。ＡＩを用いても、データアナリティクスは間違えることはあるものと思って使え、統計とは一部の過去を切り取り、確率というふるいにかけてモノを見るものと知れ、悪いものは食わせるな（Garbage in, Garbage out）、手をかけ続け改良し続けよ、さもなくば語る資格なし、とでも申しましょうか。

現に、チャットボットの回答精度が低い、データメンテナンスをしていないので戻してくる情報が古い、特需の予測ができない等々、あちこちから「ＡＩ使えね～な」の大合唱が聞こえてきます。最近では、予期せず現れたＣＯＶＩＤ－19禍のせいで、あちこちで蓄積してきた傾向データが使えなくなったり、予測アルゴリズムが混乱したりもしたでしょう。過去に例のない出来事への対処は、ＡＩが最も苦手することの一つです。

ではＡＩやビッグデータ・アナリティクスに失望して手放してしまうのかといえば、そんなことはありません。こうしている間にも、未知の疾病の解明や治療薬の候補となりそうな化合物の同定、パンデミック等の突発事象による社会経済への影響の試算など[12]、産学をあげてのチャレンジが行われています[13]。

身近な経営では、スーパーコンピューター「富岳」[14]ほどの超級の計算資源でなくとも、課題の認識と適切な仮説設定、そしてそれなりに十分なデータがあれば、試行錯誤しながらも、成果をあげることはできるはずで

す。繰り返し学習で精度を上げていくＡＩを導入するなら、トライアンドエラーを繰り返すのは悪いことではありません。今のところTayの事例は大失敗事例です。指さして笑うのは簡単です。しかし、イノベーションには適切な図太さと、自ら設定した課題に対する、ある種のしつこさが必要なのだ、というメッセージを読み取りたいところです。Tayもそのうち姿を変え、運用方法を変え、トライアンドエラーによって得られたノウハウを活かして再登場してくることでしょう。

モデルがうまくできなければ、ＡＩを用いても予測精度は出ない、モデルづくりには人の能力に依存する部分があると書きましたが、克服については、日本でも研究開発が進みつつあります。事例の一つに、俗人的な経験や勘に依存していたモデル作成の作業を半自動化してサポートするという、ＮＴＴの研究があります[15]。

この研究は、**データサイエンティスト**と呼ばれる人のノウハウを抽出・蓄積し、モデルづくりにＡＩの学習のプロセスを入れ子状[16]に組み込む、というものです。このことは、人間がモデルづくりに関与する分析作業を効率化し、経験の浅い人でも高度なデータ分析に参加することができるようになることを意味します。研究者たちはこれを通じて、ＡＩが社会的価値をもたらすデータ中心社会を目指す、と言っています。

経営学者も実を言うと過去の分析は得意ですが、将来を予想するのはそれほど得意ではありません。ですからこの本が出版される頃に、これらのプロジェクトがどのようなことになっているかはわかりません。しかし一人の人間として、情報処理や科学の力には大いに期待をしています。

4．データアナリティクスとどう向き合っていくか？

個別の企業経営にビッグデータは不要か？

ビッグデータは、人や物の振る舞いを、ほぼリアルタイムで捕捉できるほどのデータ量で、産業構造をドラスティックに変化させる力を持つといわれています。そうなるとむしろ、ビッグデータやＡＩは個別企業の手には余る、そこまでのものは必要ないという消極的な意見が出ることもあります。一方で、２０１７年ぐらいから総務省あたりで「データ主導社会」ということを言い始めており、平成29年版の情報通信白書では特集が組まれています[17]。データ駆動型経済というのもほぼ同義です。リアルタイムデータやＡＩが、社会や産業のあらゆる場面で活用されるようになると、新たな価値が経済を大きく動かす原動力になるとの標榜です。

このような概念は、個別企業の経営戦略よりも広範な、産業レベルのスコープで論じられることが多いようで、少々抽象度が高く、個々の経営で具体的にどう引き寄せて考えたらいいのかが、わかりにくい面もあるようです。そのうえ、ハード、ソフトという物理的なものへの投資、人材、組織能力等の経営資源の入れ替えや調達、これらを維持していくためのランニングコストも相当必要です。投資はいつ回収できるのか、リスクはないのか、それよりも目先の問題だ、なにもそこまでしなくても今のやり方を「カイゼン」すればいいじゃないか…、と考え始めて止まらなくなる経営者は、少なくないと聞きます。

おそらく「できない理由」、「やらない理由」はそれぞれに、たくさんあげられるでしょう。それらを否定する気持ちはありませんが、一方で「一見それらしい、できない理由」が、今日の日本を作ってきたような気もします。抽象的な掛け声ばかりが勇ましくなってしまうのは残念ですので、次の項では少し実際の事例をもとに考えてみましょう。個別企業に閉じたレベルから、少し話を広げてビッグデータ活用のあり方を考えたいと思います。果たして個別の経営に、ビッグデータは大きすぎていらないのでしょうか?

農業ICTと経営

ここではスマート農業と6次産業化[18]が提唱され、ICTへの関心や課題が表面に現れやすいといわれる農業を取り上げます。中でも、IoTの導入がなじみやすいといわれる、トマトやレタスなどの施設農業経営の事例を考察したいと思います。

〈事例2:農業生産法人みつの里〉

岡山市の農業生産法人である株式会社みつの里(以下、みつの里)は、コメの生産のほか、2013年から太陽光を利用した、多段式のハウス型水耕栽培によるトマトの生産と販売を行っている。同社は、主力の大玉トマトの他、岐阜県農業試験場、商社、岡山農大など、さまざまな方面から助言を得ながら実験を繰り返し、独特の輝くような光沢と、柔らかな触感、糖度の高さの高級トマトを生産している。一般のトマトが1キロ500~520円程度で取引されるところ、この高級トマトは、1キロ約1万円という高額で取引される。贈答用小箱に入れられた24粒のミニトマトは、1ケースで約3,000円である。

このトマトは、植物分類的には独立した特別の品種ではないが、岐阜県農業試験場が開発したマニュアルをもとに、カスタマイズを繰り返すことによって誕生した、独自性の高い作物である。EC濃度[19]のチェックを1日3回行い、施肥はセンサー連動で自動化されている。ハウス内では気温、湿度、雨滴、照度をセンサリングし、潅水とミスト散布を行う。

販路は、ウェブサイトを利用したIoTによって、顧客接点を作る。インターネットアプリケーションやメディアサービスを提供するIT企業ファインシード社と提携し、一般ユーザーを圃場の区画オーナーとしている。ユーザーは遠隔カメラで作物を観察し、好きなタイミングで果実を受け取れる。

同社は当初、トマト栽培に約0・17ヘクタールの農地を割いていたが、「この程度の面積では利益が出ない」（社長談）。このためさらに、データ解析に基づく高単価商品化を目指し、２０１７年からは、香港への輸出を視野に入れた増産に踏み切った[20]。

植物を対象とするＩＣＴの農学的な目的は、多様なデータ収集と解析による、「商品価値を最大化するための光合成効率の最適化」です。

トマトの場合、実験の結果は3カ月先（生育が進んで結実してから）でないとわかりません。このため、生育期間を多少短縮して周年栽培をしたところで、1年間にそう何度も実験を繰り返すことができませんし、実験に使う圃場の広さなどの物理的制約もある中でデータを取り、実験をすることになります。植物の生育に関する知見の蓄積は、人の観察や経験に依存するところも大きく、自然の気象条件下の日照コントロールにも限界がありま す。「温度、湿度、日照、溶液などの諸条件のうち、差異化要素が大きい果実を多産できる真の決定因が何かは、今のやり方では正確にはわからない」、「もし答えを出すのに、ペタバイトものデータが必要だとしたら、自社ではとても扱いきれない」と、社長は言います。個々の農業経営体の足元の課題は「初期投資の早期回収」です。それなりに確立した既存の栽培技術で調整をしていくだけなら、これほど大きなデータは必要としないか、持っても一事業者だけでは活用しきれないと言うのです。

せっかくデータが取れるのに、本当にそれでよいのか？　何がボトルネックなのか、ブレークスルーはないのかということをテーマにもうしばらく考えてみます。以下で引き続き、論点を探ります。

農林水産省の「耕地および作付面積統計」（表1）[21]によれば、わが国における農地面積は２０１７年の時点で４４２万ヘクタールです。野菜栽培用のガラス室およびハウス（温室）の設置面積は、その１００分の１以下の３万９２４ヘクタール[22]。このうち溶液栽培の野菜栽培実面積は、約64・１％、農地全体の０・45％に過ぎ

表１　農地および園芸用施設の設置等の状況

	面積（単位：ha）	比率１	比率２
農地面積	4,420,000	100.00%	―
野菜 園芸施設ガラス室・ハウス計	30,924	0.70%	100%
うち溶液栽培の野菜実栽培面積	19,847	0.45%	64.18%
うちトマト溶液栽培	749	0.02%	2.42%

出所：農林水産省統計より作成。

ません。残念ながら、「高度に環境制御をしている施設園芸」と呼ばれる農業が、現状でいかにスケールしていないか、という話です。

資本生産性の面では[23]、全国の植物工場および大規模施設園芸事業者のうち、黒字・収支均衡の事業者の割合は、全体の56％です。施設園芸における平均的な主業農家の姿は、家族は3名程度、経営耕地が０・33ヘクタール、年間総所得が６００～７００万円程度です。このような現実のもとでは、単一の農業経営体が、投資リスクを背負ってビッグデータＩＣＴで事業振興するのは、いささか大変でしょう。

それなら、効率性をとことん追求した、大規模な植物工場経営はどうでしょう。シンクタンク等のレポートによれば[24]、植物工場の建設費用は１、０００平方メートル当たり2億円から3億円。ビニールハウスでの溶液栽培に比べ、植物工場の光熱費は40倍以上という実態が明らかになっています。植物工場の優位性は、インフラ構築、品質管理や原価管理、オペレーションマネジメントなどに、製造業のノウハウが導入できるところです。「いつ頃どのくらい収穫できるだろう」ではなく、「何週間後にどれだけ出荷するか」からさかのぼって播種するという、工場然とした生産計画を立てられる点は、伝統的な農業とはアプローチが異なります。資本体力がある企業でなくては、おそらく荷が重く参入コストも高い話です。

野菜工場での生産に向いているとされるのは、リーフレタスやホウレンソウ等の葉物類です。例えば、光合成効率を最適化するビル管理システムと環境コントロールを導入した工場で、完全人工光栽培されるレタスの市場売価は、100グラム当たり500円程度です。

東京の青物市場で取引されるレタス類の取引価格が、年間を通じて1キロ当たり1、700～2、300円程度、玉レタスであれば100～400円程度であることを考えると、日常の食卓に供するにはかなり高いと言えましょう。しかし、徹底した管理環境のもとで生産される低菌数の葉物類は、洗わずにそのまま食べることができるほど清潔です。開封せずに適切な保管を行えば、数週間は鮮度を保てます。また、栽培時の溶液コントロールで低カリウムにすれば、疾患等でカリウム摂取が要注意な人でも、ある程度は食することが可能になります。戦略的には、このような点を付加価値として、高単価でも数量が出る特殊需要の市場戦略を取るか、規模の経済を相当に効かせた安定供給で、商品単価を下げる戦略を取るか、選択が求められるところです。これは、「作る」という農学的なイシューとは別次元の問題です。

「誰に売るのか」、「顧客はどこにいるのか」、「どうすれば顧客にリーチできるか」、「コストと買い手が認める価値（**willing to pay**）をバランスさせられるか」という問いは、生産技術の話ではありません。これには、農学的に必要なデータや解析ロジックとは異なる知見、マーケティングのノウハウが必要です。大資本の技術先行型ビジネスが、必ずしも成功するとは限らない理由の一つはここにあり、ＩＣＴを駆使したビジネスでも、「いいものさえ作れば、黙っていても売れる」わけではないところに挑戦があるように思います。

ビッグデータのオープン化というソリューション

単一の農業経営に大きなＩＣＴはいらないと、思考を止めてしまうのではなく、地域や同一作物群といったスコープでも考えてみましょう。ビッグデータに立脚するＩＣＴ農業をスケールさせるためには、課題をマクロ視点で見ることにポイントがあると思われます。

現在の日本の農業は、高品質の商品作物の生産以外にも、農業後継者や初心者・帰農者の支援、超省力化、食料自給率の向上、衛生管理、流通などさまざまな切り口で課題を捉えることができます。

個別の事業者の単位で見たときは、取り組みの優先順位が異なることがあっても、これらの課題はどこかでつながっており、隔離された課題ではありません。このため、メタレベルで集積した良質で大量のデータや知見を、一定の条件で使えるようにしておくことには、産業政策的にも個別事業者の経営にも戦略的な意味がありま す。事業者は、標準化され、オープン利用できる形に整備されたビッグデータの中から、自分たちの課題に必要な素材を必要に応じて引き出したり、組み合わせたりして使えるようにするのです。それは、勉強のために自分で本をすべて買い揃えなくても、必要に応じて図書館で本を借りて、自分の宿題を仕上げていくことにも似ています。参考にしたいのは**ヘンリー・チェスブロウ**が提唱した、**オープンイノベーション**[25]の概念です。

オープンイノベーションは、「企業内部のアイデアと外部(他社)のアイデアを有機的に結合させ、価値を創造すること」(チェスブロウ著、邦訳、2004)と定義されています。これは、企業内部と外部のアイデアを発展させて商品化をすることや、外部のチャネルを通じて他社がリーチしている市場や新市場にアクセスし、付加価値を創造することです。これに対して**クローズドイノベーション**は、技術革新もアイデアを商品化することも、すべて自分の企業の内側でやってしまおうという考え方です。図16はチェスブロウ他著、邦訳(2008)による、概念のイメージ図です。

図を見るとわかるように、オープンイノベーションは、ポテンシャルは高いのですが、先読みやコントロールの難しい要因が多岐にわたります。このため、チェスブロウ自身も、オープン化さえすれば自然にプロジェクトがうまく行くとは考えていません。当然のことながら、適切なマネジメントが必要であるとは言っていま す[26]。どのような業界でも、自前のアイデアや経営資源を囲い込んで競争力の源泉とするか、オープン化していくことで他社と協力しながら、一社で創造できない価値を生み出そうとするかは、戦略上の岐路になるところです。

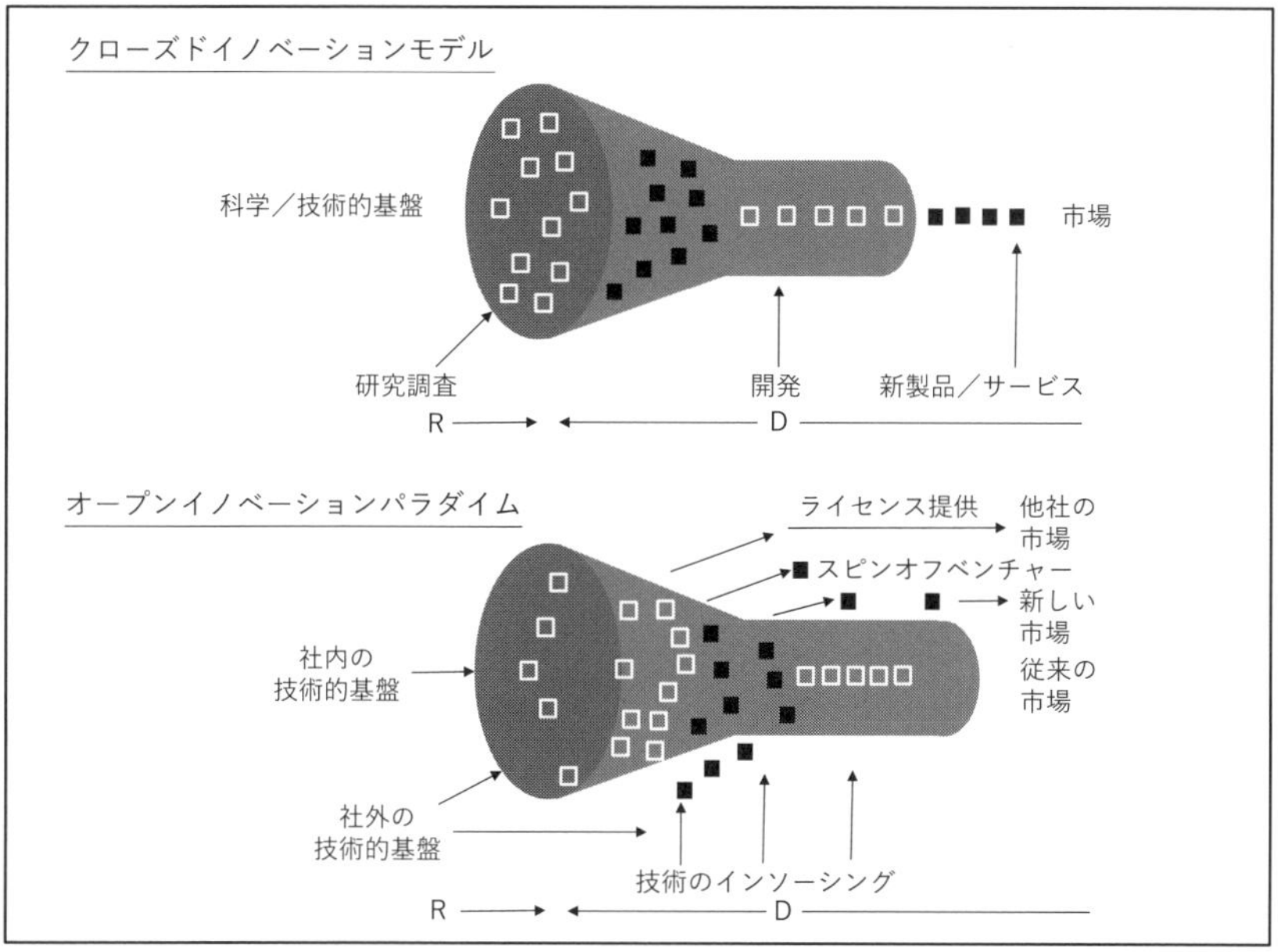

図16　オープンイノベーションパラダイムとクローズドイノベーションモデル

出所：チェスブロウ、ヘンリー他（2008）『オープンイノベーション：組織を越えたネットワークが成長を加速する』、図1.1- 図1.2。

農業に限らず、ビッグデータは潜在的な可能性が大きい一方で、一社で扱おうとすると対応が追いつかないという面があります。そのため、ビッグデータ時代は、オープンポリシーに則った戦略で、外部と協働していける企業の方が、伸びしろは大きいと考えられます。

これからの日本は、人口減少や高齢化といった、既存の市場や産業への圧力となる外部要因が強く働くことが想定されています。利用開放されたビッグデータの流通や、基礎的な事業ノウハウのクラウド化、単体では持ち得ない異分野のデータとの組み合わせなど、小さな組織に閉じない志向性や、社会的資源の有効活用が求められるところです。現在の農業界では、農業立県といわれる地域を中心に、実験的な協働プロジェクトが立ち上がりつつあります[27]。

多くのデータを生成できるプロダクトがネットワークに接続されると、業界を成り立たせるシステムが変化し、業界構造が変化するということは、M・ポーターとJ・ヘプルマンが2014年に既に指摘しているところです[28]。オンライン、ビッグデータ・アナリティクス、オープン化というキーワードを背景に、産業を境目ごと変化させていく潮流が、今後さまざまな業界でわき上がってくるだろうということを、期待も込めて力説しておきたいと思います。

データアナリティクスと意思決定

データアナリティクスというと、つい話が大きくなりがちですが、いきなり振りかぶって大きな課題設定をするよりは、変数の少ない身の回りの課題から始めて、徐々に値を増やしていくのがよいと考えます。自分の業務は、自分が一番よく知っており、ある程度データが取れて経験知も働くため、仮説が立てやすいはずだからです。そこで「なぜだろう?」と感じることを、たくさん拾っていくことから始めるのです。

データアナリティクスで大事なのは、問いを立てるところです。問いの立て方が悪いと、集めるデータが混乱します。データが悪いとGarbage in, Garbage out に陥ります。まずは日ごろから、「なぜ、この業務は処理が積滞するのだろう」とか、「どの路線にどんな広告を出せば、反響が大きくなるだろう」、「ミスが起きるときに共通する要因は何だろう」、「どの条件を変えると成約率に影響が出るかな」と考える習慣をつけることです。さらに、「それはどのくらいの確率で起きそうかな」と想定するクセをつけておくと、なおよいと思います。それで実際に仮説検証をやって、うまくいけばOK、そうでなければ条件を変えてやってみる。そして、少しずつスコープを広げ、課題の難度を上げていく。それ以外に、データアナリティクスの定着や上達の王道はないと思います。

ただこのとき、100%の成功確率でやれ、すぐに確実な成果を出せ、という息苦しさだと、データ経営は根付きません。データ経営の基本は、仮説検証の繰り返しだからです。そこは、アナリティクスの問題ではなく、萌芽に対するマネジメントの問題です。

ＡＩには、マネジメントにとってもう一つのハードルがあります。それは、意思決定力の問題です。高次の方程式を使うと、ＡＩが出してくる答えらしきものの計算過程、つまり思考のプロセスが人間には、ほとんどブラックボックスになります。そのことがマネジメントにとっては、意思決定上のチャレンジになることがあるのです。

例えば異常や事故の兆候検知のようなことは、障害抑止が最優先です。対策したうえで、結果として異常が起こらず、多少オオカミ少年のようなことになったとしても、見過ごしで事故が起こるよりはよほどいいでしょう。こんなケースでは、ロジックの事前説明は比較的軽めでよしとされ、事後的に検証すればいいという判断ができます。

一方で、マーケティングや戦略実施について予測モデルを使おうとすると、なぜか事細かな事前説明を求められがちだ、という話をよく聞きます。確率論である以上、そのモデルが最善かは、やってみて検証しないとわからないのに、事前説明に対して妙なプレッシャーがかかりがちだというのです。両者の違いは、人間は失敗や損失を大きく見積りがちな、**損失回避の心理バイアス**[29]の作用だと考えられます。

モデルの精度は確率でしかないのですが、手間暇をかけて分析した割に、精度の値が微妙な感じになったり、ずっと粗っぽい分析をやった時と大して精度が変わらないということもあり得ます。上司に、「それで、うまくいくんだろうな?」と言質《げんち》を取られそうな、イヤな予感のほうがむしろ当たったりして。振り向けばエンジニアの皆さんは、自分の仕事はもう終わりましたと涼しい顔…。こうなってしまうと立案担当者は、切なすぎます。

少し冷静に筆を戻しますが、意思決定場面でのマネジメントの役割は、ＩＴ三題噺に過剰な期待をかけることでも、担当者を問い詰めることでもなく、ある推論に基づく施策を、どの程度リスクをとってやるか（やらないか）を決めることです。それはビッグデータやＡＩを用いた大きな分析のときも、パソコンによるシンプルな分析のときも、姿勢としては変わりないはずです。
マネジメントと現場が一体になってするべきは、行動し、良くも悪くも結果のフィードバックを次に活かすことです。それはChapter 2で見た、情報処理と意思決定のプロセスを回していくことに他なりません。その際の道具立てを、鉛筆と電卓でやるのか、強力なコンピューターシステムにするのか、それはその組織が登ろうとする山の高さ、つまり戦略の目標によります。

註

1——2010年1月27日報道発表資料　https://www.yamato-hd.co.jp/news/h21/h21_74_01news.html

2——2020年1月23日報道発表資料　https://www.yamato-hd.co.jp/news/2019/20200123.html

3——クロネコメンバーズについて　http://www.kuronekoyamato.co.jp/ytc/customer/members/

4——Edward Nash Yourdon：構造化プログラミングにおけるソフトウェア開発手法の先駆者。ソフトウェアの構造化システム分析や設計に関する著書がある。

5——一般には非構造化データと呼ばれるもの。

6——経営学では一般にマネージャーとは「経営者」と訳されることが多いが、ダベンポートのいうマネージャーは、「事業部門において意思決定に近いところでビジネス上の責任を分担する当事者」という意味合いが強く、必ずしも社長や役員のような最上位の経営責任者だけを指しているのではないと考えられる。

7——テキストや音声を用いて自動で会話を行うプログラム。おしゃべりを意味するchatとロボット（robot）の合成語。

8——TIME記事：Microsoft Takes Chatbot Offline After It Starts Tweeting Racist Messages, MARCH 24, 2016　https://time.com/4270684/microsoft-tay-chatbot-racism/

9——Learning from Tay's introduction, Mar 25, 2016. Peter Lee-Corporate Vice President, Microsoft Healthcare　https://blogs.microsoft.com/blog/2016/03/25/learning-tays-introduction/

10——Proof of Conceptの略で、「概念実証」という訳語があてられる。新しいプロジェクトを本格的にリリースする前に、アイデアや動作原理の実証を目的として、デモ運用を通じて仮説の有効性、再現性、導入効果などを技術的な観点から検証する行程のこと。

11——Learning from Tay's introduction, Mar 25, 2016, Peter Lee-Corporate Vice President, Microsoft Healthcare　https://blogs.microsoft.com/blog/2016/03/25/learning-tays-introduction/

12——理化学研究所　https://www.r-ccs.riken.jp/library/topics/fugaku-coronavirus.html

13——科学技術振興機構２０２０年６月６日　https://scienceportal.jst.go.jp/news/newsflash_review/review/2020/06/20200626_01.html、日本経済新聞２０２０年７月３日　https://www.nikkei.com/article/DGXMZO61137980T00C20A7EA5000/

14——日本経済新聞２０２０年７月２日　https://www.nikkei.com/article/DGXMZO61024880R00C20A7TJN000/

15——ＮＴＴソフトウェアイノベーションセンタ：ビジネスコミュニケーション2021 Vol. 58, No. 2　https://www.bcm.co.jp/site/2021/02/sic/2102-sic-01-03.pdf

16——あらかじめデータやタスクに対して適したモデルやパラメータを推薦する「推薦モデル」を学習しておき、モデル学習時のパラメータ選択等に利用する。このように事前に学習させたＡＩモデルを用いて、モデル学習時に何らかの作業をすることを、ここでは「入れ子状」と表現した。

17——平成29年版情報通信白書　https://www.soumu.go.jp/johotsusintokei/whitepaper/ja/h29/pdf/29honpen.pdf

18——１次産業としての農林漁業と、２次産業としての製造業、３次産業としての小売業等の事業との総合的かつ一体的な推進を図り、（中略）新たな付加価値を生み出す取り組みのこと（農林水産省ホームページ：https://www.maff.go.jp/j/shokusan/sanki/6jika.html）。

19——電気伝導度（ＥＣ：Electric Conductivity）。園芸土壌などに含まれる物質のイオン濃度の総量。土壌中にある窒素などの肥料成分はイオン化された状態で植物に吸収されるため、水耕栽培ではpHとともにＥＣ値が管理される。

20——岡山「みつの里」トマト生産倍増、年40トン超直売所好調「ミニ」高級品種を秋から香港輸出　２０１７年４月26日付日本経済新聞　地域経済　https://www.nikkei.com/article/DGKKZO15740520V20C17A4LCC000/

21——農林水産省　平成30年耕地及び作付面積統計「耕地及び作付面積統計」（令和２年２月28日確報）　https://www.e-stat.go.jp/stat-search/files?page=1&layout=datalist&toukei=00500215&tstat=000001013427&cycle=7&tclass1=000001032270&tclass2=000001032271&tclass3=000001125355&iroha=11&result_page=1

22——農林水産省「園芸用施設の設置等の状況（H30）」 https://www.maff.go.jp/j/seisan/ryutu/engei/sisetsu/haipura/setti_30.html

23——一般社団法人日本施設園芸協会「平成31年度 次世代施設園芸地域展開促進事業 事業報告書（別冊１）大規模施設園芸・植物工場実態調査・事例調査」（令和2年3月） https://jgha.com/wp-content/uploads/2020/04/31bessatsu1.pdf

24——矢野経済研究所（２０１７）「２０１７年版 スマート農業の現状と将来展望」。

25——ＵＣバークレービジネススクール教授のヘンリー・チェスブロウが提唱したコンセプト。「企業内部のアイデアと外部（他社）のアイデアを有機的に結合させ、価値を創造すること」と定義される。企業内部と外部のアイデアを発展させて商品化したり、アイデアを商品化するのに既存の企業以外のチャネルも通してマーケットにアクセスし、付加価値を創造したりすることを意味している。

26——チェスブロウ、ヘンリー（２００４）『OPEN INNOVATION：ハーバード流イノベーション戦略のすべて』、１９８頁。

27——スマート農業企業間連携実証コンソーシアム（新潟市） https://www.city.niigata.lg.jp/smph/business/norinsuisan/nouringyo/sumanou-konso/kigyoukanrenkei.html

28——Porter and Heppelmann (2014) *How Smart Connected Products Are Transforming Competition*, HBR November 2014.（邦訳「『接続機能を持つスマート製品』が変えるＩｏＴ時代の競争戦略」、『ダイヤモンドハーバードビジネスレビュー２０１５年４月号』、ダイヤモンド社、２０１５年）

29——行動経済学に貢献した心理学者の**ダニエル・カーネマン**と**エイモス・トヴェルスキー**によるプロスペクト理論では、人間にはチャレンジして成功するメリットよりも、失敗して被るデメリットの方を重く感じやすいという、**現状維持バイアス**が働くことが指摘されている。カーネマンは、２００２年にノーベル経済学賞を受賞した。

Chapter 5
e－ビジネスとクラウドコンピューティング

1．クローズドな電子商取引からオープンなe－コマースへ

e－コマースや電子商取引（EC：Electronic Commerce）という言葉を聞いたとき、多くの人はショッピングサイトで物を買うことや、企業サイトでの手続きなどを思い浮かべると思います。有料のニュース記事や動画や音楽配信のような、オンラインサービスを思い浮かべた人もいるでしょう。金融機関のサービスも随分充実してきました。パソコンで専用サイトにログインするか、スマホにアプリをインストールすれば、窓口に出向かなくても残高照会や振り込み、金融商品の購入などができます。最近では、店頭でスマホをかざして支払いをするキャッシュレス決済をする人もいます。

これらは、いずれもインターネット接続が前提になっています。そのために、電子商取引はインターネット以降の話かと思われるかもしれません。しかし、ネットワークを介した商取引は、**専用線**による企業間のクローズ

ド な形で、１９８０年代には存在していました。**ＥＤＩ**（Electric Data Interchange）といわれるものです。

専用線とは特定の拠点間に敷設し、通信事業者と契約を結んだユーザーだけが使用する通信回線のことです。誰もが接続できる一般のインターネットや公衆通信網とは異なり、特定のユーザーだけが、クローズドな環境で完全占有するために高価です。しかし、セキュリティの信頼性や安定性が高いということで、重要情報を取り扱うことが多い企業で使われてきたものです。

ＥＤＩ　特定の取引先と専用線で取引を行うＥＤＩは、取引当事者のコンピューターを相互に接続します。

これで都度人手を介することなく、機械的に受発注や、決済に関わるデータの交換を行い、効率的な商取引を行うことができるようにします。例えば、メーカーでよく使う部品の受発注は、繰り返し発生しますから、相当の人的稼働を削減できます。専用線を複数拠点間でつなげば、複数の相手と同時に電子的な取引を行うことも可能です。

このようなことが可能になった背景には、技術だけでなく、社会的・政策的な背景があります。

技術的な背景は、コンピューターの主要部分を構成するエレクトロニクス技術の進化です。コンピューターの主要部品の一つに、**ＬＳＩ**（Large Scale Integration）と呼ばれる半導体の電子回路があります。１９７０年代のコンピューターにはＬＳＩが既に搭載されていましたが、１９８０年代に開発され始めたのが、より大規模な集積回路、**ＶＬＳＩ**（Very Large Scale Integration）です。これによりコンピューターは小型化、パーソナル化が進みました。コンピューターの利用形態が、単体で稼働させるスタンドアローン（stand-alone）型から、機器同士を接続して使うネットワーク型へと進化しはじめたのも、一般にはこのころからです。

社会的、政策的な背景とは、１９８０年代過ぎから**通信の自由化**が、さまざまな国で政策として積極的に行われたことです。

１９８０年代ごろまでのヨーロッパの主要国（イギリスや西ドイツ）や日本の電気通信事業は、国営あるいはそれに近い形態で行われていました。例えばイギリスでは公社形態のブリティッシュ・テレコムが、日本国内では日本電信電話公社という「官の企業」が、通信事業を独占的に行っていました。

1980年代から1990年代にかけて、主要国の電気通信事業は次々と政策的に再編成や民営化が行われ、規制緩和も進みました。民間企業の新規参入も可能になり、通信事業に競争原理が導入されていき、データ通信の市場環境が整いました。ほとんどの通信が「もしもし」の音声通話だった日本で、データ通信の本格的普及が始まる契機となったのは、1982年の第2次通信回線開放です。これにより、データ通信回線とホストコンピュータをセットにした「付加価値通信網（VAN〔1〕）」のサービス提供が始まりました。その直後の1985年4月に、NTTが民営化されたという時代背景です。

EDIはエレクトロニクス技術の進展と、政策的な構造変化の両方があって、初めて成長の土壌が十分に整ったということを理解していただければと思います。どんな大きなイノベーションにつながることも、突然生まれたり始まったりするわけではないということがわかる話です。日本におけるインターネットの商用化は1994年あたりの出来事ですから、このころはまだWebベースのECが生まれる土俵は整っていませんでした。

電子商取引と取引コストアプローチ

「経済活動とは取引である」と定義すれば、企業における関係性のマネジメントとは、「取引関係をどのようなメカニズムで調整していくか」ということでしょう。これは、Chapter 2で取り上げた取引コストアプローチの考え方です。EDIをはじめとする電子商取引の登場が、企業間の関係をどのように変化させるかを考えてみましょう。その前に取引コストについて、詳し目の復習です。

コストには金銭的対価以外に、労力や時間なども含まれます。取引コストとは、⑴誰かと取引契約を結ぶために必要な事前のコストと、⑵契約を相手に正しく履行させるために必要な事後のコスト、の二つです。

取引で、相手から提供されるものの品質や信頼性を評価し、適正な取引価格を設定するためには、判断の基準となる情報が必要です。この情報収集と評価にかかるコストは情報コストです。

情報コストが高くなるのは、相手のことがよくわからないときです。なぜなら人間には取引時に、自分に有利になるような駆け引きをしたり、条件を誘導したりすることがあるからです。これを人間の**機会主義的特質**といいます。極端な場合には、不利益となる情報を相手に伝えないとか、大げさなことを言うとか、嘘をつく、手抜き仕事をするといった、不誠実な行動を取られないとも限りません。疑ってかかればキリがありませんし、そういう可能性に対して全く考えを及ぼさないというのも、いかがなものかといったところです。

契約交渉を経て信頼できると思う相手との取引が始まると、今度は相手が約束したことを誠実に果たしているかどうかの、**モニタリングコスト**がかかります。私たちは情報コストと交渉と、モニタリングという手間をかけて、機会主義的特質による取引コストを排除し、関係性を維持せざるを得ないのです。人間の情報処理能力には限界がある中で、大変に面倒くさいこの一連のコストを、**調整コスト**といいます。

これらのコストの総量は測定しにくいのですが、通常は人日稼働量（その仕事にかかる人数×時間）や人件費に還元され、少なからぬ割合を占めるため、生産性に影響を与えます。

ある活動を内製でやるかアウトソーシングするかは、取引コストの大きさの比較によります。一般的には内製でやった方が、仕事の内容や方法、アウトプットに対する期待水準などを伝えたり、ギャップをすり合わせたりするコストは低くなると考えられています。なぜなら、相手が同じ組織の中にいれば、認識や価値観の斉一化の度合いが高く、物理的にも近いところで密度の高いコミュニケーションがとりやすいからです。また、いい加減な仕事をすると出世や給与・賞与に響くと思えば、サボりや手抜き仕事といった機会主義的な行動への抑止力も働きますから、管理者側のモニタリングコストが下がります。それで調整コストの総和がアウトソーシングするよりも低くなれば、内製中心で自己完結的に活動しようとする力が働きます。

しかしすべての活動を、内部の労働力だけで完結させようとするのが常に効率的だとは限りません。技術や必要なスキルの変化が早い業界では、組織内部で資源蓄積が進むスピードよりも、資源の陳腐化の方が早いこともあります。事業に必要な経営資源の調達や能力の蓄積、経営資源の入れ替えなどには時間がかかるため、内部化一辺倒ではコストを必要以上に大きくしてしまう可能性があるのです。

そのような状況の中で、反復的な受発注を自動化するEDIの導入には、企業間の取引コストを引き下げる効果があります。取引する相手さえ決めてしまえば、EDI化は、入出力のフォーマットを揃え、所定のインプットに対して決まったアウトプットを自動で返すといった具合に、業務を標準化することができるからです。一定の安定した取引を続けることにより、情報コストは下がります。良好な関係性を維持しようと思う限りは、機会主義的な行動を取ることも抑制され、調整コストも下がる方向に働きます。これらの工程を通じて両者の関係性は、密接性と固定性が高まり、それはあたかも全くの他人だった関係の一部が、内部化されていくかのようです。このようなプロセスを、**組織内部のメカニズム**による**取引関係の調整**といいます。

しかし、当事者によほどのノウハウの特異性や複雑性がない限り、この経路依存的な関係も変化することがあります。取引工程のフォーマット化が**コモディティー化**を誘発し、新規事業者の参入障壁を下げることになるからです。誰でもそのフォーマットに準拠できて、さらに良い条件を提示することができれば、取引関係に参入できる可能性が出てくるのです。

初期のEDIは、高価な専用線でお互いをつなぐものでした。これは新規に取引を望む他の事業者にとっては、物理的な参入障壁となります。やがて認証や決済など、取引の安全性を確保する手段を備えた**オープン・ネットワーク**技術が進化し、インターネット・プロトコル（IP）によっても、専用線とほぼ同等の通信環境を安価に設置できるようになりました。すると、新規取引を望むプレーヤーの参入障壁はさらに下がります。それまでクローズドな取引関係が維持されてきたところにも、自由競争と市場の需給メカニズムが働く余地ができていくのです。

オープン・ネットワーク化とWeb-based ECの進展

オープン・ネットワークとは、接続のプロトコルや機器を接続するインターフェースなどの規格が、一般の市場や外部に広く公開されているもので構成されている通信ネットワークのことです。その代表選手がThe Internet、私たちが「インターネット」、「ネット」と呼んでいる通信です。

特定の相手としか接続しない専用線通信とは異なり、巨大なオープン・ネットワークであるインターネットは、Chapter 3で見たような標準化された通信技術とデバイスが使われます。これに従えば、基本的にはＩＳＰを経由して誰もがつながることができます。これは商業的には、専用回線によるＥＣよりも、さらに広く外部環境とつながりを持ち、ビジネス展開ができる可能性を意味します。

「The Internet」は、通信手段の一つという技術的な意味合いから、「情報を交換する」、「対価を発生させるビジネス」、「人と人とが邂逅する」〝場〟としての性格を持つようになりました。Ｗｅｂベースの商取引（Web-based EC）が進展すると、クローズドな電子商取引とは異なる、企業間関係の調整メカニズムが観察されるようになりました。それは、取引関係の構築の場に、多数のプレーヤーが参入してくることで、市場の需給メカニズムによる調整と競争の原理がより強く働くようになるということです。

まず、インターネット上で商取引が始まり、検索サイトを通じた情報流通量が増えると、情報の探索コストは下がります。一方の当事者だけが極端に有利な情報を持ち、条件をつり上げて交渉するような**情報の非対称性**も、以前よりは小さくなります。また、ひとたび商取引に関わる評判が流布すれば、それはあっという間に拡散しますから、どちらの当事者もひどく不誠実なことはできなくなります。

一方でビジネスに関わる技術革新が進むと、企業は自社内に蓄積した経営資源や能力だけでは、対応が追いつかなくなってきます。内部の調整メカニズムに依存して自力でがんばることがコスト高になってくると、外部化（アウトソーシング）の利点を活かすことへの要請が高まります。このとき外部の参入希望者は、提示される仕様書に対応する企画を提案すればいいわけです。

ここで市場の競争原理が働きます。外部化を図ろうとする側は、期待を低コストで実現してくれる相手が見つかれば、内部緊密的な方法を維持するよりもコストが下がります。それは結局、自社のビジネスの競争力につながることですから、企業は取引コストの調整メカニズムを変化させるのです。現在のＷｅｂベースのＥＣは、より低コストでより早く、よりいい条件で取引関係を成立させることに成功した企業によって拡大してきたのです。

初期のＥＤＩは、限られた企業間の取引関係を取り結ぶものでしたが、ＷｅｂベースのＥＣはオープンベースの**B to B** 取引（Business to Business：企業対企業）から、オンラインショッピングでおなじみの **B to C** 取引（Business to Consume：企業対消費者）、**B to B to C** 取引（企業間取引から消費者までの商取引連鎖）、消費者同士が商取引をする **C to C** 取引などに、取引の形態や範囲を広げてきました。

これらのさまざまな形態が発展してきた背景には、ネットワークのオープン化に加え、多くのデータを複数のプロセッサーやサーバーに分散させて、データ処理の速度や効率を上げる技術（**分散処理技術**）の飛躍的な向上やネットワークセキュリティ技術、ＩＴ基盤のサービス化などがあることを付言しておきたいと思います。

2. クラウドコンピューティング

自社の業務に必要な情報システムを構築するのに、日本企業は全部スクラッチで作ろうとする、全部自分で作って、ハードもソフトも自社で保有する自前主義が好きだ、という話を耳にすることがあります。そのことを一概にいいとか悪いとかいうことはできません。目的や、業務の特殊性にもよるでしょうし、構築や運用にどの程度投資できるかにもよるでしょう。

情報システムがどういう因果関係で競争優位性に効いてくるかは、個々の企業によって違います。ただ、**クラウドコンピューティング**という一つの方式が登場したことは、経営方針にも影響を与え、ビジネスモデルやサービスの提供形態にも変化が出てきています。そのことを、順を追って見ていきましょう。

クラウドコンピューティングとは

クラウドコンピューティングのクラウドとは英語の雲（cloud）、それにコンピューターリソースの使用を意味するコンピューティングをくっつけて、「クラウドコンピューティング」。２００６年ごろに、Google のＣＥＯエリック・シュミット（Eric Emerson Schmidt）が言い始めたといわれる造語です。クラウドコンピューティングは、ファイル保管や特定のソフトウェアの使用、サーバーなどのハードウェアへのアクセスといった、コンピューターリソースをインターネット経由で利用することです。アップル社の創業者の一人、スティーブ・ジョブス（Steve Jobs）は、「サーバーにより速くアクセスできるなら、自分のコンピューターにハードディスクはいらない」と言った、という話が伝わっています。

私たちはインターネット通信とは、「パケットに分けられた送信データは、相手先に到達さえすれば、そこで元の形に復元するからそれでいいんだ」という発想の通信だ、ということを既に知っています。クラウドコンピューティングもこれに似た感じで、「使用するコンピューティングリソースが物理的にどこにあろうが、アクセス経路の途中がよくわからなかろうが、ユーザーが安心してちゃんと使えればそれでいいんだ」という考え方で成立しています。要は、コンピューティング機能がネットワークのどこかに遍在しており、「まるで雲の中を通っていくような」。人呼んでクラウドコンピューティングというわけです。わかりやすい例でいえば、Google LLC の Gmail や、Dropbox, Inc. が提供している Dropbox というオンラインストレージサービスなどです。

これらのサービスは、基本的には自分の端末にデータを保存するのではなく、Google や Dropbox 社が用意している、インターネット上のどこかにあるサーバーにデータが保存（ストレージ）されます。ユーザーは、自分のデータが物理的にどこに蓄積されているかを意識することはありません。

ユーザーは、インターネットに接続可能な環境と端末さえあれば、自宅でも外出先でも場所に拘束されることなく、保存したデータを閲覧したり編集したり、新たなデータをアップロードしたりすることができます。家で書きかけのレポートを、学校に行ってから仕上げて提出するということもできますし、離れたところにいる友達と共同作業をすることも可能です。最近ではオフィス内でスケジュールを共有したり、コミュニケーションしたりする**グループ・ウェア**にも、クラウドが利用されています。

説明がそれだけだと、話をいい加減に済ませてしまっているような気がするので、アメリカ国立標準技術研究所（NIST：National Institute of Standards and Technology, U.S. Department of Commerce）による、クラウドコンピューティングの定義と、提示されている基本的な特徴を見ていきましょう。このNISTの文章は、独立行政法人情報処理推進機構による日本語訳〔2〕も出ており、本書でもこちらの訳を参考にしています（太字部分）。

まず、クラウドクラウドコンピューティングの定義は、以下のとおりです。

クラウドコンピューティングは、共用の構成可能なコンピューティングリソース（ネットワーク、サーバー、ストレージ、アプリケーション、サービス）の集積に、どこからでも、簡便に、必要に応じて、ネットワーク経由でアクセスすることを可能とするモデルであり、最小限の利用手続きまたはサービスプロバイダーとのやりとりで速やかに割当てられ提供されるものである。このクラウドモデルは五つの基本的な特徴と三つのサービスモデル、および四つの実装モデルによって構成される。

Cloud computing is a model for enabling ubiquitous, convenient, on-demand network access to a shared pool of configurable computing resources (e.g., networks, servers, storage, applications, and services) **that can**

be rapidly provisioned and released with minimal management effort or service provider interaction. This cloud model is composed of five essential characteristics, three service models, and four deployment models.

教科書や専門書に出てくる定義というものは、いつも堅苦しい表現で、わかるような、わからないような、どうして単純そうなことをわざわざ難しく書くのでしょう？　せっかく勉強しようと思っているのに、一気に読む気がなくなります。その気持ち、わかります。でも、ちょっと辛抱して、放り出すのは待ってください。何かを論理的に理解し、誰かとそのことについて話をしようと思ったら、誤解や不必要な仮定が勝手に入り込まないようにしなければいけません。そのために、言葉や概念の意味や、議論の対象範囲を、あらかじめ明確にしておくこと、それが定義の役割です。

クラウドコンピューティングの話から盛大に脱線していますが、本書は経営情報戦略の入門書です。「定義をする」という行為は、「情報」や「コミュニケーション」を扱う際に、非常に大事なことなので、構わず話を続けたいと思います。

例えば「鳥」について、誰かと真面目に話そうとするときのことをイメージしましょう（筆者注：以下は定義というものを理解するためのたとえ話なので、鳥の定義そのものについての学術的な正確さには保証がありません）。

Aさんは「鳥とは空を飛ぶ動物である」と思い、Bさんは「鳥とは羽を持った卵生の動物だ」と思っていたとします。そのままお互いに「鳥」を定義せずに、話し続けたらどうなるでしょう。

Aさんに従えば、ペンギンやダチョウは鳥ではないが、モモンガやムササビは鳥であり、Bさんに従えば、ペンギンやダチョウも鳥だしトンボも鳥だ、ということになってしまいます。なんだかおかしいですよね。

最初がかみ合わないと、そのあといくら話をしてもズレたまま、ミスコミュニケーションが続いてしまいます。この場合、鳥とは、「翼を持ち、卵生で、歯が無く、クチバシを持っている、恒温の脊椎動物」。少なくともこのぐらいは最初に定義して、範囲を詰めておかないといけないように思います（動物学の先生、いい加減なことを言っていたらごめんなさい）。

普段簡単に思っている「鳥」の定義ですら、こんな調子です。概念の抽象度が高いと、どうしても定義は周到を重ねた、神経質の極みのような表現になりがちです。しかしそれは、お高くとまってやっているわけではありません。大事なのは、ミスコミュニケーションが起らないように、意味や範囲を画定させておくことです。必要にして十分な表現で定義をしたうえで、わかりにくいところは、置き換え表現や例示や比喩などを駆使して、一つ一つ丁寧に理解をすり合わせていく、そんなプロセスを端折らないことが大事です。

さて、ようやくクラウドの話に戻れそうです。NISTの定義はボーっと読んでいると、ますますボーっとしてきますが、理解のきっかけになるいいことが書かれています。

「クラウドモデルは五つの基本的な特徴と三つのサービスモデル、および四つの実装モデルによって構成される。」

ここです。これらを順番に見て解釈を加えながら、クラウドコンピューティングとは何かを理解していくことにしましょう。

五つの基本的な特徴

(1) オンデマンド・セルフサービス（On-demand self-service）

ユーザは、各サービスの提供者と直接やりとりすることなく、必要に応じ、自動的に、サーバーの稼働時間やネットワークストレージのようなコンピューティング能力を一方的に設定できる。（表記のゆれは邦訳原典のママ）

Gmail や Dropbox などのクラウドサービスを使いたいと思ったとき、私たちは申込書を書いて、窓口に手続きをしに行くようなことは基本的にはありません。オンラインでユーザー登録（オンラインサインアップ）をして、必要事項を入力すれば、その場で手続きが完了して即座に利用開始できます。思い立ったときに自分のペースで手続きをして、サービス提供を受けられるのです。サービス内容も、画面上に出てくる選択肢を適当に選ぶ程度で設定できてしまいます。

私の学生時代には、スマートホンもなければ、インターネットもクラウドもありませんでした。通信手段といえば固定電話です。電話を一本新設するのでさえ、印鑑と身分証明書と現金を用意し、わざわざ平日の日中に電話局まで行って、紙の申込書を書き、開通に1週間も待たされていたことを思うと、隔世の感があります。おまけに、固定電話は持ち歩くことができません。外出中に彼氏や就活中の企業から呼び出しの電話がかかってくるんじゃないかと思うと、気が気ではありませんでした。海外の友だちに国際電話で連絡するなどということになれば、時差はあるわ、電話料金はムチャクチャ高いわ、音質はよくないわ（英語が苦手なので、音が悪いと聞き取れない！）で、もう大騒ぎになっていました。今は本当にいい時代になりました。

⑵　幅広いネットワークアクセス（Broad network access）

コンピューティング能力は、ネットワークを通じて利用可能で、標準的なしくみで接続可能であり、そのことにより、様々なシンおよびシッククライアントプラットフォーム（例えばモバイルフォン、タブレット、ラップトップコンピュータ、ワークステーション）からの利用を可能とする。

クラウドサービスは、パソコンでもスマートホンでも、インターネット接続が可能な端末と接続環境さえあれば、いつでも、どこからでもサービスを利用できます。違う言い方をすると、どんなにカッコいい端末を持っていても、ＩＰで動作しない端末は使えませんし、インターネットへの接続通信網が敷設されていない場所では、クラウドのコンピューティングリソースは利用できません、ということです。

ＮＩＳＴの文中にある**シンクライアント**（Thin Client）とは、端末には必要最小限の処理機能だけを持たせるということから「薄い（Thin）」端末といわれ、データ保存をはじめ多くの処理はサーバー側にさせる構造のものです。サーバーやクラウドに多くの処理機能を持たせ、端末にはデータも何も残さないようにすれば、仮に端末を置き忘れたり盗まれたりしても、データが丸ごと流出してしまうといった、最悪の事態は回避できる可能性が高いと考えられます。端末の価格が安いこともあり、外出先の仕事が多い企業で、このようなアーキテクチャーが採用されることが多くなっています。

シッククライアント（Thick Client）は、ファットクライアント（Fat Client）ともいわれ、端末側に多くの機能が実装されています。このため、通信量は少なくて済むメリットがあります。アプリケーションやデータが端末内にあれば、通信が届かないところでも、ある程度の作業は手元で行うことができますが、いずれの端末でも条件さえ満たしていれば、クラウドサービスは利用可能です。

総務省の調査によれば、２０１９年12月時点の日本で、個人のインターネット利用率は89・8％。人が住んでいるところなら、何らかの方法でたいがいはネットにつながるということです。全世界のインターネットの人口普及率も、複数の調査［3］［4］が、既に50％を超え、60％に迫る勢いだと報告をしています。こうなるとむしろ、どこまで逃げても見えない首輪につながれたまま、仕事や上司から解放されない気がしてくるのは私だけでしょうか…。

(3) リソースの共用（Resource pooling）

サービスの提供者のコンピューティングリソースは集積され、複数のユーザにマルチテナントモデルを利用して提供される。様々な物理的・仮想的リソースは、ユーザの需要に応じてダイナミックに割り当てられたり再割り当てされたりする。物理的な所在場所に制約されないという考え方で、ユーザは一般的に、提供されるリソー

スの正確な所在地を知ったりコントロールしたりできないが、場合によってはより抽象的なレベル（例：国、州、データセンタ）で特定可能である。リソースの例としては、ストレージ、処理能力、メモリ、およびネットワーク帯域が挙げられる。

クラウドサービスを利用するということは、「コンピューティングリソースが物理的にどこにあっても、使いたいときに、即座に安心して使えればそれでいい」、「いらなくなったらすぐに返せる」ということです。求めるサービスが望む状態で提供されるのであれば、ユーザーはそれが仮想的に一体に見えているに過ぎなくても、データが物理的にどこに分散して蓄積されていても、何ら不都合はありません。

しかしユーザーには見えなくても、実際にはサーバーやメモリ、ディスク、通信設備などは、必ずどこかに物理的な実体として存在しています。グローバルにサービス展開をしている事業者なら、世界中に**データセンター**（149頁参照）を持っています。サービス提供者にしてみれば、リソースが空いているところに常に動的に稼働を割り当てて、複数リソースの稼働率を偏らず平準化していくことが、経営効率的にも望ましいわけです。ユーザー同士は、見えないところで物理的なリソースを共用しているわけですが、それはイヤだとか、自分のデータはこのサーバーで預かってくれというようなことは、よほどの条件がない限り、主張することはできません。

また、クラウドサービスのプロバイダーは、顧客に代わって多くの大切なデータやアプリケーションを預かったり、計算機能を提供したりしているわけですから、そこを狙った悪意の攻撃者に、危険物を放り込まれたり侵入されたりする事態は、何としてでも防がなくてはなりません。ですから通常は、リソースの所在地を公表することには消極的です。

⑷　スピーディな拡張性（Rapid elasticity）

コンピューティング能力は、伸縮自在に、場合によっては自動で割当ておよび提供が可能で、需要に応じて即

座にスケールアウト／スケールインできる。ユーザにとっては、多くの場合、割当てのために利用可能な能力は無尽蔵で、いつでもどんな量でも調達可能のように見える。

ユーザーはオンデマンドで、クラウドから提供されるコンピューティングリソースを好きなだけ調達できます。DropBoxやOneDrive等のストレージサービスや、Gmail、メンバー間の共用ツールが連動した、クラウド型のグループ・ウェア（G Suite等）を利用した経験がある方はイメージしやすいと思いますが、多くの場合はユーザーの管理画面から、簡単に契約変更してサービス内容を変えることができます。アプリケーションの利用だけでなく、後述するIaaSのように（１３８頁参照）、計算処理などの基礎的なコンピューティングリソースをクラウド利用する場合でも、並列使用するサーバーの機能や、ＣＰＵやメモリなどの能力を一時的に増やすことで、システムの規模を拡張したり、パフォーマンスを向上させたりすることが可能です。

その際、特に人手による工事があるわけでもなく、申し込んだ瞬間に利用環境はその通りに変化しますから、ユーザーは、コンピューティングリソースが、まるで無尽蔵にあるかのように感じます。また、リソースが不要になれば、規模の縮小や解約も柔軟です。したがって、クラウドサービス利用は、必要な処理能力が頻繁に変動するケースや、需要予測が難しいケースに向いています。自社内ですべてを過不足なく用意し、設備を抱えこむケースに比べて、初期投資に関するリスクが低く、管理ストレスが少なくて済むはずだからです。

もちろん、どの業務をクラウドに切り出し、それがどの程度の効果を生むかの見積りは必要ですし、いったんクラウド化したものを自社内システムに戻すのは、それほど簡単なことではないので、事前の検討をよく行う必要があるのは、いうまでもありません。

「スピーディな拡張性」、「まるでリソースが無尽蔵のようだ」という一方で、クラウドサービスを提供する「中の人（サービス担当）」をしている私の知人たちは、いつも、やれ「ネットワークが止まりかけた！」、「新しいシステムに更改だ！」、「セキュリティを強化するプログラムを乗せろ！」、「利用が急増している。設備がひっ迫する前に増強計画を急げ！」等々、いつも本当に忙しそうです。

サービス提供の自動化がいくら進んだとしても、ユーザーが「いつでも」、「どこからでも」、「すぐに」使えるようになっているということは、「中の人」の対応は、24時間365日待ったなしということです。リソースは無尽蔵に湧いて出てくるどころか、中の人にとっては禅の教えどおり、「形あるものはいつか壊れる」、「使えばなくなる」の諸行無常。「大惨事になる前に、予防的に保全をしておこう」とがんばってくれていることを、時々は思い出して、「ありがとうね」と思うことにしています。

それから、ありがとうねと思うついでに、壊れては困る大事なデータやプログラムは、自分でも万が一に備えて、バックアップコピーを取っておくことをお忘れなく。最近は、バックアップもセットになっているクラウドサービスもありますが…。

(5) サービスが計測可能である（Measured service）

クラウドシステムは、計測能力〔5〕を利用して、サービスの種類（ストレージ、処理能力、帯域、実利用中のユーザアカウント数）に適した管理レベルでリソースの利用をコントロールし最適化する。リソースの利用状況はモニタされ、コントロールされ、報告される。それにより、サービスの利用結果がユーザにもサービス提供者にも明示できる。

ユーザーがオンデマンドでリソースを要求してきたとき、クラウド側でどこのリソースを割り当てるかは、設備の空き状況により、自動でアロケート（配分）されるようになっています。それだけでなく、皆さんはDropboxやGmail等のサービスを利用しているときに、「ストレージの容量がそろそろ一杯になるので、サービスをグレードアップしませんか」というようなメッセージを、受け取った経験はないでしょうか。あるいは、ウィルスメールを監視するクラウドサービスから、「ウイルスに感染していると思われるメールや、怪しい迷惑メールを駆除しますか」というアラームを受け取ることもあるでしょう。

それらのお知らせは、「中の人」が手動で送っているのではありません。単体のパソコンでも、タスクマネージャーやプロパティを開くと、どのくらいリソースを使っているかや、異常の有無が数値でわかるように、クラウドサービスもシステムが状況を常にモニタリングしています。そして利用状況がある閾値に達すると、自動でユーザーにメッセージを発出し、アップグレードや追加的な操作を提案するようになっているのです。メッセージを読んだユーザーがそうだなと納得すれば、そこからクリック一つで提案された操作ができてしまいます。

もちろんユーザーの行動とは独立に、中の人は自分たちがサービスを適切に運用するために、リソースの状況を常に把握していますし、システムがおかしな挙動をすれば、アラームがあがって対処を促すようにもなっています。こういった数値管理やコントロールが一連でできるのも、クラウドのシステムがデジタル機器で構成されているからにほかなりません。

それにしても、システムの計測能力を運用や異常監視目的だけではなく、利用促進のマーケティングの導線に使えるぞと最初に気づいて、実現させた人はすごいなと私は素直に感心します。遠隔からシステムをコントロールしたり、ソフトウェアのダウンロードができることなどは、誰もが当たり前と思っていることです。しかし日ごろ、「私の仕事はシステムのメンテナンスです」としか思っていない人は、マーケティングにまでは思いが及びにくいものですし、「私はセールス担当だからシステムのことは知りません」としか思わない人は、計測機能からワンストップでアップセル導線が作れるじゃないかとは、なかなか発想できないものです。もしかしたら、頭の中でふとそう思っても、河岸を超えてやりきるところまでは面倒くさくて踏み込まないかもしれません。固定的な役割意識というのはつくづく、イノベーティブな行動を阻害する厄介なものだなと思うところです。

SaaSやDaaS〔6〕など、大文字のアルファベットで始まる何々aaSという言葉が目につくようになりました。これはITを、対価の授受により「サービス」として提供し、利用するビジネスモデルです。NISTがクラウドのサービスモデルとして挙げているのはSaaS（サース：Software as a Service）、PaaS（パース：Platform as a Service）、IaaS（イアース：Infrastructure as a Service）の三つです。そこから派生して、いろいろなas a Serviceがコンセプトとして次々に登場してきました。近ごろはあらゆるもの、すなわち〝X〟が、クラウドベースでサービス化できるだろうというわけで、それらをXaaS（ザース：X as a Service）と総称するようです。ここではNISTがあげる、基本となる三つのサービスモデルを見ていきましょう。

三つのサービスモデル

(1) SaaS（Software as a Service）

自分の端末にアプリケーションをインストールしなくても、ブラウザ等の一般的なインターフェースで、クラウドサービス事業者が提供するアプリケーションを利用できるサービスを、**SaaS**と呼びます。DropBoxやGmailのようなものが、代表的なイメージです。アプリケーションとはソフトウェアですから、SaaSとは、使用対価を支払う形でソフトウェアを利用することです。

クラウドサービスが登場するまで、ソフトウェアは買ったり自作したりして、「所有する」ことが大前提でした。例えば、マイクロソフト社のExcelや、Power Pointなどは、自分で最新バージョンのソフトを買ってインストールしないといけませんでした。今ではMicrosoft 365（旧称、Office 365）の**サブスクリプション**契約をして、一定の金額を支払えば、契約期間中は常に最新バージョンのExcelやPower Pointなど、契約でパッケージされたアプリケーションがオンラインで使えます。

企業会計では、自社で所有し、1年以上継続して使用する一定額以上のものは、「固定資産」として計上する

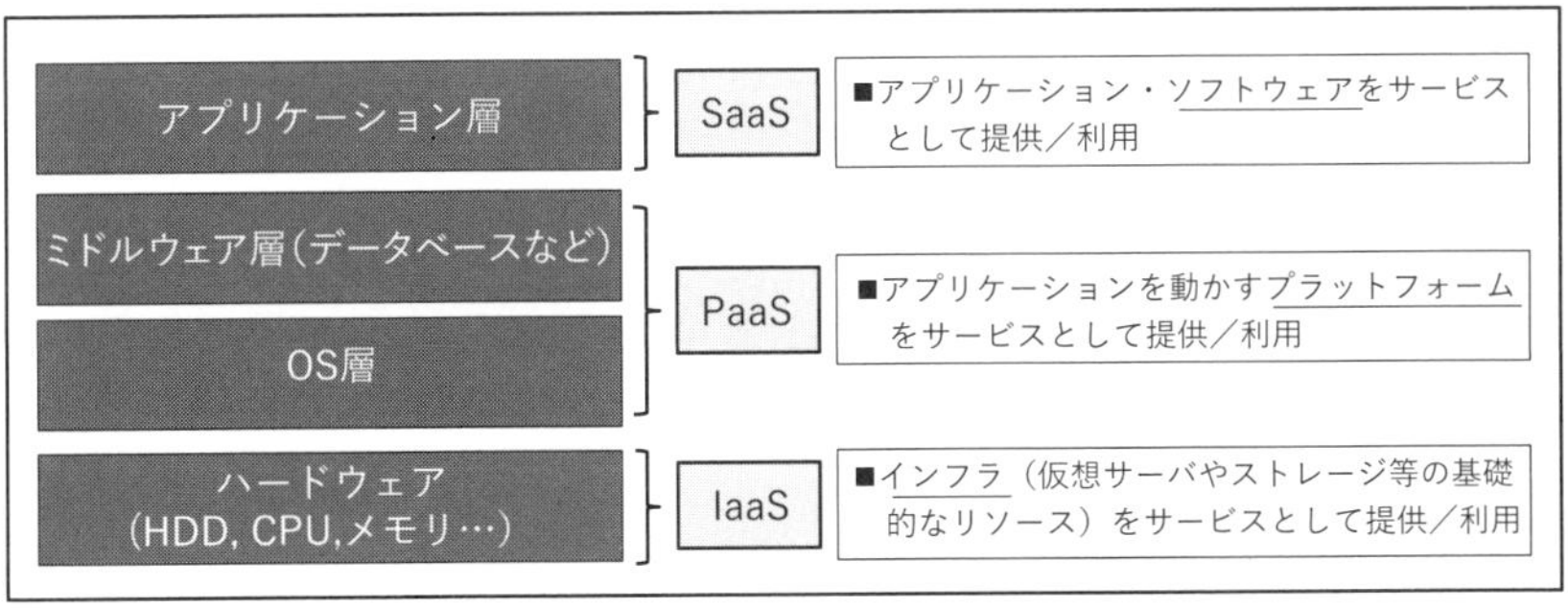

図17　クラウドコンピューティングの三つのサービスモデル

ことが規則です。現在でも、そういう自社保有のソフトウェアやシステムは各社にありますが、使用者にソフトウェアの所有権が移転するわけではないSaaSは、考え方も会計的な位置付けも異なります。

SaaSではアプリケーションや、アプリケーションが稼働しているサーバーやOS、ネットワークなどのインフラは、ユーザーのものではありません。ですから、ユーザーは、アプリケーションを使用するための機能設定が、多少許される程度で、アプリケーションの仕様を変えたり、稼働管理のコントロール権を持ったりすることはできません。ユーザーは提供されるものを、ほぼあるがままの状態で使いなさいと、いわれているようなものです。

(2) PaaS（Platform as a Service）

コンピューターの構造を理解するときに、機能をレイヤー（階層）構造に分けて考えるモデルがあります。いくつのレイヤーに分けて考えるかはケースバイケースですが、大まかには下から順に、物理的なハードウェア層、コンピューターの基本動作を制御するOS（**オペレーションシステム**）層、OSとアプリケーションの動作の仲介をするミドルウェア層、最上位層にはユーザーの具体的な業務作業を担当するアプリケーション層といった具合に理解されています（図17）。ユーザーには物理的な位置を知らされないクラウドも、実体はサーバーやストレージ（記憶装置）、通信設備といった物理的な装置と、それらを稼働させるソフトウェアで構成されている、コンピューティングリソースの集合体です。

先に紹介したSaaSはこのうち、最上位層のアプリケーション部分をサービスとして利用する形態ですが、PaaSは、アプリケーションを動かす役割を担う中間層の部分を、プラットフォームに見立ててサービス化したものです。具体的には、クラウドサービス事業者が提供する設備上に、ユーザーが自分用に開発したり購入したりしたアプリケーションを実装し、ネットワーク経由で動作させることを意味しています。マイクロソフト社の例でいえば、Microsoft Azureと呼ばれるサービスがPaaS（場合によっては次で述べるIaaS）に相当します。

ユーザーが自分で用意したアプリケーションは、自分の所有物ですから、そこはユーザーが自由に管理したり変更したりすることができます。また、サービス提供者から許容される範囲においては、クラウド環境の設定をユーザー側で触ることも可能ですし、追加的なアプリケーションをクラウド上で開発することも可能です。

(3) IaaS（Infrastructure as a Service）

IaaSは演算機能をはじめとする、コンピューティングリソースのインフラ的な部分を、サービスとして利用するものです。ユーザーは用意された環境下で、任意のＯＳやアプリケーションを実装して使うことができます。それはあたかも一から準備して、必要な環境を自前で構築したかのように思えるほどです。もちろんそれは仮想的なインフラであり、クラウドコンピューティングシステムの、本当の基盤部分をユーザーが触ることはできません。ユーザーに許されるのは、自分がサービスとして利用できる範囲内での管理や、コントロールのみということになります。

ここまでくると、「提供されるものを、ほぼあるがままの状態で使いなさい」といわれるSaaSとは、随分と様子が異なります。ユーザー側に許容される裁量や、コンフィギュレーション（configuration：構成、環境設定）

の自由度が増すかわりに、ユーザー側にも相当のエンジニアリング能力が必要になります。ユーザー企業の中に情報システム部門がおかれていたり、システムの専任担当者がいたりするケースが多いでしょう。

企業の中で、IaaSを利用しようというほどの話が出てくるときには、システムの規模や投資もそれなりに大きく、実務上もシステムが重要な役割を果たしていることが多いでしょう。そのようなときは、クラウドを利用する・しないということだけを見るのではなく、まずは自社のシステムが全体として最適な状態になっているかどうかを点検し、意思決定に持ち込む必要があります。基幹的な業務をクラウドに切り出すとなれば、技術的な移植の可否の問題の前にクラウド化で何が変わるのか、実務との整合性、コストに見合う効果の有無、全社的な影響の度合いといった、本質的な部分への関与や見直しを避けては通れません。

自前のシステムとクラウド化するシステムが混在するような場合には、連携する部分をどう作るか（あるいは完全に切り離すのか）には、ことさら神経を使うことになるでしょう。全社的な戦略と、それに整合するシステムの構想が描けていないと、うまく意思決定できません。流行りに乗ってやったことが、結果としてムダな出費や徒労を生んでしまったとか、ユーザーである現場が大混乱に陥ってしまったというような話は、枚挙にいとまがありません。比較的規模の大きい企業では、**CIO**（Chief Information Officer：最高情報責任者）という肩書の担当役員を置くことが多くなってきました。CIOは情報システム部門の統括責任者ですが、それは技術や方式の選択と運用という部分的な責任だけでなく、Chief Investment Officer、つまりシステム投資による社業の全体最適化や投資効果にも責任を負う、という意識構造にしておかなければいけないと思います。

四つの実装モデル

続いてNISTが示す、クラウドの四つの実装モデルを見ていきましょう。ここでは、クラウドを誰がどのような目的や形態で利用するのか、という観点で分類が示されています（図18）。

四つの実装モデルとは、パブリッククラウド、プライベートクラウド、ハイブリッドクラウド、コミュニティクラウドの4種類です。

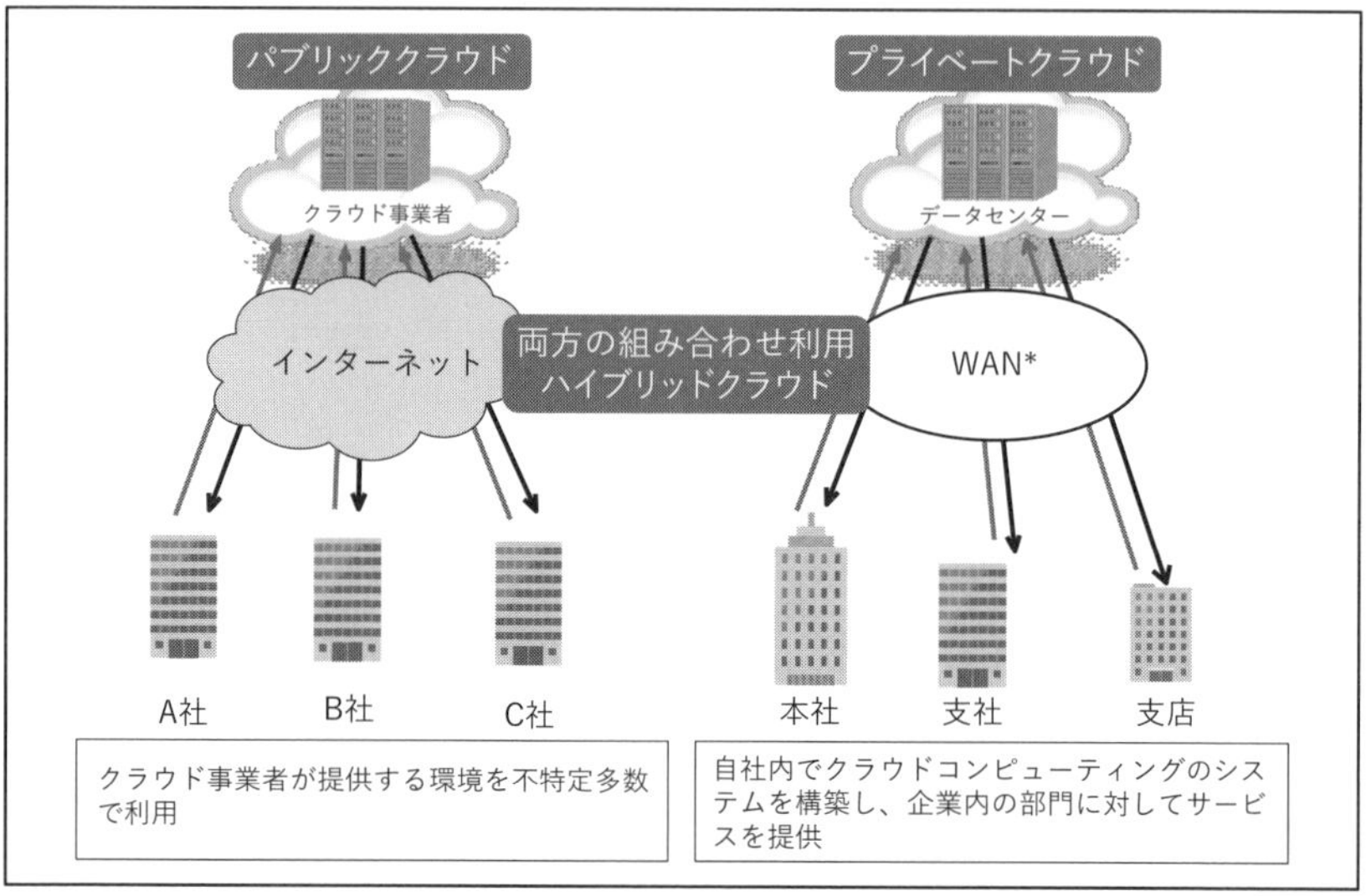

図18　パブリッククラウドとプライベートクラウド

画像：いらすとや。
注：* WAN：電話回線や専用線を使って、本社－支社など地理的に離れた地点にあるコンピュータを接続する「広域通信網」の略。

(1)　パブリッククラウド

パブリッククラウドは、クラウドサービス事業者が提供する環境を、不特定多数のユーザーで共有する方式です。コンピューティングリソースのどのレイヤーまで利用するかは、ケースバイケースです。現在は、米国のAmazon社が提供しているAmazon Web Services（AWS）、マイクロソフト社のMicrosoft Azure、グーグルが提供するGoogle Cloud Platform（GCP）が、規模と知名度の面から世界三大パブリッククラウドと呼ばれているようです。

パブリッククラウドは、通常のインターネット回線を通じて、サービス事業者が所有するリソースに接続します。必要な時に必要なリソースを必要な分だけ利用し、不要になればリソースは解放、そこを今度は他の不特定ユーザーが利用するという具合で、第三者とリソースを共有することになります。

パブリッククラウドのメリットは、自分で

設備を持たなくてよいために、導入コストが低く、プロジェクトの立ち上がり期間を短くできること、自分でリソースのメンテナンスや管理をしなくてもよいということ、小規模な利用からでも使える柔軟性、といったところにあります。一方で、事業者が提供する仕様の範囲内でしかシステムをカスタマイズできない、障害が起こった時には自分では対処できず、事業者任せにせざるを得ないことなどがデメリットに挙げられます。特に仕様の問題については、事業者が提供するサービスが、自社システムや他社が提供する既存のサービスやソフトウェアとの互換性を持っていないと、業務に支障が出る可能性があります。導入検討は利用料金だけでなく、業務との整合性をよく確認すべきです。

パブリッククラウドで社外の第三者とリソース共有することを、セキュリティ上の理由で忌避する企業もあります。しかし、サービス提供側もプロです。セキュリティ管理をおろそかにするとは考えにくいため、必要以上に忌避する必要はないだろうとは思います。2017年に日本のメガバンクの一つであるMUFGが、アマゾン・ウェブ・サービスのパブリッククラウド（AWS）を採用し、業務システムのクラウド化に乗り出すと発表しました。システムの信頼性やセキュリティの担保に厳しく保守的といわれる金融機関が、クラウドへの移行宣言をしたことは、世の中から驚きをもって受け止められ[7]、クラウド化に懐疑的であった人々の認識を変える、一つのきっかけになりました。

(2) プライベートクラウド

プライベートクラウドは、限られたメンバーや組織だけが、クラウド上のリソースを占有的に使用する形態です。企業や公的組織で、利用権限のある人だけにアクセスさせたい場合に多く採用されます。

外部からのアクセスは遮断するために、クラウド用の物理設備が置かれる場所の多くは利用組織の施設内です。自社の敷地にそのような場所がない場合には、第三者のアクセスが紛れ込まないよう、物理的にネットワークを他と切り離した状態で、クラウド事業者の施設内に設置されたりもします。

プライベートクラウドは、利用権限を持った人であっても、限られた場所や限られたネットワークからのみアクセスを許すことで、セキュリティを担保することが基本です。アクセス用の通信網は、オープン・ネットワークであるThe Internetを使わずに、本社－支社など地理的に離れた地点を専用線で接続する、広域通信網（WAN：Wide Area Network）でつながれます。ただ専用線は、高セキュリティである代わりに高額です。ですから最近は、インターネット上に仮想の専用線を設定して、特定の人のみが利用できるようにする**インターネットVPN**や、通信事業者が用意する閉域網を利用した**IP-VPN**を用いて、通信コストを下げるケースが多くなりました。**VPN**とは、バーチャル・プライベート・ネットワーク（Virtual Private Network）の頭文字で、仮想的なプライベートネットワークのことです。

インターネットVPNは、経路にインターネットを含むVPNで、IPsecやSSL/TLS等の技術でパケットを暗号化し、セキュリティを担保しながらインターネット上でVPNを構築するものです。一般的なブロードバンド回線を利用するため、IP-VPNよりもさらに安価にVPNを利用できるのが特徴です。

通信キャリアはVPNのバリエーションをさまざまに提供していますので、利用目的や期待する水準に合わせてクラウド環境が構築できるようになっています。

(3) コミュニティクラウド

コミュニティクラウドは、同一の企業や組織ではなくても、活動の目的や関心事を共有する複数の企業や、特定のグループによって共同運用されるものです。このクラウドの利用者は、グループに所属する特定の人々ということになります。日本における具体的な例としては、各府省が別々に運用していた情報システムの基盤をクラウド化し、政府全体で共有化する「政府共通プラットフォーム」（平成25年3月18日運用開始）があります。

企業同士がアライアンス（Alliance：提携）を組んで情報共有をしたり、共同で開発作業をしたりするためにコミュニティクラウドを構築し、共同運用するケースがあります。前章第4節で取り上げた、農業ＩＣＴの取り組みでは、気象データや作物の育成情報、画像データ、優良事例、農業経営に関する管理データなどを集積し、コミュニティーで共有する「農業クラウド」構想が注目されています。そのほかにも、校務の効率化や共有可能な教材をデジタル化してクラウド上に集積する「教育クラウド」、医療機関において共通する業務関連のアプリケーションやシステムプラットフォームをクラウド化してサービスとして提供する「医療クラウド」など、業界レベルのクラウド利用にも、コミュニティクラウドのコンセプトが応用されています。

コミュニティクラウドは多くの場合で、参加する企業が契約によって一定のコストを応分に負担することが大前提です。そのため同等の規模であれば、一つの組織がプライベートクラウドを構築するよりも、一社あたりのコストが小さくなるメリットもあります。コミュニティー外の第三者とは隔離されたクラウド環境とすることで、コストを抑制しつつセキュリティ上の懸念も少なくするというメリットを感じるユーザーも多いようです。

⑷　ハイブリッドクラウド

企業のシステム化に、クラウドコンピューティングという方法があるといわれ始めてからしばらくの間、「日本企業は保守的で自前意識が強く、クラウド化して他者に運用を委ねるようなことはしない」とか、「どのようなクラウドであれ、社外にシステムを切り出すことはしない」と、かたくなにいわれていた時期もありました。クラウドへの移行判断をするとき、どのようなデータや情報をどこに置くべきかという判断は、純粋な技術イシューではありません。検討にあたっては、組織運営の観点、影響を受ける部門の業務の観点、会計的な観点など、大小さまざまな観点にライトを当てて意思決定をするべきです。

ハイブリッドクラウドは、一つの組織でパブリッククラウドとプライベートクラウドを組み合わせで使用する形態です。ここまでさまざまなクラウドの利用形態と特徴を見てきましたが、利用形態は、その中の一つに絞る必要は必ずしもありません。極論すれば、いくら流行でも、現状のオンプレミスの情報システムを無理やりクラウドに切り替える必要はないのかもしれません。前述のようないくつかの検討要素がある中で、良いとこ取りをしながら最善の方法を選択すればよいのです。

セキュリティ上の懸念が少しでもある場所には絶対に置けない重要情報は、多少コストがかかってもプライベート領域に置いておき、コスト最優先でいいものは、パブリッククラウドを利用するといった判断は、常にあり得ますし、一気にどれかに方式を寄せなければいけないというわけでもありません。

いくつものシステム群を保有する大企業の場合は、移行の可否判断をしながら、段階的にクラウド化を進めることが少なくありません。このようなケースでも、クラウド化できるものと、そうでないものがあり、適切な意思決定のもとで形態を選択する必要があるのです。ＩＴ化、クラウド化とは、技術問題でもあり経営問題でもあるというのは、まさにこのことです。

クラウド化に制約や懸念点がないかといえば、そうとも言えない面もあります。SaaS, PaaS, IaaS 等、どこまでをクラウドサービスに委ねるかによって、制約の度合いは異なりますが、一般的には、個別特有の業務の対応の柔軟性には制約が出てきます。つまり、特殊で細かい仕様のカスタマイズはしにくい、ということです。

この点については、自社の業務が、過度に特殊な仕様になっていないか、標準的なサービスで代替可能な部分はないか、業務プロセスの改善の余地がどの程度見込めるかを一度点検することが望ましいとされます。

クラウド化ができるものとできないものを併存させる場合は、切り替えの影響度、業務全体を俯瞰した費用対効果などを検討し、判断をする必要があります。

競合他社も類似のシステムが構築可能で、誰でも検索サイトやＩｏＴとＡＩで、情報収集や蓄積が容易にできる時代は、システムを保有していることや「情報を持っている」ことだけでは、競争優位性や差別化になりにくくいといえます。ＩＴ化やクラウド化を検討することは、「自社の競争優位性の真の源泉は何で」、「何を実行するか」という軸で、ビジネスの構造を見直すということでもあります。

一般的にはメリットが大きいといわれているクラウド化について、自社がクラウドを導入すると具体的にどこに効果が出て、何を変えられるのかを、一貫した因果ストーリーで語れることが大事です。そして、「早くやる」。ここを忘れてはいけません。検討事項が多いということは、「意思決定にダラダラ時間をかけていい」ということでも、「判断を先延ばしにしてもいい」ということでも、「ゼロリスクが保証されるまで行動しない」ということでもありません。時間は、一度過ぎ去ってしまうと取り戻せない、貴重な無形の経営資源だということを忘れないようにしたいものです。

どこまで自力でがんばるか

クラウドコンピューティングを理解するために、ＮＩＳＴの分類に沿ってクラウドの特徴を見てきました。分類は、ある物ごとを共通点や相違点によって分解しながら理解するのに便利な方法です。分類には、いろいろな切り口があり得ます。クラウドを理解するのに、ＮＩＳＴの分類方法以外は使えないというわけではありません。実際に、別の分類で解説をしているものもあり、クラウドの活用事例も増えているため、ＮＩＳＴの分類に派生形を追加しているものもあります。いずれにせよ、できるだけ「もれなく、ダブりのない**MECE**〔8〕な分類」でクラウドを理解すればいいと思います。戦略的に大事なのはそこから先で、「理解したら、行動する」ということです。

頭でわかったと思うと、人は安心してそこで止まってしまうことが少なくありません。しかし、「わかる」と「できる」は違いますし、「できる」と「よくできる」の間にも、相当な差があるように思います。ＭＢＡ的に経営学を勉強することと、実際に経営したり現場で成果を出したりすることとの違いはここにあります。

クラウドコンピューティングがどういうものかが大体わかったところで、「クラウド化も、適切な意思決定のもとで」と書いたことを、もう少し考えたいと思います。

これまでの話を整理すると、クラウドコンピューティング活用のメリットと懸念点は以下のとおりです。

メリットは、

① インターネット等の通信接続環境があれば、柔軟にサービス利用が可能

② クラウドサービス利用部分は、ハードウェアやソフトウェア等を自前で調達する必要がなく、初期費用の負担が軽い

③ サービス利用料金は、会計処理的には費用化することができ、固定資産を圧縮することが可能

④ システム構築期間を短縮できる

⑤ クラウド部分についてはメンテナンス不要（サービス事業者が行う）のため、IT部門の業務負担を軽減でき、本来業務に集中できる

といったことがあげられます。

③は会計の知識がないと少しわかりにくいかもしれませんが、こういうことです。ITの世界では、日進月歩で新しい技術や性能のよい機材が次々と出てきます。こうした状況で技術的な後れを取らないためには、現場の意識としては、できるだけ早く新しいものに更改したいという判断が働くところです。しかし、自社でハードウェアやソフトウェアを固定資産として抱えていると、実態的には陳腐化してしまったものでも、減価償却が終わらない間は、会計的な理由で3年とか5年といった単位で、おいそれとは更改できないということになりがちです。減価償却が終わる前に、固定資産を除却する方法がないわけではありませんが、クラウド化でそういったリスクを軽減できるなら、それはサービスを利用することの一つのメリットと考えてよいと思います。クラウドサービスへの移行とは、いわば、所有する経営から持たざる経営への移行です。

クラウド化は、単に安くて節約ができるだけでなく、その分新しいことへのチャレンジや、ビジネスにエネルギーと経営資源を振り向けていけるところに意味があります。経営的な観点でのクラウド化とは、無尽蔵ではな

いリソースを、成長方向へシフトできるということでしょう。

近年は、悪意のあるセキュリティ攻撃が多発し、手口も日々高度化、巧妙化しているという現実があります。これに対応するために、独力で対処し続けようとするよりは、外部化してデータセンター運営のプロの力をうまく使った方がよい、という考え方もありましょう。

ある業界で成熟が進み、サービスを構成する要素や技術が高度化し、構造が複雑化してくると、事業ドメインを細分化するプレーヤーが現れます。IT業界でも最近では、CIer（クラウドインテグレータ）と呼ばれる、クラウド専業のシステムインテグレーターが登場し、設計や開発、保守運用などを請け負ってくれたりもしています。そのような中で、特に自社の本業が通信事業やIT事業ではない企業の場合は、クラウド化に伴う本業以外の問題にどこまでリソースをつぎ込み続けるのか、誰かにアウトソースするかは、経営的な判断を要するイシューとなります。


以下は、仮に**オンプレミス**（自社運用）のシステムをクラウド化するとした時に、どの事業者に委ねるかという判断に関わる話です。

クラウドコンピューティングにも、システムの安定稼働に対するリスクが皆無とはいえない面があります。クラウドに限らず、どのようなシステムでも、設備故障やネットワーク障害等によって、稼働が中断するリスクはあります。クラウドの場合、そのリスクへの対処は、クラウドサービス事業者の努力に依存せざるを得ません。つまり、「障害が起こっても、自分で何とかすることはできない」ということです。もちろん、それなりの力量を有する事業者なら、普段は「ユーザーが、コンピューティングリソースがまるで無尽蔵にあるかのように感じる」という程度には、システムの全断やデータ毀損が起こらないように、相当のリソースを投入しているはずです。したがってこれは、ユーザーが事業者の能力と自社のシステム部門の能力を、どう評価するかという問題に還元されます。

本書を執筆している最中にも、Googleが提供するいくつかのクラウドサービスにおいて障害が発生し、GmailやGoogleドライブなどでエラーが発生したり、接続しにくくなったりするといった状況が起こりました[9][10]。日本では、ちょうど金曜日のビジネス時間帯でしたので、業務に支障が出た人もおり、少なからず騒ぎになっていました。結果的には、ほぼ1時間程度で復旧しましたが、この前後にも、米国AmzonのクラウドサービスであるAWSや[11]、マイクロソフトのMicrosoft 365でも[12]、比較的ユーザー影響の大きい障害が発生しています。偶然だったのでしょうが、2020年の秋は、**テック・ジャイアント**と呼ばれるサービス事業者のクラウドでも、実際に障害が起こり得るという象徴的なニュースが続きました。

1時間から数時間程度で障害が復旧していることをどう評価するかには、いろいろな見かたがありますが、企業の情報システムに関わる人たちは、自社のシステムを内製にするかサービス利用にするか、改めて考えさせられるところでしょう。

実はこの判断も、「自分でがんばる場合と、他者に委ねる場合とでは、どちらが小さいコストで済みそうか」という、取引コストアプローチ的な比較考量の問題に還元できます。例えばしばしば引き合いに出される、セキュリティ問題で考えてみましょう。

クラウド化しておきさえすれば、セキュリティは絶対に大丈夫かといえば、必ずそうとは言い切れない面もあります。クラウドサービス事業者のデータセンターは、現実問題として悪意のセキュリティ攻撃の標的にされることが、少なくないからです。しかし当然それだけに、プロバイダー側も本腰を入れて積極的なセキュリティ機能を提供しており、そこでは日進月歩の技術による熾烈な攻防が展開されています。オンプレミスかクラウド利用かの判断は、その攻防を自力でがんばりますか、ゼロリスクが保証されるわけではないが、プロバイダーが提供するソリューションを利用しますか、という問題です。

これはあまりあってほしくはないことではありますが、クラウドサービス事業者が突如サービスを終了してしまったり、倒産していなくなってしまったりしたらどうするのだという懸念も皆無とはいえません。

これもまた図らずも、本書の執筆中に起こった話ですが、ＳＢクラウド株式会社が日本の顧客向けに運営する、**Alibaba Cloud** の日本サイトのサービス提供を終了し、今後は国際サイトでサービスをするという報道発表がありました[13]。このニュースでは、アカウント移行の代替策が示されていたので、クライアントが完全に放り出されるということではありませんでしたが、慌てたシステム担当者はそれなりにいたのではないかと推測するところです。

ユーザーとしては、少なくともサービスの利便性を常に安定的に提供できる事業者を選びたいものです。クラウドサービスのコンピューティングリソースが物理的に設置されている場所を、**データセンター**と呼びます。データセンターの運用環境として必要とされるのは、おおむね以下のようなことです。

① ネットワーク環境：高速回線が複数系統で整備され、一定の帯域が確保できていること

② 故障対応力：ネットワーク設備、ハードウェア、ソフトウェアのそれぞれについて、技術者の数およびスキル、物理的な機材や設備のバックアップが十分に確保されていること

③ 十分なコンピューティングリソース：建造物を含めた物理的なリソースが確保されていること、サービスの拡張性が担保されていること

④ サイバーセキュリティー：重要情報をやりとりする上でのセキュリティが、堅牢であること

⑤ 物理的堅牢性：データセンターの耐震性や耐火性、第三者の無断進入を阻止するゲートウェィ等、物理的な堅牢性が確保されていること

⑥ 館内環境：機器類の排熱や空調（冷却設備）が、24時間３６５日安定稼働していること

⑦　電源設備：二重化された電源と、停電に備えた自家発電設備および燃料備蓄が十分であること

自分でがんばる場合でもこの程度の用意ができないと、自社の財産である大事なデータや情報を安全に、かつ安心して持っておくことはできません。クラウドサービスを利用するとき、サービス特性やセキュリティ上の理由で、ユーザーがデータの格納場所を個別に知ることはほとんどできませんが、上記のような観点で、事業者と自社との比較考量はする必要はありそうです。また、たとえどんなに「お安く」ても、このようなことについて、情報開示がまったくない事業者は、大事なデータや情報を委ねる相手としては、どうなのかなと思います。

近年は、クラウド構築のコンサルティング―ベンダー―クラウド事業者―利用者という業界エコシステムが出来上がりつつあります。しかし、たとえそうだとしても、「自分にはよくわからないから」、「流行りだから」という理由で、誰かに丸投げしていいものではないと、理解していただけたことと思います。

「自力でどこまでがんばるか」という問いには、レベルの異なるもう一つ別の側面があります。農業クラウドや医療クラウドのように、業界やコミュニティーでビッグデータや情報を共同利用するメリットを、どのように自社の戦略に取り込んでいくかという課題です。これは、企業が単独でクラウド化することとは、別の次元の課題です。こういう話をすると、「そんなこと、とてもとても。自分の会社のことで精一杯。参画する余裕などありませんよ」と、首を振る経営者がたくさん出てきそうな気がします。しかし、皆がクローズドな独力を前提とすることの問題は、オンプレミスのシステムを個別に保有する運用負担の問題だけではないように思います。これは、できる限りデータや情報を集合的に蓄積し、オープン化したときと比べて、業界の成長が早く限界に直面することになるのではないか、という問題提起です。

この問題意識の背景は、資源（ここではデータや情報）が貧弱だと、そこから生み出されるものにも限界があ

るという資源ベース戦略論的な考えです。「クラウド上にオープン化された、より大きな情報資源を活用すれば、ビジネスの土俵が拡大する」と発想する能力や、組織的な実行力が、企業や産業の命脈を分ける理由の一つだとの想定です。さらに、日本企業が独力にこだわるあまり、ビジネスが小粒化することで国際競争力を失えば、共倒れです。ＩＣＴに業界や競争の構図を変える力があることや、オープン化を視野に入れた異次元の戦略を考える必要があると思います。

二つ目は、企業の存在意義に関わる話です。企業には事業を通じて、顧客や社会が抱える課題を解決する社会的使命があるのだ、といわれます。しかし、最近の社会的課題は、一社の力では抱えきれないほど大きく、複雑なものが多くなりつつあります。例えば環境問題や格差の解消、大規模災害対策、それに、今回まさに私たちが突然直面することになった、未知の病への対応などです。このようなとき企業は、オープン化された資源の元で、「協調と競争」の両方を考えていく必要があります。経営学的には、企業間で競争関係と協調関係が両立的に併存する関係のことを、**コーペティション**（Co-opetition：competition（競争）と co-operation（協調）との合成語）といいます（詳細１９０頁参照）。

クラウドには、さまざまな形態があります。これを突き詰めれば、クラウド化とは「システムアーキテクチャー」というモノの持ち方の問題ではなく、「何をするか」、「どのくらい大きな仕事に挑戦するか」という、戦略問題に直結するはずです。最近ちょっと山登りの話から遠ざかっていましたが、この戦略問題は、「誰と協調して」、「どの大きさの山を目指すか」という話に、よく対比できると思います。

3．ビジネスへのインパクト

「持たざる経営」の基本は、「オンデマンドのリソース使用」、「使いたい分だけサービス対価を払って調達し、不要になったら解放」ということです。リソースの所有者側からいえば、「所有はするが、空いているリソースは遊ばせずに、対価をもらって提供する」ということになります。それがビジネスとして成り立つのは、借り手の利便性と、貸し手の経済的なメリットが一致するからです。これがオンラインビジネスに、広告モデル以外のマネタイズ方法をもたらしました。

前節では、「所有か使用か」の切り口で、クラウドコンピューティングを語りました。しかし、所有するか借りるかというだけなら、それほど新しい話でもありません。昔からある典型例は不動産賃貸借です。

「所有から使用」への移行を後押しするもの

家やビルのオーナーは、「空室にしておくぐらいなら、誰かに入居してもらおう」と考え、借り手は、「自分で固定資産になるものを建てる気はないが、住家は必要なので賃貸しよう。引っ越したくなったら解約だ」と考えるのと似ています。ただ、現地で現物を扱うリアルビジネスには面倒くさいことがあります。

その一つは、「どこに借り手（買い手）がいるか」、「どこに貸し手（売り手）がいるか」がすぐにわからず、情報探索コストやリスクが高くなりがちだということです。近所ならまだしも、インターネットがない状態で、遠く離れた所の物件をあたるのはかなり面倒です。この「相手を探す」という第一ハードルは、インターネットが、検索サイトやインターネット広告などを媒介に、ぐっと低くなったことはいうまでもありません。

次のハードルは、「相手は信用できるのか」という問題です。貸し手と借り手の背後には、取引判断に必要な情報の量が不均衡になるという、**情報の非対称性問題**があります。特に、事故物件や、隠れた瑕疵といった不利益情報については、貸し手の方が圧倒的に有利で、借り手は情報の探索コストが高い状態で交渉せざるを得なくなりがちです。

情報の非対称性に起因する市場取引の問題は、故障の多い低品質な車が出回る中古車市場の例を用いて、1970年代から**レモン市場問題**という概念で説明されてきました（レモン市場とは随分おかしな命名ですが、レモン[14]は不良品や欠陥商品を表すアメリカの俗語です)。最初にレモン市場問題を取り上げたのは、アメリカの経済学者ジョージ・アカロフ(George Arthur Akerlof)です。

この問題に、インターネットの普及が寄与した要因があります。それはソーシャルメディアが発達し、人々の情報発信が、不誠実な取引に対する抑止力として働くようになったことです。オンライン社会では、取引の評判は良くも悪くも、素速く広範囲に拡散します。一度広まった評判を回収することは困難です。インターネットは悪評が立つような行動に関して、比較的強い抑止力になるといわれています。

もちろん世の中からレモン市場がなくなったわけではありません。また、意図的に高評価の情報を流す**ステルスマーケティング**[15]や、**フェイク情報**の流布など、別の問題も起っています。ただソーシャルメディアには、このような行動を糾弾するパワーもあります。悪意のケースを除けば、社会は情報探索コストの他に、情報の非対称性によるリスクやモニタリングコストも低くなる方向に変化しました。

シェアリングエコノミーとオンライン・プラットフォームビジネス

不動産のようなリアル物件は、現地視認や契約物件の受け渡し管理などの面も含めて、資格を持ったプロが仲介の役割を担ってくれないと、事を安心してスムーズに運ぶことができません。それとは対照的に、デジタルのコンピューティングリソースは仕様が標準化されており、物理的なモノの配送がなく、相手がどこにいても、たいていのことはオンラインで即時に完結できます。それゆえに、クラウドコンピューティングのサービス化は、いち早く進展したのです。オンラインで直に取引できるものは諸々の取引コストが低い、ということは、その市場は早く立ち上がりやすいということです。

貸し手と借り手のマッチングから決済までを、オンラインで一続きにできてしまえば、対価と引き換えに、何でもテンポラリーに提供できるのではないかというのが**シェアリングエコノミー**の基本的な発想です。所有している遊休リソースを、誰かに隙間なく使ってもらい稼働させることが、効率的な資産運用になるというわけです。

シェアリングエコノミーという形でリソースの賃貸化・サービス化が進むのは、オンラインによる仲介が、離れたところの需要と供給を効率的にマッチングするからです。貸し借りのプロセスを徹底的にデジタル化し、オンライン取引に徹すれば、相手が離れたところにいても、検索機能でお互いを探し当てることが可能になり、需要と供給がマッチする確率が高くなります。また取引は、デジタルデータの形で、ほぼリアルタイムに捕捉できます。この取引状況を分析すれば、その時々の需要の変動に応じて細やかに価格を変動させる、弾力的な価格設定が可能になります。このように、状況に合わせて価格設定を変動させていくことを、**ダイナミックプライシング**といいます。

紙の伝票や、オフラインでデータを集めて手集計しているようでは、とてもこのようなスピード感のある活動はできません。オンライン・デジタルのシェアリングビジネスには、従来の取引よりもビジネス効率がよくなる要因が、いくつも内在しているのです。

デジタル・マーケティングには、上記のような弾力的な価格設定以外にも、リンクやレコメンデーション機能による隣接サービスへの誘導や、優良顧客への特典設定、購買行動の異なる顧客に異なる提案を出し分ける**リテンション**施策（182頁参照）などが考えられます。これらは、データ分析をベースにしたデジタル・マーケティングの強みが発揮できる場面です。

「所有から利用へ」のビジネスモデル転換は、売り切っておしまいのビジネスから「関係性維持のビジネス」への転換ともいえます。このモデルがうまくいくかどうかは、需要と供給を、より多く、効率的に、満足度高くマッチングできることにかかっています。そこで、貸し手と借り手の他に、「借りたい人がいる」「貸したい人がいる」という情報を、オンラインで仲介することを業とするプレーヤーが現れ、マッチングの場としての「オンライン・プラットフォーム」が登場します。オンライン・プラットフォームをめぐる戦略論は、次章で詳しく見ていきましょう。

クラウドコンピューティング技術は、自らのリソースをSaaSやPaaSといった形で提供する、ＩＴプレーヤーを生んだだけではありませんでした。技術要素が、取引コストの低減、価値観あるいは資産運用の効率化や弾力化等のビジネス要素を刺激して、情報技術以外の商材にも新しいビジネスの端緒を与えたのです。「空いているリソースは、オンラインでうまくマッチングすれば何でもシェアできる」ということや、情報をマッチングすることのビジネスパワーに気づいて、思いつきで終わらせずにやりきった人は、素晴らしいと思います。しかもそれは、たった一人で実現されたわけではないでしょう。ビジネス開発力とオンライン技術という、異なるケイパビリティーが足並みを揃え、行動したからに違いありません。

註

1——Value Added Network の略称。

2——https://www.ipa.go.jp/files/000025366.pdf

3——ＩＴＵ（国際電気通信連合）Statistics　https://www.itu.int/en/ITU-D/Statistics/Pages/stat/default.aspx

4——「Digital 2020」　https://wearesocial.com/blog/2020/07/digital-use-around-the-world-in-july-2020

5——通常、従量課金（pay-per-use）または従量請求（charge-per-use）ベースで計算される。

6——Desktop as a Service：仮想的なデスクトップ環境をサービスとして提供・利用すること。

7——https://www.boj.or.jp/announcements/release_2018/data/rel180314a3.pdf

8——「Mutually Exclusive, Collectively Exhaustive」の略。日本語では「ミーシー」と読み、「相互にもれなく、ダブりなく」と訳される。統計や集合論における基礎的な概念で、重複を避け網羅性の担保を重視する。論理的に物事を理解したり、分類したりするときに用いられるフレームワーク。

9——https://www.itmedia.co.jp/news/articles/2009/25/news084.html?fbclid=IwAR1YvYXq_TpeNBiOQjGWLsePyIVLJlgAwleSUx

V6nfvfs4V_HLW_1nJXHUA（ITmedia News ２０２０年９月25日10時42分公開）

10——https://japan.cnet.com/article/35160032/（CNET Japan 山川晶之（編集部）２０２０年９月25日11時44分）

11——https://www.itmedia.co.jp/news/articles/2010/22/news094.html?fbclid=IwAR0QaZAHV1VuBUiFK8iGPQZTiRzmyNVW-VEXbVHvmsU_A2meFFM9pc4L7x8（ITmedia News ２０２０年10月22日13時28分公開記事）

12——https://japan.zdnet.com/article/35160152/（Chris Duckett（ZDNet.com）翻訳校正：編集部２０２０年９月29日11時42分）

13——２０２０年９月24日報道発表資料「ＳＢクラウド株式会社が提供する Alibaba Cloud 日本サイト利用中のお客様へ」https://www.sbcloud.co.jp/entry/news/2020/0924_migration/?fbclid=IwAR1KXhfSZizBz96XqFJ5VZcLD2Ehy_u7Y1UV2_GRjEZU3NSUKpyHzF2V09g

14——オックスフォード英英辞典では Lemon という語について、(especially North American English, informal) a thing that cannot be used because it does not work as it should. と説明されている。

15——企業が中立的な立場を装って商品の宣伝をしたり、有名人や社会的影響力がある人に利益供与をしたうえで企業に有利な発言をさせたりする行為。悪質な場合は違法性を問われる場合もある。

Chapter 6
ICT時代のプラットフォーム戦略論

1．プラットフォームビジネスの基本形態

2000年代の後半あたりから、Google, Apple, Facebook, Amazon などの巨大なプラットフォームビジネスが、強大な影響力を発揮する状況となり、中には「わが社もプラットフォームを持てば成功するのではないか」という考えを持つ人もいるようです。しかしビジネスとは、必ずしもそう短絡的なものではありません。ここでは、世界の注目を浴びるプラットフォームビジネスと、その戦略について、最も基本的なメカニズムと、いくつかの重要なポイントを理解していきましょう。

プラットフォームとは

プラットフォームというと、日常的には電車の昇降場所や、講演台などを思い浮かべます。ここから転じてコンピューター用語の「プラットフォーム」とは、コンピューターシステムの基盤となる、ハードウェアやソフトウェアを指します。パソコンの Windows や iOS など

のＯＳ（オペレーションシステム）は、表計算ソフトやサイト閲覧用のブラウザなど、さまざまな作業用アプリケーションソフトが動作するプラットフォームです。

経営学では、コンピューター産業の枠組みを超えて、プラットフォームビジネスが定義されています。人によって表現が異なりますが、「異なる2種類の利用者グループを結びつけ、一つのネットワークを構築するような製品やサービスのこと（Eisenmann, Parker, and Alstyne, 2006）」や、「その製品・サービスを前提にして利用できるほかの製品が存在し、ユーザーが補完製品等の多様な選択を直接行えるようにしている製品（根来、２０１７）」といった定義がよく使われます。

この表現の違いは、主にプラットフォームビジネスのどこに注目をしているかによるもので、前者はプラットフォーム製品のビジネスの機能に、後者は伝統的なバリューチェーン型ビジネスとの違いに、より注目した定義に見えます。プラットフォームビジネスは、プラットフォームを介して参加者が出会い、何らかの価値が流通するところに意義があります。典型例には、ゲーム機やスマホアプリ、検索ビジネス、ショッピングモールなどがあります。

プラットフォームビジネスの基本構造

プラットフォームビジネスには、少なくとも3種類の当事者が必要です。すなわち、価値流通の基盤を提供する「**プラットフォーマー**」、プラットフォームを介して商品や広告など、何らかの価値を提供する「**補完プレーヤー**」、そして財やサービスの購買・利用者としての「**ユーザー**」の三者です。プラットフォーム上に2種類のプレーヤーが存在する形のものを、**ツーサイドプラットフォーム**と呼びます（図19）。

ゲーム機では、ゲーム機器メーカーがプラットフォーマー、ゲームソフトメーカーが補完プレーヤー、これらを使ってゲームをする人たちがユーザーにあたります。検索ビジネスの場合は、検索サイトを運営するGoogleのようなサイト事業者がプラットフォーマー、ここに広告を出稿する広告主が補完プレーヤー、検索を利用する

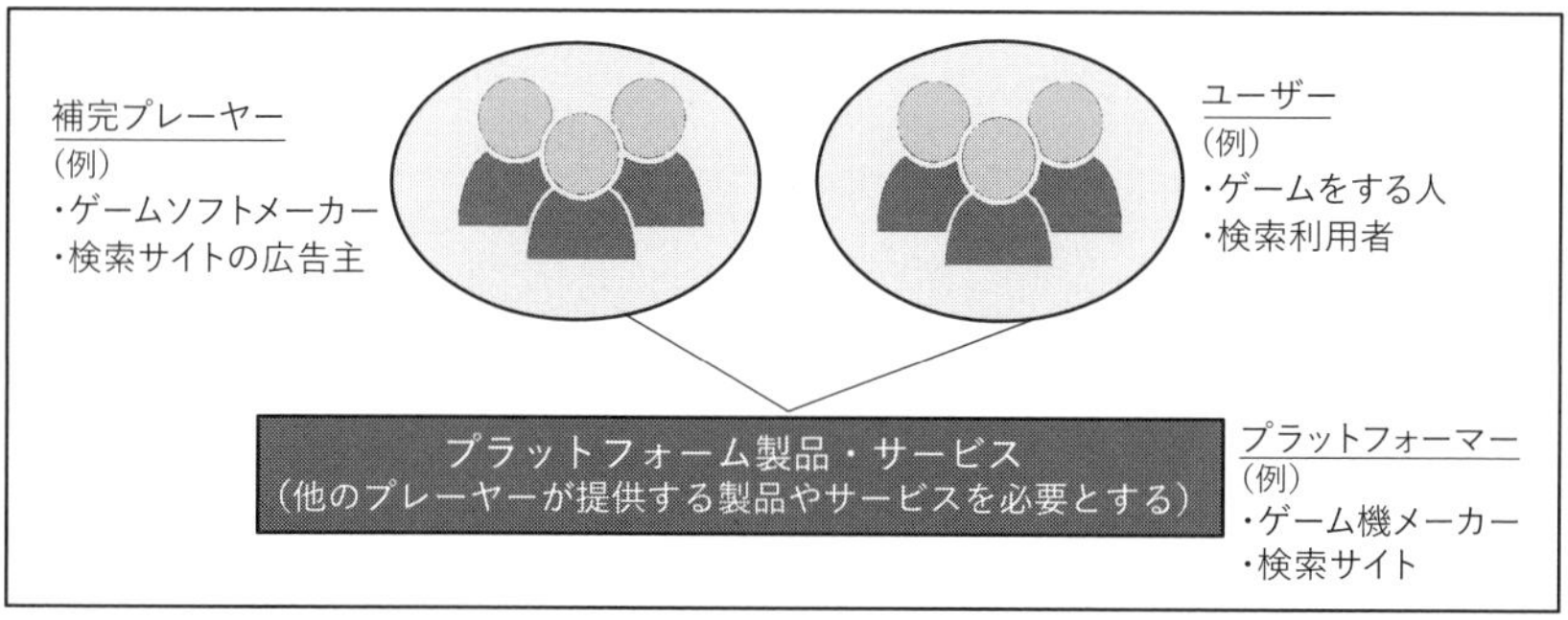

図19　プラットフォームビジネスのモデル図

人々がユーザーという位置付けになります。プラットフォームビジネスは、この3種類の当事者のいずれかが欠けても成立しません。

プラットフォームビジネスの研究は、インターネット時代になって急速な盛り上がりを見せてきました。しかし、プラットフォームビジネスの成立に、インターネットは必須の条件ではありません。

例えば不動産仲介事業者が、家の貸し手と借り手を結びつけたり、旅行代理店がホテルと宿泊客を結びつけたりするようなビジネスは、以前からあるプラットフォーム型ビジネスです。プラットフォームを介して取引されるものには無形のサービスも含まれます。利用者と加盟店とクレジットカード会社の三者によって成立するクレジットカードビジネスも、プラットフォーム型のビジネスです。

自社が提供する財やサービスを売り切ってビジネスが完結してしまうものは、プラットフォーム製品ではありません。例えば従来型の掃除機や冷蔵庫などの家電製品や、食料・飲料品などはプラットフォーム製品ではありません。ただ今後、こういった製品がオンラインにつながって、別のサービスが提供されるようになると、新たなプラットフォームとしてビジネスが成立する可能性があります。

ここにきてオンライン型のプラットフォームビジネスが注目を集めるのは、安定的だと思われた既存業界の構造を急速に変容させ、市場に大きなインパクトを与えるためです。現代はインターネットというオープン・ネットワークを介して、情報が流通し、これまでとは比較にならない量と速さと範囲とで、供給と需要がマッチングされています。そこで本書でも、主にオンライン型のプラットフォームビジネスを論じることとします。

PCやスマートホンなどの誰もが手元でアクセスできるデバイス上で、「デジタル化された情報」の形でさまざまな商材や価値が出会うことは、プラットフォームへの参加障壁が低くなることを意味します。また、補完プレーヤーが、どのプラットフォームをビジネスの基盤とするかや、ユーザーがどのプラットフォームで財やサービスを入手するかは、それぞれが選択できます。例えば本を読みたいとき、これまでは出来上がった書籍を書店で買うしかなかった消費者が、電子書籍をダウンロードするための通信事業者（流通）を選び、書籍を読むためのデバイス（メーカー）を選び、アプリケーション（コンテンツ提供事業者）を選ぶということは、財やサービスが最終消費者に届く組み合わせに階層的な柔軟性が出て、取引相手が多様化するということです。

人々が、これまでのバリューチェーンとは異なる関わり方で市場に参加することは、従来の商慣習を変え、半ば常識化していた産業構造を変化させるトリガーになり得ます。そういったことが、さまざまな業界のプラットフォーム上で起こり得るとした時、そこで働く力学やプレーヤーの戦略行動を考察するのが**プラットフォーム戦略論**です。

2. プラットフォームは勝ちが勝ちを呼ぶ?

プラットフォーム戦略が盛んに研究されるようになったのは、インターネットビジネスが、売り手と買い手の二者関係で売買をする単純なe－コマースだけでなく、情報を介した仲介や流通の基盤へと変貌し、プレーヤーの力関係に変化が起こったからです。

コンピュータ・ソフトウェア産業においては、階層的な構造変化が顕著に観察されるようになった、1990年代最後半から2000年代にかけて、マイケル・カッツとカール・シャピロ（Katz and Shapiro, 1985, 1986, 1994）や、同じくカール・シャピロとハル・ヴァリアン（Shapiro and Varian, 1998）等が、階層間のネットワーク効果の理論を盛んに展開しました。このほかにも、アナベル・ガワーとマイケル・クスマノ（Gawer and Cusumano, 2002）や、マルコ・イアンシティーとロイ・レヴィン（Iansiti and Levien, 2004）らによる、プラットフォーム製品の競争戦略に関する研究が有名です。さらに、オンライン・プラットフォームの社会的インパクトが非常に大きくなった今日は、経営学者、経済学者に理工学者や法律家も入り交じって、さまざまな角度から研究成果を発表し続けています。

ネットワーク効果

プラットフォームビジネスが爆発的に成長する原理の一つが、Chapter 3（57頁参照）で既出のネットワーク効果です。フランスのジャン・ティロールとジャン・ロチェットらによって理論が確立したとされているネットワーク効果とは、利用者が増えれば増えるほど、価値や効果が逓増する経済的効果です。

例えば、参加人数以外の条件はすべて同じ対戦型のオンラインゲームを提供するプラットフォームが二つあったとします。このとき、2人のゲームユーザーしかいないプラットフォームよりも、4人のゲームユーザーがいるプラットフォームの方が、価値が高いと考えます。また、ユーザー数以外はすべて同じ条件で、3人しか電話がかけられない電話会社A（ユーザー数は4）よりも、7人に電話がかけられる（ユーザー数は8）電話会社Bの方がいい、すなわち価値が高いと考えます。つまりネットワーク効果が現れるのは、ある財やサービスのユーザーの総数が、個々のユーザーにとっての価値を決定する状況になるときです。

インターネットの原型ともいえるイーサネットの発明者である、ロバート・メトカーフの経験則によれば、ネットワークの価値はそのユーザー数の二乗に比例します（**メトカーフの法則**）。先の例では、ユーザー数が2のゲームプラットフォームの価値が$2^2=4$に対して、ユーザー数4のゲームプラットフォームの価値は$4^2=16$。電話会社Aの価値が$4^2=16$に対し、電話会社Bの価値は$8^2=64$と、共に大きな価値の差がつくことになります。

カール・シャピロ、ハル・ヴァリアン、トーマス・アイゼンマンらは、市場でネットワーク効果が働くときに、一人勝ちの状況が生まれやすいことを指摘しています（Shapiro and Varian, 1998; Eisenmann et al., 2006）。ネットワーク効果が働きやすい市場では先に大きくなった者が勝者になりやすく、**先発優位性**による**勝者総取り**（**WTA：Winner Takes All**）の構図になりやすいといわれます。

プラットフォームビジネスで一人勝ちの状況ができるメカニズムを、もう少し見ていきましょう。プラットフォームビジネスでは、ネットワーク効果が二重に働くところがポイントです。ネットワーク効果が働くと、ただでさえ勝ちが勝ちを呼ぶ構図ができやすいというのに、それが二重に働くのがミソだといわれています。

一つ目は**サイド内のネットワーク効果**です。これは、プラットフォーム上のユーザーサイドまたは、補完プレーヤーの側の内部でネットワーク効果が働くということです。例えば、みんなが同じゲーム機を使っているから自分もそれを使う、みんながマイクロソフト社のワードを使っているから自分もワードユーザーになる、というような現象です。つまり、サイド内ネットワーク効果とは、「ユーザーの数が増えると、そのユーザーが属するグループにとってプラットフォームの価値が向上する現象」（根来、２０１７）ということになります。

もう一つは**サイド間のネットワーク効果**です。こちらは、「片方のユーザーが増加すると、もう片方のユーザーグループにとってプラットフォームの価値が向上する現象」（根来、２０１７）です。これは、あるゲーム機で動くゲームの数や質が増すほど、さらにゲームユーザーを惹きつけ、かたやゲームユーザーが多ければ多いほど、ゲームメーカーはそのゲーム機用のアプリケーションを開発する動機が高まるといった状態です。あるゲームユーザーが他の人を誘引する口コミや、紹介者制でＳＮＳユーザーが増えるという具合に、基本的には、サイド内ネットワーク効果の方が先に駆動することが多いと考えられます。

プラットフォームでは、ネットワーク効果がはたらくことが、状況を創り出す強力な原動力になるわけですが、それは、常にプレーヤーにとって望ましい方向にばかり働くとは限りません。強烈な魅力を提供するライバルの登場、ユーザーから飽きられる、プラットフォームの利用料金や参加条件がプレーヤーにとって好ましくないものになる、悪評がたつなどの理由が、参加者の離脱を招く逆向きの力にはたらき、プレーヤーがあっという間に競争から転落し、姿を消していった例は意外と少なくありません。

マルチホーミング・コスト

プラットフォームビジネスの勝ちを呼ぶもう一つの理由に、**マルチホーミング・コスト**の存在があります。**マルチホーミング**とは、あるプラットフォームの参加者が、複数の類似プラットフォームに並行して参加することです。例えば**ライドシェアサービス**のUberに登録している運転者が、類似のプラットフォームであるLiftにも運転者として登録している状態や、Facebookと他のSNSを並行して利用するようなことです。

マルチホーミングは、参加者側にコストが発生します。契約料のような金銭的コストがなくても、それぞれに参加する管理の面倒くささや、場合によっては契約上の制約を課されるような、有形無形のコストです。また、退会の面倒くささや、他に乗り換えることで累積的に得られていた特典的便益や機能の一部を失うこと、利用方法を一から習熟しなおさなければいけない等の、乗り換えに伴うコストを**スイッチングコスト**と呼びます。

これらの取引コストは、人々の乗り換え行動を鈍らせ、特定のプラットフォームへの囲い込みが起こる要因となります。取引コストの力が強く働いていると、人々は、なかなかプラットフォームを乗り換えようとはしません。後発参入者は、そのコストを上回る魅力が提供できない限り、苦戦を余儀なくされる可能性が高くなります。

3．プラットフォームビジネスの勝者を作りだす相互作用

第一節で見たとおり、プラットフォームビジネスを形成する三者には、魅力的な製品やサービスを媒介にして相互作用が働きます。その相互関係は、強力な勝者を作り出すメカニズムを内包してはいますが、プラットフォーム構造さえ作れば自然にうまくというほど甘くはありません。この相互作用のメカニズムが正の効果の出る方向に駆動し、参加価値のあるプラットフォームとなるには条件があります。主には以下の三つです。

①　プラットフォーム上でマッチングされる事物のボリュームが大きく、両サイドの参加者を同時に引き付けること

②　両サイドの当事者を結び付ける精度が高く、参加者の関心を引き付け続けること

③　両サイドのマッチングを行うアルゴリズムの継続的改善によるガバナンスがはたらくこと

ジェフリー・パーカー、マーシャル・アイスタイン、サンジート・チョーダリー（Parker, Alstyne, and Choudary, 2017）に依拠しながら、順に見ていきましょう。

マッチングのボリューム

プラットフォームの価値の決定要因の一つ目は、マッチングされる事物のボリュームが大きく、両サイドの参加者を同時に引き付けることです。しかし、プラットフォームによって結び付けられる財やサービスの提供者（補完プレーヤー）とユーザーの間には、サイドの片方が十分に魅力的な状態でなければ、もう片方の参加者も増えないという、相互依存の**チキン&エッグ問題**（卵が先かニワトリが先か問題）が存在します。e－コマースのサイトを例にとれば、以下のような困った連鎖です。

（ケース１）サイトに十分に魅力的な商品や出店者がない
　購買ユーザーが増えない→購買ユーザーが増えなければサイトへの出店者が増えない→プラットフォー

マーであるサイト運営者は、参加料等の収入が入らず、機能を充実させるための投資ができない↓プラットフォームを維持することができない

（ケース2）サイトに顧客が来ず、サイトで買い物をしない

閑古鳥が鳴いているサイトには出店しない↓店舗や商品数が少ないと新規顧客もリピーターも来ない↓サイト運営者は、機能を充実させるための投資ができない↓プラットフォームを維持することができない

どちらのケースも悪い循環が続く状態に陥っています。このようなときは、まずプラットフォーム上でマッチングされるモノやコトのボリュームを十分に大きくする必要があります。

この話は、両サイドの参加者が共にメリットを享受できる状態を、いかに早く作り上げるかという問題です。チキン&エッグのどこを断ち切れば成功するか（売り手側の参加者を先に増やすか、利用者側の参加者を先に増やすか）は、そこで扱われているものが何かにもよります。

そうは言いつつも、ツーサイドプラットフォーム型ビジネスの場合は、どちらかといえば売り手側（補完プレーヤー）の成長を先行させる、つまりセラーズ・ファーストで成功するケースが多いとする報告があります[1]。売り手は買い手（利用者）が増えることを待てる対応性があるからです。逆のケースがないとはいえませんが、一般的に買い手は、欲しいものがなければ別の所で代替するものを手に入れて満足してしまいます。買い手は、特定のプラットフォームの充実をじっと待ってくれるほど我慢強くはありません。セラーズ・ファーストの考え方は、「買い手サイドの需要は待ったなしだから、供給サイドをできるだけ早く充実させるべきだ」という理屈です。

セラーズ・ファースト戦術には、プラットフォーマー自身も商材提供者になることや、スイッチングコストを低くして、他のプラットフォーマーの参加者を取り込んでしまうことも含まれます。ただ、プラットフォーマー

が商材提供側に回る際には、他の補完プレーヤーの活動を阻害しないよう、注意する必要があります。

二つ目は、両サイドの参加者の関心が、持続的に引き付けられることです。それは、補完事業者にもユーザーにも、プラットフォームを利用するメリットが十分にあり、参加価値のある状態が継続していることです。これには、前項で述べたマッチング対象の数が十分に多いという量的な要因と、参加者を結びつけるマッチング精度が十分に高いという質的な要因があります。

参加者の関心とマッチング精度

例えば、ある検索サイトで、表示される検索結果が極端に少ない、キーワードと検索結果が合っていない、企業が出稿した広告の効果が得られないといった場合を想定しましょう。

もし検索の問いと答えのマッチングや、広告主がリーチしたい顧客への広告効果が期待する結果でなければ、参加者は他の類似のプラットフォームに逃げてしまいます。実際に、インターネット創成期の検索サイトのシェアは、Google一社ダントツの独占状態ではありませんでした。先行者にはYahoo!, Infoseek, Lycos, AltaVistaなどがあり、日本国内でも千里眼、NTTディレクトリなどが競争していました。現在も、運営方法を変えて残っているものはありますが、検索サイトとしての量と質の問題を継続的には解決しきれず、ほとんどが撤退して行きました。

マッチング精度をあげ、プラットフォームへの参加者をがっかりさせないためには、基盤となるデータ量と、マッチングアルゴリズムの洗練が必要です。これには基礎技術と投資体力、時間および反復的な改善能力が必要です。この話は、次項に続きます。

継続的改善によるガバナンス

プラットフォームの価値決定要因の三つ目は、マッチングアルゴリズムの継続的改善です。これは、プログラミングの出来の問題以外に、プラットフォームのガバナンスの問題が含まれます。プラットフォーム上での望ましくない結果を抑制していくには、クローズドな方法もあればオープンな方法もあります。いずれの方法でも、誰かを一方的に利するような、意図的な操作が行われないガバナンスが必要です。

クローズドな方法とは、アクセス権限を持った者が、流通する情報をコントロールする方法です。例としては、ベビーシッターやコンサルティングなどのプロフェッショナルサービスをマッチングするプラットフォームで、プラットフォーマーが、登録可能な参加者を資格やルールで制限する事例があります。また iPhone や iPad の iOS では、アプリケーションは iTunes からダウンロードします。ここでは、プラットフォーマーである Apple が、一定のポリシーにより不適切と思われるアプリケーションを流通させないことで、健全性を保っているといわれます。

オープンな方法とは、参加者からのフィードバックを利用する方法です。参加者から使い勝手に関するフィードバックがかかる、評価のしくみを取り入れて相互チェック機能が働くようにする、評判を元に参加者が互いに相手を選ぶことができるしくみにする、といった方法です。

例えば、サービス開始初期の Uber は、「うさんくさい」、「騙されるかもしれない」、「危害を加えられるのではないか」、「会社（Uber）は責任を負わないのではないか」というような、信頼性や安心感に関わる懸念が取りざたされていました。これらに対して Uber は、①運転者と利用者双方が事前に相手を選べるしくみにする、②今どこを走っているかが第三者にもリアルタイムでわかる機能をつける、③オンライン決済のみで現金決済しなくていい、④利用者が満足度を表明する複数の手段を用意する（双方の口コミ、チップという金銭評価など）、⑤運転手が会社から対価を受け取る方法を選択できる、⑥評判が運転手の業績に結び付くしくみを取り入れたりするなど、透明性の高い情報をリアルタイムに提供する機能を次々と用意し、技術的な改善を通じてガバナンスを保ち、プラットフォームへの懸念という参加障壁を取り除きました。

これに対して人手によるガバナンスは、労働集約的な人件費がかかり、高コスト体質に傾きがちです。人的リソースへの依存度が高ければ、情報処理能力的にも比較的早い段階で限界がきます。この例では、プラットフォーマーが、技術でビジネスのアルゴリズムを調節することで、ガバナンスのメカニズムを働かせることを選択したと考えられます。

アルゴリズムを作り、改善しながらガバナンスを維持することはそう簡単なこととはいえません。増え続ける膨大なデータのキュレーション（Curation：情報の収集・選別・編集）を行い、マッチングを調整し続ける必要があるからです。それは、瞬間的な技術力というよりは、反復的な改善能力と投資体力の問題です。

プラットフォーマーは、プラットフォームだから勝者となるのではなく、両サイドの間で「**参加の経済**」の力が働くような、設計と維持ができるかどうかだと、ジェフリー・パーカーらは言っています。

4. プラットフォームビジネスにおける力学問題：WTAは本当か？

プラットフォームビジネスでは、先発優位性が働いてWinner Takes All（WTA：勝者総取り）になる、というのは本当でしょうか。ネットワーク効果や取引コストのような力が働くからといって、いったん成功したプラットフォームがドミナントであり続けるとは限りません。

プラットフォーマーが成功しやすい条件とは？

ICTの世界では、外形的なしくみの模倣はそれほど困難なものではなく、それ自体は、持続的競争優位性の源泉にはならないとされるのが通説です。また仮に、ユニークな財やサービスが特定のプラットフォーム上で実現したとしても、それが高利益をもたらすことが明らかになれば、新規参入者が現れて競争状態になると考えるのが自然です。

スマートホンアプリによる配車プラットフォームで先行したUberも、世界規模では後発参入者との競争に巻き込まれて撤退したり、方針変更を余儀なくされたりしています。先の検索サイトの事例も、先行者が勝ちを総取りすることにはならなかった典型例です。現在のドミナントであるGoogleは、後発参入者です。比較的早い時期に検索サービスを開始し、飛ぶ鳥を落とす勢いで成長した米国のYahoo!は、撤退こそしていないものの、昔日の勢いはありません。

囲い込みの力が強く、一人勝ちの力学が働きやすい土壌において、プラットフォーマーが成功しやすくする方策には、

①　正の方向に相互関係を駆動させる3条件を、できるだけ早く充足すること
②　マルチホーミング・コストやスイッチングコストを高くすること
③　財やサービスの提供者となるサイドで、規模の経済が働き、プラットフォーム全体に参加の経済が働くようにすること

などが考えられます。

これらすべてを充足する必要は必ずしもありませんが、条件が揃うほどネットワーク効果は正の方向に強く働くと考えられます。逆の見方をすれば、あるプラットフォーマーの独占を歓迎しないプレーヤーは、なるべく早い段階で3要因のどれかを打ち砕く戦略が必要です。

補完プレーヤーのサイドに目を転じると、補完プレーヤーには、同じサイドに属する他社との顧客獲得競争があります。そのうえで、プラットフォーマーの過剰な支配力が問題になることがあります。特定のプラットフォーマーの支配力が強くなりすぎると、一方的な条件を飲まされたり、競合と比較して公正な扱いをしてもらえないなどの圧力問題が起こるからです。プラットフォームビジネスは、三者が相互依存することで成立し得る関係にありながら、競争とパワーバランスの問題を同時に捉えるという、複雑さがあります。

プラットフォームビジネスの環境も、変化する動的なものと捉える方が素直です。プラットフォームを運営していると、階層を細分化する機能が追加されて複層構造化したり、隣接のプラットフォームとの間を橋渡しする

中間構造ができたりして、プレーヤー間の力関係が変化することがあります。最初は単独のＳＮＳだったものが、別のメディアと統合したり、機能が異なるほかのサービスとＩＤ連携したりするイメージを思い浮かべるとわかりやすいでしょう。シンプルなツーサイドプラットフォームでは、有料・無料、利用できる機能の違いなど、条件の異なるプレーヤーが参加してくることもあります。そのような状況を見据え、それぞれのサイドの参加者は、利用方法や参加条件の見直しなど、戦略的に対応を変える必要があります。

プラットフォームの持続的な競争優位性に関する議論

プラットフォーマーも補完プレーヤーも、同じポジションで類似の戦略をとる相手との間では、伝統的な競争の原理が働きます。問題は、これまでの市場競争に比べて、ＩＣＴ市場は競争上の優劣が決まるスピードが早いということです。そのうえネットワーク効果が働く市場では、いったん優勢劣勢が決まってしまうと、それを覆すのは容易ではありません。このような市場では、一般的な競争優位性の獲得原理と、プラットフォームビジネスに特有の原理を、早く自社に有利な方向に駆動させるために、それぞれ有効な戦略を持つ必要があります。

各プレーヤーがどういう戦略をとるべきかは、誰との力関係をどう維持するべきかにリンクします。なぜなら、プラットフォーマーが独断的に参加者を支配しようとしたり、三者の中の誰かに一方的な不利益を背負わせたりすることがあれば、そのような関係を嫌う参加者の離脱が起こり、ビジネスを成り立たせる生態系が崩れてしまうからです。

日本で２０１９年ごろに観察された例では、プラットフォーマーである楽天市場と、補完プレーヤーである出店企業の間で、送料無料化をめぐる意見対立が起ったことや、ＥＣサイトのZOZOTOWNにおける、出店ブランドの離脱（俗にいう「ＺＯＺＯ離れ」）と再参加といった現象があります。これらの背景には、プレーヤー間の力関係の読み誤りや、プラットフォームに出店したがゆえの売上減少問題、ブランド毀損の問題などがあったといわれています。

プラットフォーマーに必要なのは、参加を検討するステークホルダーが、自社のプラットフォームと他を比べたときに、相対的に優位な参加価値がある場にし続けることです。自分がプラットフォーマーではない場合は、特定のプラットフォームに参加し留まることがいいのか、マルチホーミングする方がいいのか、あるいは自力で独立したモデルでやれるのかを判断しなければなりません。

プラットフォーム戦略は、どの参加者の立場で論じるかによって、多次元化します。プラットフォーマーの力が強すぎて、他の参加者を抑え込む関係性でもだめ、プラットフォーマーの求心力が弱すぎるのもだめ、競争が激し過ぎるのもしんどいということで、どのような状態を最適と呼ぶのかは難しいところです。しかしそれだからこそ、プラットフォーム戦略論は、私たちの関心を掻き立てるのでしょう。プラットフォームビジネスをめぐる研究は、まだ当面はホットなテーマであり続けるはずです。

註

1——2018年AOM（Academy of Management）年次大会。

Chapter 7 情報社会における展望と直面する課題

1. デジタル・トランスフォーメーションとは

DXと書いてデジタル・トランスフォーメーションと読みます。トランスフォーメーションならXではなくTだろうと言いたくなるところですが、Xは物ごとが交差するとか、未知のとか、任意のというような含意のある文字のようです。

デジタル・トランスフォーメーションの本質

今私たちが注目するDX化とは、経営のあり方の一つであって、理論ではありません。経営理論は後付けでしか物を語らないとか、最先端ビジネスのスピードにはついていけないというご批判はあるかもしれませんが、ここではDXを経営学的に考えることにチャレンジしてみたいと思います。筋がよく、イノベーティブなDX化とは何でしょうか。

デジタル・トランスフォーメーション（以下、DX）という概念は、スウェーデンのウメオ大学のエリック・

ストルターマンとアナ・フォースが2004年の共著論文で提唱した[1]のが最初といわれています。

彼らは、私たちが現在目の当たりにしているものは、「情報技術（IT）によって、あるいはそれを通じて急激に進行している、体系的な変化」だと言っています。ITによって、あるいはITが、私たちが現実（リアリティー）だと捉えている世界と一層一体化され、強く結びついたものに変質する、というのです。

随分と抽象度の高い説明で、煙に巻かれたような気がするので、もう少し解釈をしていきたいと思います。

DX化とは、これまでアナログ形態だったデータや情報が、0と1のデジタル信号に変わることではありません。それはただの、「デジタル化（デジタライゼーション）」というものです。DXでは「仕事のやり方」や「人の生活様式」がトランスフォームするのであって、変わるの主語は「データ」や「情報」ではないところが肝です。デジタル化とDXは、関係はあるけれど、意味が全く違うと理解するべきです。コンピューター処理を容易・可能にするデジタル化は、DXの前提に過ぎません。

そもそもトランスフォーム（Transform）とは、あるものが全く別の形や性質のものに変わるという意味で、「変形」とか「変容」という訳が当てられています。ですからDXとは、既存の物ごとにちょっとデジタルなスパイスを加えたということではなく、「価値観」とか「行動様式」とか「仕事のプロセス」など、組織を組織たらしめる物ごとが本質的な変化をしていなければならないのです。それは例えばテレワークが進んで都市部偏重のオフィスワークが分散化し時間の使い方が変わるとか、何らかの理由で社会参加が難しかった人にも活躍の機会が広く提供されるといったレベルの話です。紙の伝票を電算化したとか、インターネットに受付窓口を出した（後ろのプロセスはアナログ的な作業のまま）という、一部のデジタル化やオンライン化は、DX化とはいえないのです。

DXはいま語られ始めたところで、概念や評価が一定しない面があるのは事実です。また、「DXとデジタル化は同義だ」と定義することも理屈の上では可能です。しかしそれだと、流行り言葉を別の言葉に言い換えただけという、どうにもつまらない話になってしまいます。

スイスのローザンヌには、ＩＭＤ（International Institute for Management Development：国際経営開発研究所）という企業の幹部育成に特化したビジネススクールがあります。このＩＭＤのマイケル・ウェイド教授は、デジタル技術が土台となって引き起こされる変容のことを、「デジタルビジネス・トランスフォーメーション」という言い方で注目しています。そう表現することによって、デジタル技術を活用する目的が業績向上であることや、ＤＸは事業のプロセスや人や戦略などに変化を伴うものでなければならないと、概念的に明確な線引きをしているのです。

ウェイド教授は、「デジタルビジネス・トランスフォーメーションには、テクノロジーよりもはるかに多くのものが関与している」とも言っています。ＤＸ化は、用いる技術が何で、それが高度かどうかでもなく、技術導入が目的でもないということを意味しています。また、ストルターマン教授もウェイド教授も、いきなり高度で大規模な変革をやれとは言っていないことに、注目をしておきたいと思います。デジタル技術を活用した本質的な変化は、最初に観察される現象は小さくても、波及効果が大きいために、やがて連鎖的に大きな変化の潮流を起こすことを、**ディスラプション**とか**デジタル・ボルテックス**という表現で表しています。

次に、「情報技術が、現実の世界と一層一体化され、強く結びついたものに変質する」とはどういうことかについて考えてみましょう。これもまたよく意味を考えないと、上滑りな理解をしてしまうところだと思います。

ＤＸがもたらす変質とは

理解の糸口は、情報技術のビッグトピックス「オンライン化」、「ＩｏＴ」、「データ分析」にあります。ＡＩはビッグデータ分析の強力なツールと位置付けられます。ただし、データ量や解析技術の高度化の程度によらず、肝心なのは、「物ごとが、デジタルデータを介して一続きにつながること」と、「つながることによって創造される価値」です。

人やモノ（センサー）が発する所在、状態、それらの変化や移動を表すデータを、リアルタイムに集約して分析し、遠隔からでも即時にリアクションを返す。この素早い卓球の応酬のようなアクションを、あらゆる局面で滞りなくつなげていけば、人の行動様式は変わります。その連鎖の中で、いい方向に物ごとが変化していくことが、筋のよいデジタル・トランスフォーメーションです。例えば、日常のコミュニケーション手段が手紙から電話に代わり、電話が電子メールやメッセンジャーに代わったときに、人の行動様式や規範もそれにつれて変化したように、デジタルの連鎖の進展につれて世の中も、一体的に変わっていくはずです。

私がこのことを頭ではなく、皮膚感覚を伴って理解したのは２０１６年に、ＡＯＭ（Academy of Management）という経営学の大きな学会に参加するため、アメリカのアナハイムを初めて訪れたときのことです。そこで経験したことは、それほど大きなデータや高度なＩＴによるユーザー体験ではなく、比較的素朴な体験でした。得て、物ごとに気づくきっかけとはそんなものです。あまり抽象的な話ばかり続いても退屈でしょうから、次節でそのエピソードを紹介し、そこから着想した発展的な考察をしていきたいと思います。

2. 筋のよいＤＸ

アナハイムは、ロサンゼルスから60キロほど東南、カリフォルニア・ディズニーランドやメジャーリーグのロサンゼルス・エンジェルスの本拠地がある街です。

世界中から、延べ1万人以上の研究者が参加するこの大きな国際学会は、参加に関するオンラインの動線は割とうまくできていて、会期前から会期中にかけて、比較的洗練されたサービスが提供されています。オンラインで参加申し込みができるのは当然として、航空券の手配や参加者用に価格設定された宿泊予約まで、一連でできることは少なくありません。

この規模の学会は、約一週間の間に2、000を超えるセッションが、複数の会場で並行して開かれます。このため、会期中は予定の調整や、会場間の移動が非常にややこしいのですが、学会サイトと連動したモバイルアプリケーションが、個別にお知らせアラームを送ってくれます。

しかし、この程度の話は、ほんの入り口に過ぎません。私に「筋のよいDX」について気づきを与えたのは、この大会に参加するために初めて降り立った、ロサンゼルス国際空港から会場に向かうまでの体験です。

筋のよさとは何か

話に入る前にまず本書でいう「筋の良いデジタル・トランフォーメーション」を定義しておきましょう。ここでいう筋の良さとは、ある物ごとやそれに関わる人々（具体的には顧客や業務遂行者）の動作が、ストレスなく一筆書きのように切れ目なく進行し、行動目的がよりよく達成されることです。筋のよいデジタル化とは、

① プロセスがオンラインに接続されていること
② プロセスに関連する情報はデジタル化されていること
③ このデジタルデータが、ほぼリアルタイムに自動で受け渡しされること
④ 業務やサービスが、連動して進行すること
⑤ 当事者に実体的なメリットが存在すること

の五つが満たされていることだと考えます。

オンライン・デジタル化の業務上の価値は、デジタルデータの発生で始まるプロセスが、オンライン上で支障なくスマートにつながることです。しかし、ＩｏＴデバイスが、ネット経由でデータを送ってくるだけなら、まだ筋がいいとはいえません。

「筋のよい業務ＤＸ」とは、デジタル化されたデータや情報を、オンラインに乗せることで、ビジネスや業務の

(1) プロセスの連動性が従来よりも高くなり、

(2)　メリットが強化され、

(3)　この結果、関わる人々の行動様式が変化すること

です。

ストルターマン教授が、「情報技術が現実の世界と一層一体化され、強く結びついたもの」だと表現したＤＸは、センサーやネットワークの物理構成やデータ格納という、道具立てが先行する話ではありません。つまり、「誰々と、○○を実現したいから、こういう仕様で、こういう技術がいる」という論法で物を考えているか、ということです。ビジネスは「自社」、「顧客」、「上流工程」、「パートナー」等、複数の主体が接続する関係性で成り立つものです。前述の⑤で言った実体的なメリットが、関係する複数の主体に通底してよく現れるほど、筋のいいＤＸといえるでしょう。

せっかくなので、このことを２０１６年の私の渡米時の体験に当てはめてみたいと思います。気楽に読んでください。

出発前から空港まで

ロサンゼルス国際空港は、大きいことと大混雑で知られた空港です。外国では私は車を運転しません。一人で大荷物を抱え、どうすれば大混雑の空港からアナハイムまで安く早く、確実に移動できるか、出発前にＷｅｂで情報をかき集めました。今でこそUberも使いますが、小心者の私には、このころはまだ一人で乗る度胸はありませんでした。

あれこれ調べた結果、どうやらSuper Shuttleという乗合バンを利用するのがよいらしいという結論を得た私は、できることは日本にいるうちにと、その場でＷｅｂ予約を済ませました。何しろ私は、自他ともに認める迷子の天才です。これで一安心。

ロサンゼルス空港に着き、無人の自動入国審査端末（ＡＰＣ：Automated Passport Control）を操作し、入国審査官との妙な会話をクリア。スーツケースをピックアップし、ターミナルのはずれにあるシャトル乗り場までたど

り着くのは、旅行下手の私にはかなり心細いものがあります。

「毎回どこかで引っかかるし、いやだなあ」と思いながら、スマートホンの電源を入れると、すかさずSuper Shuttleから、スーツケースをピックアップしたらセルフチェックインしろ、というメッセージが飛んできました。しかし空港が広すぎて、スーツケースのピックアップ場所がわかりません。ウロウロしているうちに、どんどん時間が過ぎていきます。「もしこれで予約のバンに乗り遅れたら、置き去りではないか」と思うと、ますます心細くなってきます。

「日本からクレジットで支払った往復運賃の41ドルはどうなるのだ、英語で誰かに文句を言いに行くのか。アナハイムにたどり着く前に野たれ死んでしまいそうだ…。」などと、いやな妄想を勝手に膨らませながらじりじりしていると、Super Shuttleから、「あなたの配車ナンバーおよびゲストナンバーは#823と#337に再アサインされました（もちろん英語）」というメッセージが届きました（図20）。

どうやら予定のバンに乗り遅れると、自動的に再配車が行われ、顧客にも通知が届くしくみになっているようです。「よかった、これで時間がかかっても乗り場にさえたどり着けば、異国の空港で放り出されることはなさそうだ」、と思っただけでとても気が楽になります。

「もし自力でチェックインができなければ、外にいる係員のところでチェックインしろ」というメッセージも飛んできます。どうやら何が何でも、自分でチェックインができていなくてもよさそうだと思えるのも気が楽になります。しばらくして、また再配車の通知が送られてきました。不遜にも、もう何回乗り遅れても

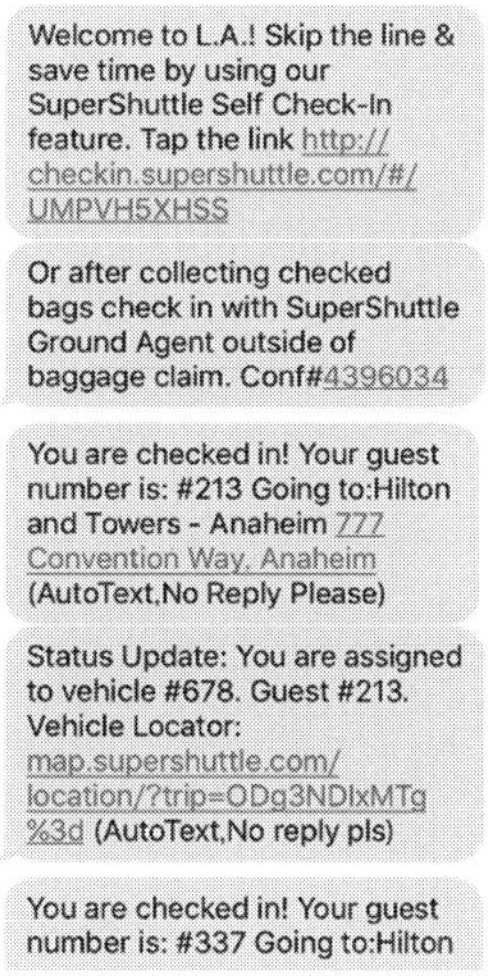
Welcome to L.A.! Skip the line & save time by using our SuperShuttle Self Check-In feature. Tap the link http://checkin.supershuttle.com/#/UMPVH5XHSS
Or after collecting checked bags check in with SuperShuttle Ground Agent outside of baggage claim. Conf#4396034
You are checked in! Your guest number is: #213 Going to:Hilton and Towers - Anaheim 777 Convention Way, Anaheim (AutoText,No Reply Please)
Status Update: You are assigned to vehicle #678. Guest #213. Vehicle Locator: map.supershuttle.com/location/?trip=ODg3NDlxMTg%3d (AutoText,No reply pls)
You are checked in! Your guest number is: #337 Going to:Hilton

図20　メッセンジャーのキャプチャー画面（筆者撮影）

図21　シャトルバン乗り場でのチェックイン
（筆者撮影）

大丈夫だと確信し、心から安心して落ち着きを取り戻したのでした。

何度も再配車の案内を受け取りながら、ようやく乗り場に着くと、そこにはタブレット端末を持った係の人がいました。名前と配車ナンバーを告げてチェックインをすると、しばらく待つように言われます（図21）。

やがて、どこかからバンがやってきて乗り場に車を横付けします。運転手は特にチェックイン係と引き継ぎ作業をするわけでもなく、自分のスマートホンで顧客の名前と配車ナンバーを確認し、さっと出発。データはすべてオンラインで引き継がれており、誰も難しいオペレーションをしなくていいようになっています。乗客は、間違ってどこか違うところへ連れて行かれる心配をする必要もありません。無事に乗り込んだ私も、後は膨大な学会資料に目を通しながら、本来の目的に向けて集中力を高めていくだけでした。

事例の分析と解釈

さて、ささやかな出来事ではありますが、この一連のオペレーションを先の、筋の良さに関する条件に適用すると、以下のような解釈が成り立ちます。

まず、受益者と受益の実体の筋のよさです。このケースの第一の受益者は、サービス利用者（私）です。慣れない旅行地の移動で右往左往することほど、疲れることはありません。このケースでは、利用者はどんなに空港内でモタモタしても、ナーバスになる必要がありません。片道約60キロの目的地まで、それほど高くない料金で確実に運んでくれることで、利用者は旅行の本来目的に集中することができます。

マーケティングの有名なたとえ話に、「4分の1インチ・ドリルが100万個売れた。これは顧客が4分の1インチ・ドリルを欲したからでなく、4分の1インチの穴を欲したからである[2]」というものがあります。これは、顧客が対価を払って求めるのは製品ではなく、それによりもたらされる便益や結果である、という本質を言い表したものです。今回は、学会にストレスなく参加したい私のニーズに、オンライン化された交通サービスにより、私にとって悪夢にも近いコストを、事前の期待値以上に低減する効用があった、というわけです。**効用**とは経済学用語で、消費者が財やサービスを消費することで得る満足のことです。

顧客満足度は、事前の期待値と実際に利用した後の、事後的な評価の差で決まります。大きな国際学会への参加という、本来の目的に集中できた私の満足度は高く、それまでは怖がって、高いお金でタクシーばかり利用していた私が、この時を境にオンラインでプロセスがバックアップされている交通サービスなら、これからも積極的に利用しよう（できる）と態度が変容したのは、象徴的なことだと思います。

帰国日が近づいたときもフライト時刻から逆算して、自動のリマインドメールが届き始めました。それも私にとっては予期せぬ付加価値でした。前日に、配車の時刻や運転手名が通知され、当日はGPSの位置情報から、車の到着時刻が計算されます。乗り場への車の到着が、数分でも早くなりそうになると、テキストで自動通知が来ます。こちらがのんびりしていると、いささか慌てることにはなりますが、そこはご愛敬というものです。

プロセスのオンライン・デジタル化による、第二の受益者は、Super Shuttle社自身です。顧客に利便性を提供しつつ、より経済的な合理性を働かせることができるのは大きなメリットです。空港ではフライトの到着時刻が前後しうる上に、着陸後の入国審査、スーツケースの受け取りなど、空港内でまごつく予約客がいつ乗り場に現れるかは、正確には予測できません。顧客が乗り場に現れるまで、顧客を確実に誘導しつつ、変動対応をしながら配車を行うことができれば、現れない顧客のために、いつまでも車を待たせる必要はなくなります。また、待

図22　Super Shuttle に乗り込む顧客と運転手
（筆者撮影）

たずに出発することで、置いてきぼりにされた顧客に心証を悪くされることもありません。

変動要素に対して臨機応変であろうとすることは、オペレーションの複雑さを伴うことです。顧客と車の臨機応変なマッチングを自動化できれば、人手による複雑なオペレーションは軽減され、人件費は下がります。バン1台あたりの空席率を少なくし、乗車効率がよくなれば、車両の運航ロスが減ります。要員や車両にかかる固定コストが下がれば、価格を安価に抑え、競合他社に対する価格優位性を保つことができるようにもなります。さらに、個々の顧客のアフターフォロー・マーケティングも実施可能です。「どこを利用しても大差ない」と思っている利用客に対し、リテンション[3]施策も打ちやすくなります。以前なら、車から降りればお客さんとはそこで永遠にサヨナラでしたが、オンラインの顧客情報がつながっているので、リピーター創出のためのピンポイントのマーケティングを行うことも可能になりました。

私にも利用後のサンキューメールやキャンペーン情報がしばらくの間、送られてきていました。私の場合は、一定期間中に継続利用がないので、もう見込み顧客としては除外されてしまったようですが、そういうモニタリングも連動していれば、無駄なマーケティングコストをかけ続けることを阻止できます。

二番目の筋のよさは、「物事の連動性が従来以上に高くなることで、メリットが強化されること」です。

このケースでいうメリットとは、旅行者がシャトルバスに乗って目的地まで行く利便性の提供と、それが事業として成り立つことです。

事前の運行計画、実需の把握、無断キャンセルノーショー（no show）リスク、顧客の誘導、乗り場での顧客確認、配車のタイミング、実車の把握という、それぞれのプロセスがオフラインで分断されていると、たとえ各担当者に端末を持たせても、それは人から人への伝言ゲームに使う道具が、紙や電話ではなくなっただけのことです。それでは、全体効率は大して変わりません。ポイントは前工程の担当者の行為が、自動的に連動して次の工程のキュー出しになるところです。顧客や運行に関する情報がリアルタイムに自動同報されれば、各所でオペレーションの最適化が強化されます。

プロセスの要所に変動要素があり、複数の路線で運行がかく乱される可能性があるバンの運行を、個々の現場判断や、有人の管制センターでコントロールしようとすると、混乱が起こります。人手を介する情報伝達はコスト高で、遅延や伝達ミスが起きる可能性もあり、これが原因でサービス品質の低下や、料金へのコスト転嫁が起これば、顧客満足度は下がり、競争力は高まりません。

第三に、関わる人々の行動様式の変化については、以下のことが言えます。まず、業務担当者の仕事のやり方が変わったこと、これは自明です。以前よく目にしたのは現場の人が、紙のリストをもとに、電話やトランシーバーなどで連絡を取り合っている姿です。リアルタイムに情報が更新されない紙と、通信の同報性に限界があるトランシーバーを使って、多数の乗客や運転手を相手に対応しようとすれば情報は錯綜し、現場は混乱します。日本にいるとあまり想像ができないのですが、顧客の置き去りや乗せ間違いなどはよく聞く話です。そこに、スマートな情報技術を取り入れると、現場対応はかなり軽減され、顧客の安心感も高くなることがわかります。Super Shuttle 社だけが貢献するわけではありませんが、顧客の側にはユーザー体験が積み上がり、サービス利用に対する学習効果で、移動をめぐる人間の行動変容が起きる可能性が高まります。インターネット、モバイル端末、アプリケーションの三拍子が揃っていることと、値段の安さ。これに加えて、オンライン・デジタルで、「安心であること」を刻々と印象付けるしくみが幾重にも作り込まれれば、顧客の心理的なハードルは下がります。

日本では、まだ米国ほど普及が進んでいないライドシェアサービスですが、サービスを人々が気軽に使うようになった背景のひとつには、デジタルアプリケーションを介したサービスが、リアルタイムマッチングによって提供されるようになったことがあります。当初、とかくのことを言われたライドシェアサービスですが、継ぎ目のないオンラインデータの連携機能が追加されていくことで前章（167頁）で述べた信頼性や安心感を醸成するしくみが連動し、需要や利用態度の変容にもつながっています。新しい流行に乗ることにはかなり臆病な**レイト・マジョリティー**［4］の私も、少しずつ体験を重ねながら、今では立派なライドシェアユーザーです。

どのようなときも、既存のやり方を変えようとすればコストはかかりますし、守旧的な反対派も多かれ少なかれいるものです。しかしそう言っている間にも、オンラインでデータや情報が即時共有される仕事のやり方は、それほど特別なことではなくなってきています。

日本でも、飲食店やファーストフード店で、店舗外からオンラインで直接キャッシュレスオーダーができて特典がつくとか、化粧品や日用品も、オンラインで購買履歴が一元的に蓄積され、データを元に、本部や別店舗で継ぎ目のないリテンション・マーケティングが行われるといったことが増えました。最初は戸惑っても、一度その利点を理解し慣れてしまうと、顧客やマーケティングシステムのユーザー（利用者）は、もう昔のやり方に戻ろうとは思わなくなります。こうした元に戻らない変化のことを、**不可逆的変化**といいます。この利用者の態度変容は、技術そのものを評価したからというよりは、自分にとっての利便性や価値（バリュー・プロポジション）を評価したからだと理解しておくべきです。

デジタルデータがリアルタイムに共有されることを軸に、連鎖的に経営効率がよくなり、顧客や従業員など関連する人々のメリットを強化し、人々の行動や価値観までもが変容することがDXです。冒頭で「デバイスがオンラインにつながっているだけの状態を、DXとは呼ばない」と述べたことや、「最初に観察される現象は小さくても、波及効果が大きいと、やがて連鎖的に変化を起こす」というのは、このようなことです。筋の良いDXとは、ぶつ切りだった物ごとが早いスピードで連鎖したり循環したりすることで、人々に変化が起こり、これまでとは異なる次元で価値が評価されるという、はっきりした戦略的意味を持つものです。経営者や戦略の立案担当者は、このことを自覚することで、初めて何にどの程度IT投資を行うべきかという判断ができるようになるはずです。

3. 伝統的な戦略論とDX

ここで、DXについてまとめましょう。いろいろな人がさまざまな表現でDXに言及していますが、DXはデジタル化された情報を、オンラインで流通させることで、物ごとがストレスの少ない連鎖に連なり、誰かの効用を高めるという、価値が先行する変容です。そのことに情報や通信関連の技術が大いに関与するとしても、技術は価値に先行するものではありません。マクロ的な観点では、DXに連なる人々の行動の変化は、経済の循環効率となって、世の中に影響を及ぼすことにもつながります。

データや情報が、複製や加工のしやすいデジタル形式で表現され、オンライン接続されてリアルタイムに伝達される。このことで、分断されていたトランザクションがさまざまな接点で連動し、利便性や経済的・社会的価値が連鎖的に向上していくこと。これが、規範的なDXです。

なぜ、戦略的にDX化するべきか

プロセスが密接に連動するしくみの変化は、顧客の離脱を防ぎ、容易に模倣されにくくなる性質を内包しています。

先の事例について思考実験をすると、面白いことがいえます。たとえばバンの運行システムが、主要ホテルの宿泊予約システムと連携されていたり、ユーティリティや、大きな荷物の別送宅配と一連でつながっていたりすれば、多層化した顧客タッチポイントの魅力は一段と高まります。決済はもちろんキャッシュレス。問題は、こういった想像を「荒唐無稽だ」、「そんなことは無理だ、大変だ」と考えるか、「面白いじゃないか、ちょっとやってみるか」と思うかです。

自社の力だけではできないことに、外部の力を巻き込んで実現することが、連鎖を長くし、効用を拡張します。異なる事業ドメインのプレーヤーを巻き込めば、既存の市場や業界の境界が変化する可能性もあります。例えば、複数の事業（旅客運輸とホテル、コンファレンスビジネスなど）がオンライン・デジタルを介してつながり合うと、事業者間のトランザクション（transaction）にも収益機会が発生し、収益構造やパターンも変化する可能性があります。他者との協働によって、経済的なロジックを根本的に変えるようなしくみは、そう簡単に構築はできませんが、いったんできあがった大きなしくみに、後発参入者が追い付いて逆転するのは容易なものではありません。

マイケル・ウェイド教授が、DXをめぐる諸々の現象を、「デジタルビジネス・トランスフォーメーション」や「デジタル・ディスラプション[5]」といって強調したのは、こういった現象がいたるところで起こることを見越してのことです。オンライン・デジタルには、同報性、速報性、双方向性、複写コストの極小性、低劣化性、物理的蓄積空間の極小性、加工の容易性といった、多くの特徴があります。これらの特徴が、経営の重要な指標（KPI：Key Performance Indicator）の何に効くかを、シナリオでよく考える必要があるということです。DXの起爆的なパワーに早く気づき、力を引き出せるプレーヤーとなるところに戦略的な意義があるということでしょう。

KPIには、利益、売上、コスト、品質、ビジネス機会の拡張、競争優位性などさまざまなものがあります。どのKPIが自社にとって重要か、何に重点を置くべきかは、戦略立案の段階で明確にされているはずです。その意味ではDXは、戦略というよりは、戦術に近いものなのかもしれません。

既存の戦略論とDXの対応を考える

DXは、既存の経営戦略論を書き換えてしまうものなのでしょうか？　私たちは、伝統的な戦略理論を、古臭いものとして放棄しなくてはいけないのでしょうか？

「優れた経営資源は競争優位性の源泉となる」、「情報は、人材（ヒト）、資産（モノ）、資金（カネ）に続く、第4の経営資源だ」、「経営に情報を有効に活かしていくためのDXである」という、資源ベース戦略論的な視座を捨てる必要はおそらくないと思います。それ以外の代表的な経営戦略論との対応関係についても、トーマス・ダベンポートとジョージ・ウェスターマンの2018年の論文をベースに、考えてみましょう。彼らは、経営者が自社のDXを考えるときにカギとなる興味深い四つのポイントを、挙げています。

第一には、デジタル能力と同等かそれ以上に、自社の成否に影響しうる要因は他にもたくさんあり（中略）、いかなる技術革新も自社を確実に救う手段と見てはならないということ、第二に、デジタルとは単に、「買ってきて、自社に接続すればいい」というものではないということ、第三に、自社のデジタル投資を業界の準備度（レディネス）に合わせて調整すること、第四に、「核心的なIT」と呼ばれるものへの過剰な期待で、合理的な意思決定の方法を見失うことへの戒め、です。

これまでの議論により第一と第二、第四の教訓は大体わかるとしても、第三の教訓は、少しわかりにくい部分があります。しかしおそらく、業界のプレーヤーの関係性を論じる基本的な経営理論に照らし合わせることで、要点の理解と示唆を得ることができるでしょう。以下で、三つの考察にチャレンジします。

本書の冒頭でも紹介したように、経営理論には視座が異なるものがいくつもあります。どれに依拠して事実や現象を解釈するかによって、見えるものは異なります。ですから、ここで示す以外の解釈もあると思います。それは否定するものでも対立するものでもありません。特に実務家の方には、ご自身が直面している状況も想定しながら、いろいろと考えをめぐらしていただきたいと思います。理論とは、丸覚えにすることに価値があるのではなく、それを用いてわかりにくい物ごとを紐解き、起こっている現象を解釈可能とすることに、意義や価値があるのです。

以下の考察の大前提にあるのはいずれも、「企業は、顧客や競合他社等、多くのステークホルダーから隔離して存在できるものではない」ということです。

(1) 競争戦略論とＤＸ

まず、競争戦略論のＭ・ポーター教授が提唱した**5フォース**〔6〕流に、ＤＸを考えてみましょう。5フォースは、Chapter 1で代表的な戦略論の一つとして紹介した、ポジショニング戦略論のフレームワークの一つです。ポジショニング戦略論は、「業界の中で、自社をうまく位置付けられる企業が、競争優位性を獲得する」ということが、基本的なテーゼです。ですから、まずは業界の平均的な収益構造を分析し、自社と競争的な関係にあるのは誰かを理解し、それらに対する適切な対応をとることが必要だと考えます。

取りうる戦略の基本形は、低コストを実現することによる「**コストリーダーシップ**」、自社の財やサービスに、他にない特徴付けをして、業界内のポジションを獲得する「**差別化**」、特定のセグメントに集中することによって、前の二つの戦略を強化する「**集中**」の三つです。

図23に示されるように、業界内には**交渉力**を通じて、自社に競争的な影響を与える5種類のステークホルダーがいます。これらの間に存在する交渉圧力が5フォースです。自社の競争力や収益性は、既存の競合事業者とだけでなく、供給業者、顧客、代替品の提供者、新規参入事業者との力関係にも影響を受ける、というのが5フォースの考え方です。これに立脚すれば、企業のＤＸに対する示唆は、「5フォースへの対応戦略に符合しな

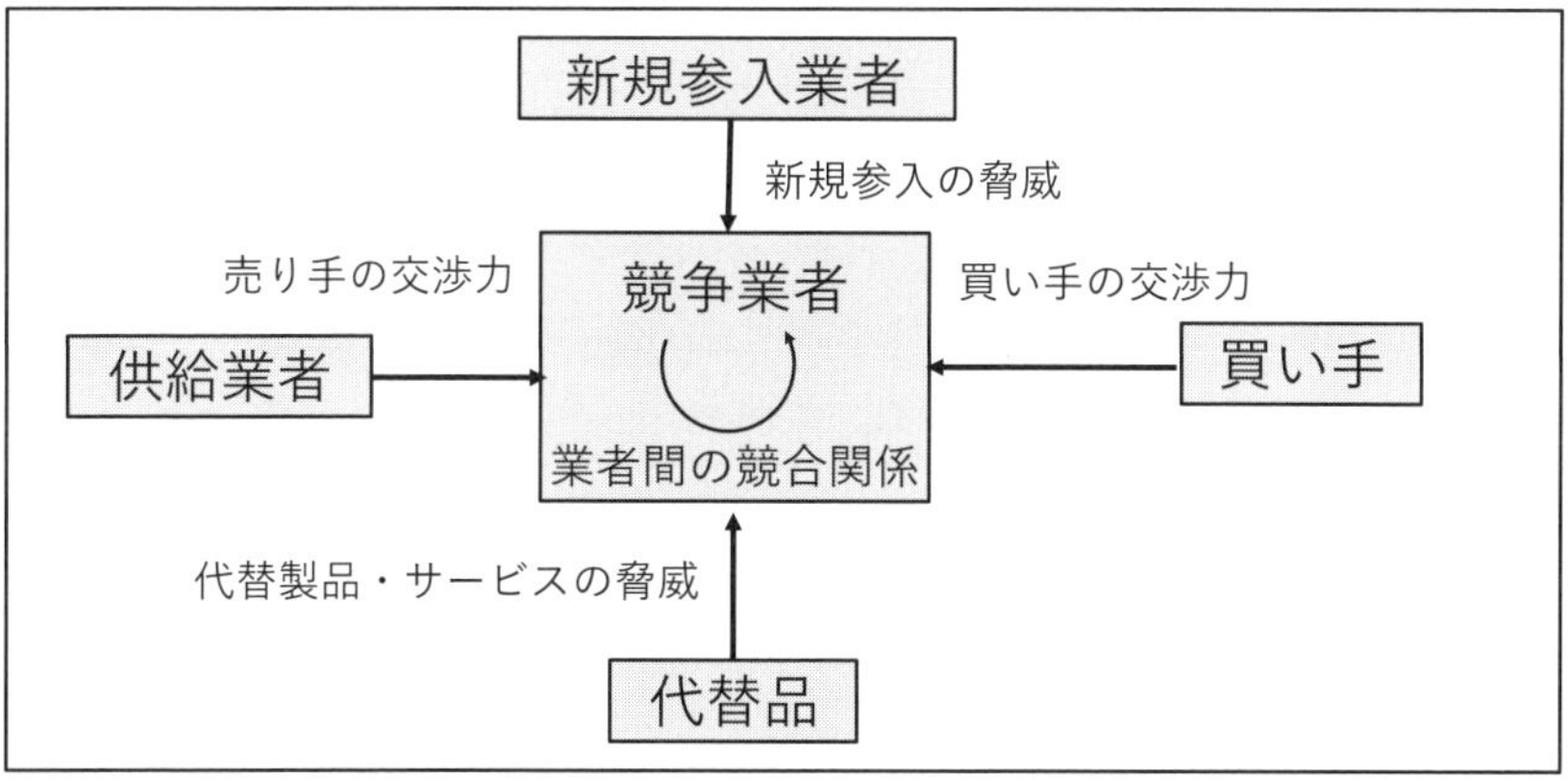

図23　M. ポーターの 5 フォース

出所：ポーター、M. E.（2002）『新訂競争の戦略』、ダイヤモンド社、p.18。

いＩＴ投資は、収益性に寄与せず、無駄になる可能性が高い」ということになります。

ポーター教授の競争戦略論は、伝統的な戦略論の一つで、構造を理解しやすいところが良いところだと思います。ただ、市場環境の変化が激しいオンライン・デジタルの時代のＩＴ投資の意思決定に際しては、よく考えないといけないことがあります。

まず五つのフォースごとに、個別のＤＸ戦略を考えなければいけないのかというところです。企業には、無尽蔵の投資体力があるわけではありません。情報技術への投資判断が、「できるところからやろう」的な発想に陥りがちな中で、個別の投資が分割損や二重投資にならないための、統括的なマネジメントが必要です。

企業によって、あるいは時局によって、五つのフォースから受ける圧力は均等ではありません。環境が大胆に変化する中で、どのような意思決定が合理的かは複雑な判断が必要です。これが、ブレーキにならないようにしなければなりません。

次に、「関係性のマネジメント」の導入が必要だということがあります。5フォースの考え方は基本的に、自分以外は敵（利益の収奪者）という見立てですから、戦略は防衛的になりがちです。しかし、DXの潜在力は「オンラインで誰かとつながることによって、価値を増大させる」というところです。この特徴を十分に活かそうとすると、自社に閉じたIT投資だけでは物足りないものがあります。既存の枠組みを凌駕するような、構造変化を創り出しにくく、スケーラビリティ（scalability）に限界がありそうだからです。仮に競合に打ち勝つことを意識するにしても、DXによる他者の競争圧力の変化をどのように見積り、関係性をどう構築していくか、という発想が必要です。このことについて、ある種のヒントを与えてくれるのが、次に紹介するコーペティションの概念です。

(2) コーペティション概念とDX

ニューヨーク大学スターンビジネススクールのブランデンバーガー教授とイエール大学のネイルバフ教授による、コーペティション（Co-opetition）の概念をベースに「自と他」の関係を考えてみましょう。

コーペティションとは、競争（competition）と、協調（co-operation）の合成語で、「競争関係にもあり、協調関係にもある」という、他者との関係の二面性に着目をします。5フォースでは、「他」とは、競い合い、利益を収奪し合う、「勝ち負けの関係だ」という理解になりますが、コーペティション概念は理解が異なります。これを図示したのが価値相関図（図24）です。

図中の補完的生産者とは、ハードウェアメーカーとソフトウェアメーカーの関係性のように、「自社以外のプレーヤーの製品を顧客が所有したときに、それを所有していないときよりも自分の製品の顧客にとっての価値が増加する場合のプレーヤー」のこと[7]です。著作では、マスタードの製造企業とホットドッグの関係が、一方の需要が増えれば他方の需要も増える、補完的生産者の例とされています。

この概念の面白いところは、一見、競争し合っているように見える企業でも、補完的、協調的な関係になり得

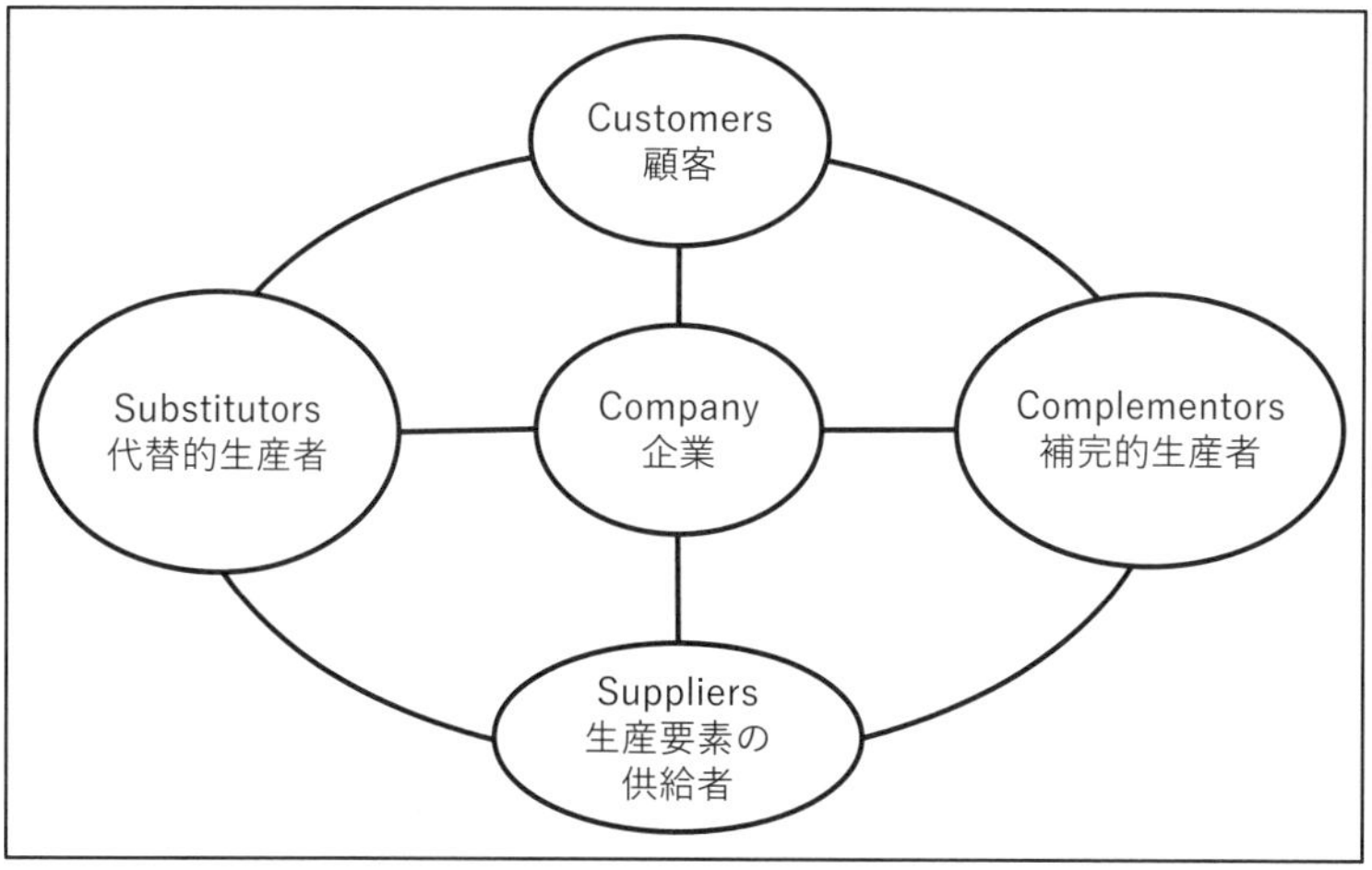

図24　価値相関図

出所：Brandenburger and Nalebuff（1995）.

ることがある、と言っているところです。著作では、紙とコンピューター（コンピューターの普及と紙の需要は、市場のパイの奪い合いではなく、パイの拡大につながった）や、航空会社（乗客は取り合いだが、機体購入面では、両者の需要が機体購入価格を下げる要因として働く）等の例が挙げられています。市場を作り出したり拡大させたりできる局面では、さまざまなプレーヤーを、脅威として捉えるだけでなく、協調的な側面に着目するべきだ、というのがポイントです。

先に見たように、オンラインビジネスには、プラットフォーム上にプレーヤーがいて、ビジネスが成立する例が少なくありません。また、オンラインによる連携性には、付加価値の創造や本質的な変化（ＤＸ）を触発するという面があります。市場を拡大させる関係性にある相手との協調は、価値や利益の総体を産業レベルで大きくし、一社に閉じるＤＸよりもスケールが大きくなるという予測が働きます。個々の活動主体がつながって、業界の価値を生み出すパワーを増幅するのがＤＸだとすれば、ステークホルダーのデジタル環境や、関係性を無視して自社だけがデジタル化をしても効果は限定的です。

本概念からは、DX化はアライアンスや技術公開、オペレーションの共通化・標準化など、自社の境界を越えて、誰に対して何をオープン化するかという戦略を対で考える必要がある、ということが示唆されるのです。ダベンポート教授のDXを考える第三の教訓、「自社のデジタル投資を業界の準備度（レディネス）に合わせて調整せよ」というのは、このことに通じる主張だと言えるでしょう。

この考え方に立てば、デジタル・オンラインをベースとするビジネスは、仮にある面で競う関係の相手がいても、利益やチャンスをゼロサムで争奪する戦略よりは、新たに創造される利益で分配の構図を変える戦略や、協調しながら進化的に共存していく戦略の方が、長期的には有効である可能性が高いということになります。

ダベンポート教授の第四の教訓は、「何でもいいから」という非合理的で、戦略不在のIT投資に陥ることへの警鐘です。

銀の弾丸とDX

「システムを作ることが技術的に可能だ」ということと、「実務的に意義のある稼働が可能だ」ということは異なります。業務の先には、経営パフォーマンスという指標があります。経営面から客観的な評価ができない話は、時に壮大ではあっても、**ビジョン**や戦略不在の焦りに過ぎません。

経営にビジョンがあるとは、願望ではなく、比較的近い将来に、どのような姿や状態になっているかについて、一定の見識を持っていることです。これが明確でなければ、何をやっても戦略的であろうはずがありません。戦略とは山登りのシナリオ、現在の姿とありたい姿のギャップを埋めるためのシナリオなのですから。ビジョンとシナリオがなければ、個々の戦術も現場の行動もチグハグなものになってしまいます。

ところで、ガートナー社という世界的なリサーチ会社があります。同社では毎年、新しく登場した技術や目新しいサービスなどが、注目され、受け入れられようとしている様子を、**ハイプ・サイクル**という図（図25）で発表しています［8］。

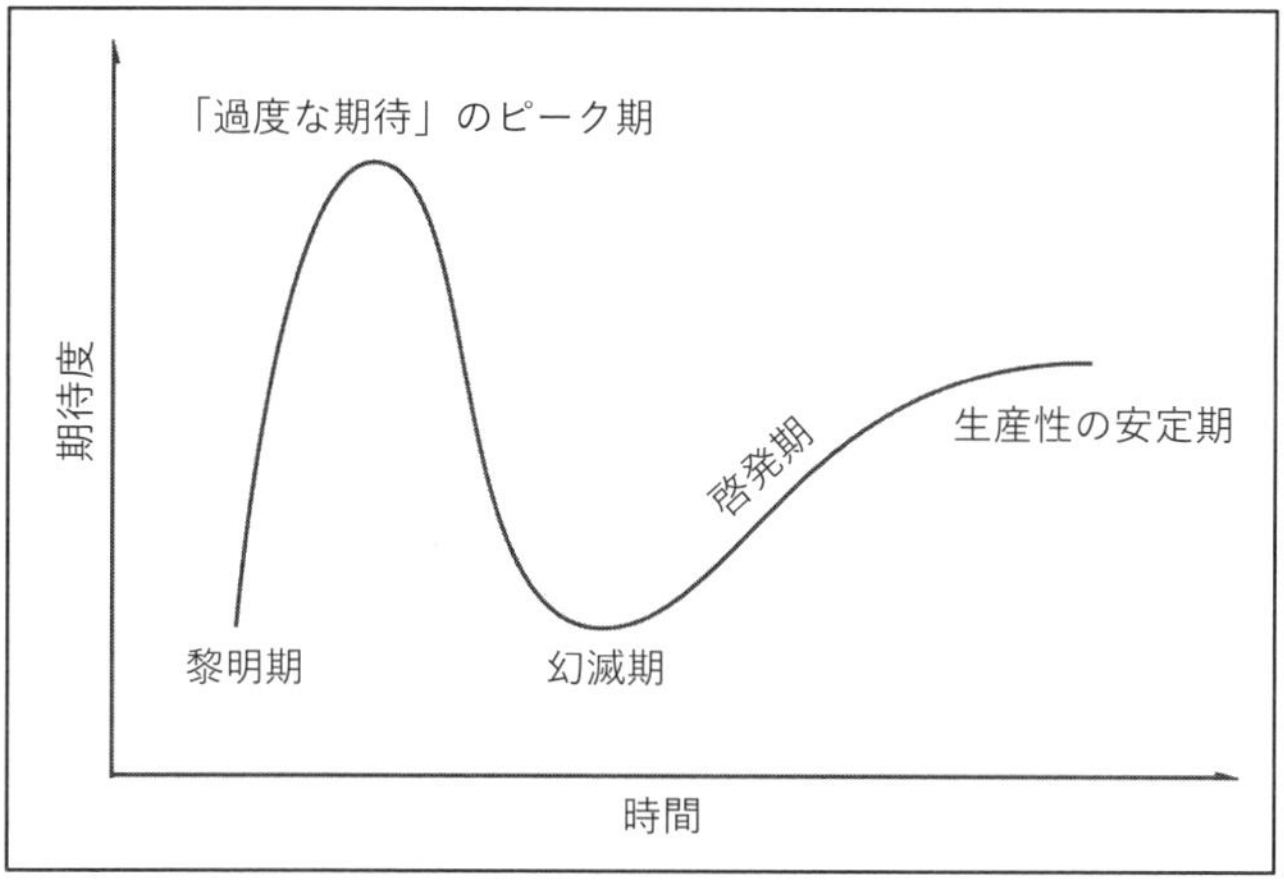

図25　ガートナー社のハイプ・サイクル

出所：https://www.gartner.com/jp/research/methodologies/gartner-hype-cycle

この図を経年で見ると、いかにＩＣＴ技術が日進月歩かと同時に、目新しい技術への過剰な期待が、時に反動として必要以上の失望感を生んでいることにも気付きます。世の中とは、随分移り気なものです。

もし、この毀誉褒貶《きよほうへん》をうのみにして、「とにかくわが社もＩＴ化をせよ、ＤＸ化せよ」と、漠然としたことを言い出すトップや、逆に、「こんなものは、ただの流行りだ。うちは、困っていないから関係ない」と切り捨ててしまうトップがいると、ちょっと厄介です。

この曲線上に浮かんでは消える技術の妥当性を、個別に論じることはしません。ＩＴの失敗談には、要素技術が社会的成果になるまでが迂遠すぎ、息切れして断念という話も枚挙にいとまがありません。ハイテク技術が必ずしも普及せずに陥る落とし穴、「**キャズム**」[9]が存在するともいわれています。したがって、ここでは情報技術に**銀の弾丸**[10]を求めることも、シニカルに敬遠することのどちらも、合理的な態度からは程遠いことを指摘し、技術と自社の戦略の整合性は冷静に考える必要があることを記しておきたいと思います。Chapter 4 で、悪いＩＴ投資の事例として、私が経験したマーケティング分析システムの挫折話を書きました。あの事例はまさに、最新のハードウェアと流行りのパッケージソフトウェアの組み合わせに、銀の弾丸を求めてしまった事例だったとも言えます。

価値とは、必ずしも売り上げや利益のような、直接的な貨幣価値でなくても構いません。やがて価値につながる可処分時間の増加や、情報の探索コストの軽減、作業工程の低減、無形のノウハウあるいは、文化や意味的な価値であってもよいと思います。だからこそ、ＤＸには具体的なＫＰＩの設定がなくてはならないのです。

戦略的なＤＸには、「技術的に実現可能か」と「経営的な価値を実現できるか」の両方を、通貫して判断する能力と体制が不可欠です。ダベンポート教授が、「デジタルを担当するリーダーとそうでないリーダーの両方の経営トップによる、継続的なモニタリングと介入が必要だ」と言っていることは、大変興味深いことです。

4．ＤＸの時代とイノベーション

ＤＸとイノベーションは相性のよい概念です。いずれも人々に、好ましい変化をもたらすものだと受け取られており、新しい技術が介在することが多いという共通点もあるからです。

デジタル化がＤＸと同義ではないように、ＤＸとイノベーションも同義ではありません。新技術は、イノベーションを自然発生的に促すというほど素朴なものでもありません。意外と誤解されていることも多いイノベーション論の基礎に立ち戻りつつ、今日的な要素との関わりを考えていくことにします。

シュンペーターのイノベーション

イノベーションはそれほど新出の概念ではありません。１９３９年に、オーストリアの経済学者ヨーゼフ・シュンペーターが、景気循環を説明する文脈で、景気の上昇局面を作り出す五つのフェーズを論じています。

それはもともと20世紀前半に経済学の一大勢力となっていた、オーストリア学派の均衡理論に対するものでした。「市場均衡とは沈滞である」、「成長するには、常に創造的に均衡を破ることが必要だ」という立場からの挑戦だったのです。なかでも、不連続性を伴って発生する技術革新や、生産要素の**新結合**（neue Kombination）による創造的破壊が説かれたことから、期待される経営者像にも変化が生まれました。均衡理論をベースとした発想で描かれる経営者像は、「需給を均衡させる人」のイメージです。必要なのは「生産量」と「価格」の決定であり、精緻な計画を立て、着実に計画を遂行できるのが優秀な経営者という価値観が暗黙のうちにあります。

一方で、均衡しようとするものを破る人は、ルーチンの管理者ではなく、ビジネスを生み出す企業家（起業家）です。創造的破壊は、資本主義を推し進めるエンジンだと考えられています。そのエンジンを動かし操縦するのが起業家であり、経営者とは変化する状況に対処する人だということになります。均衡理論的な発想に基づく経営者像からは、随分と変質していることがわかります。これがシュンペーター的イノベーション概念における、創造的破壊です。勘違いすべきでないのは、イノベーションとは何もないところからの発明や発見ではないということです。発明は Invention です。もし、「わが社にはイノベーションが必要だ。これまでにないものを、ゼロから生み出せ！」という経営者がいたら、「それは Invention（発明）ですね」と、生意気覚悟でちょっと言ってもいいかなと思います。

もちろん Invention がいけないわけではありません。ただ、一般的には発明には、多額の投資や長い年月といった、取り返しにくいコストがかかります。ゼロからの出発でなくとも、既存の要素を合理的に組み換えたり、技術を加えたりすることで、均衡を破る創造ができるのなら、取り組まない理由はないように思います。

高付加価値の製品を作り出すようなイノベーションを、**プロダクト・イノベーション**と呼びます。一方、既存の生産方法を、より適切で成果の上がるやり方に変えることや、そこに技術的な要素を導入することも、**プロセス・イノベーション**と呼ばれるイノベーションです。

イノベーションが何もないところからの派手な発明や発見ではないとしても、

① 今の製品やサービスが劇的に変化することで、収益性を飛躍的にあげる（プロダクト・イノベーション）

② 現在のあまりよくないプロセスを大きく変えて、収益性を飛躍的にあげる（プロセス・イノベーション）

のどちらかに寄与するのであれば、それは積極的に駆動させていくべきです。

①のタイプの方が華々しく見える気がするために、注目はそちらに集まりがちですが、大ホームランを打つことばかりがいいとは限りません。むしろ、日常の地道なイノベーションの積み重ねの先に、他社が模倣困難なしくみとしての競争優位性ができあがることがあります。日本の製造業やコンビニエンスストアの発展例を見るにつけても、それは日本のお家芸的イノベーションであるようにも思われます。

ポイントは二つあります。まず、①と②は効く所が違うということです。前者はダイレクトに市場を狙う「外向きのイノベーション」で、後者は中の仕事のやり方を変えることによって、間接的に収益性をあげることを狙う「内側向きのイノベーション」です。Chapter 4で、ＩＴの利活用には、「外側向きのＩＣＴ」と、「内側向きのＩＣＴ」があるという話をしました。これと同様、イノベーションもどちらを向いて行こうとするかを、あいまいにすべきではありません。イノベーションの方向性と、ＩＣＴの特性がうまくかみ合うことで化学反応的にＤＸが進むと言って差し支えないと思います。

もう一つは、新結合と言ってみたものがただのカット＆ペーストになっていないかです。「イノベーションとは、既存のものを組み替えることだ。さあ、組織替えをしよう」と、「イノベーション開発部」的な名前の組織を作り、一仕事した気になって落ち着いてしまうのは単に、組織という箱を並べなおしただけの話です。

俗に、「馬車を何台つなげても汽車にはならない」と皮肉られるように、イノベーションとは同質的なものを並べ直すことではありません。「異質と思われるものを組み合わせる」ところが、イノベーションの妙であり、非連続性といわれるゆえんでもあります。かつて、工房で使われていた蒸気機関と、鉄製の車輪やレールを組み合わせて蒸気機関車による輸送システムが出来上がり、馬車という手段を凌駕的に置き換えていった19世紀の産業革命や、無線電話とカメラとインターネットの組み合わせが、固定電話と銀塩カメラの機能的価値の多くを代替したモバイル革命を考えれば、「並べなおし」との意味的な違いが理解できるでしょう。

上記の事例からは、手持ちの経営資源や事業要素という狭い範囲で考えていては限界がある、という示唆を得ることもできます。自分の手持ちでないものを動員し、化学反応のイメージでイノベーションを起こしていくには、ミッシングピース（missing piece：欠けている要素）を認識し、誰と協力してどこに向かうかのビジョンが必要です。イノベーションには発想の段階から異質性を招き入れるようなオープン性も必要だ、ということも示唆されるところです。

クリステンセンの破壊的イノベーション

２０２０年1月25日。日本の朝に飛び込んできたニュースは、イノベーション論の大家、クレイトン・クリステンセン教授の訃報でした。教授のイノベーション理論は、経営学者のみならず実務家にも深く刺さるものがあり、技術系の人にも、突出した人気があります。人生と研究を重ねあわせるようにして生きた教授の著書、『イノベーション・オブ・ライフ　ハーバード・ビジネススクールを巣立つ君たちへ』[11]は、人としての生きざまを通じてイノベーションの意義を考えさせられる名著です。何度も命に関わる大病を乗り越えてきた教授は、２０１６年の夏に「病気の後遺症で単語がすぐに出てこない」と言いながら、国際学会[12]にビデオ会議システムで遠隔から参加していました。教授の隠れファンを自認する私が、そんな場面に居合わせることができたのも、思えばＩＣＴの発達のおかげです。

そのときに教授が、破壊的イノベーションという、それ自体イノベーティブな概念が世界に広まったことを喜ぶ一方で、多くの誤解を生んでいることをひどく気にしているようだったことが、私に引っ掛かりを残しました。彼の破壊的イノベーション概念は、技術の進歩と市場のニーズの相互作用を説明する理論です。しかし、

「disruptive という言葉が強い響きを持っているためか、誤用されることが多い」と、教授は言ったのです。

私が語るのはおこがましいかも知れませんが、そのとき印象に残ったことを中心に、クリステンセン教授の「破壊的イノベーション」について、再考をしたいと思います。まずはクリステンセンのイノベーション論の基本を、おさらいしましょう。


イノベーションをどう分類するかは、クリステンセンの考え方以外にもいろいろあります。先に述べた、プロダクト・イノベーションとプロセス・イノベーションという分け方も、その中の一つです。しかし彼の考え方によれば、イノベーションには、異なるプロセスをたどる2種類があります。一つ目が「**持続的イノベーション**」、二つ目は「破壊的イノベーション」です。

持続的イノベーションは、既存技術の持続的な性能向上が伴うイノベーションです。それは、
① 「技術の継続的な性能向上を意図するイノベーション」
② 「より高機能であることを求める上位市場に受け入れられることを目指すイノベーション」
③ 「ある技術を長期間生き残らせる（sustain）ためのイノベーション」
です。

持続的イノベーションは、日本企業には比較的馴染みやすいといわれています。日本には、改良を重ねたおいしい農産品や、「kawaii（カワイイ）」と世界で通じる言葉を生んだファッションなど、いろいろな例があります。その意味では、「日本企業にはイノベーションが起こせない」とか、「日本はイノベーティブでない」というのは、少し言い過ぎだと思います。課題があるとすれば、指数関数的な急成長で、大規模なマネタイズを生み出す事例が少ないところなのかもしれません。

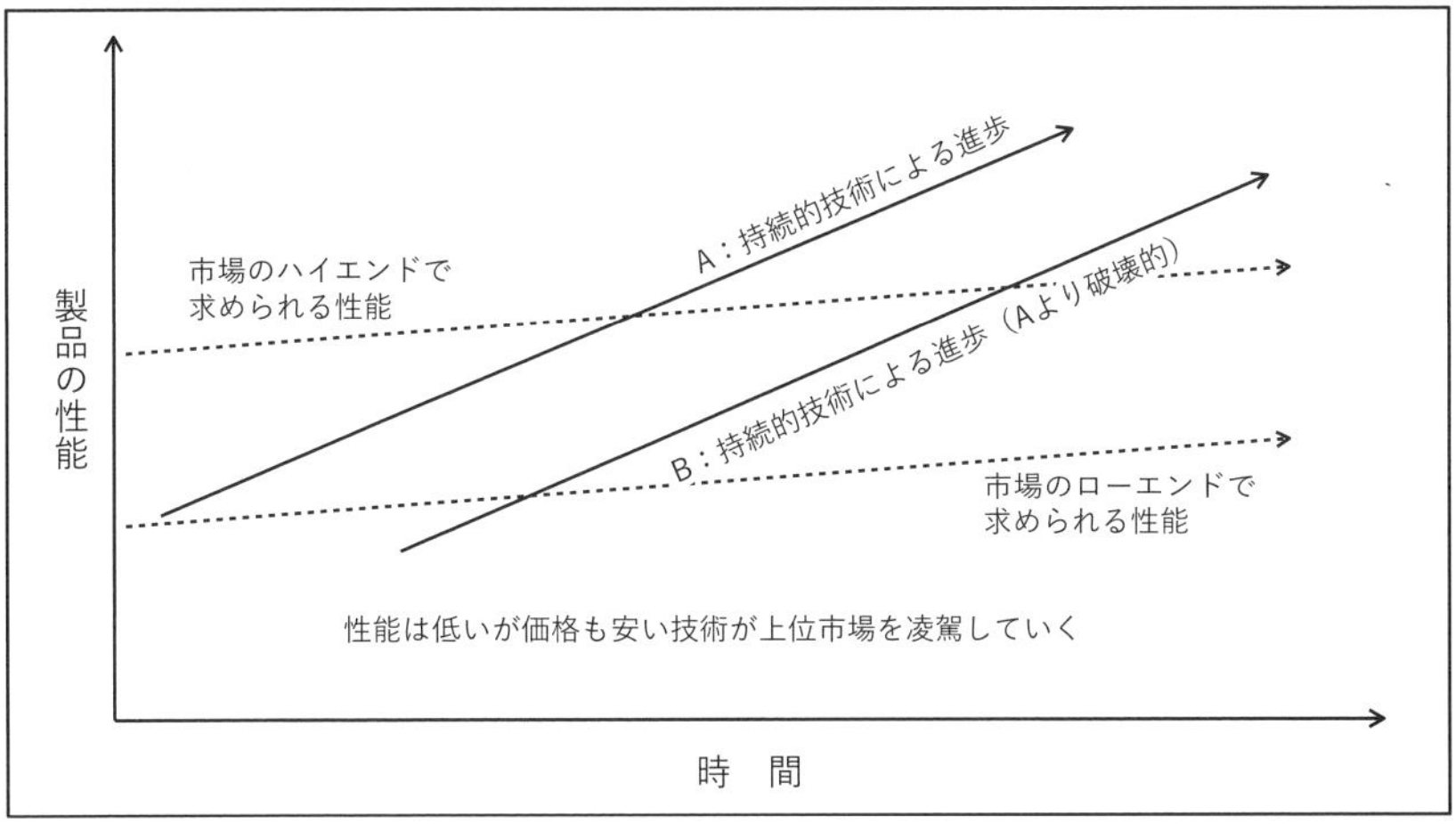

図26　ローエンド型破壊

出所：クリステンセン、クレイトン（2001）『イノベーションのジレンマ増補改訂版』、翔泳社。

クリステンセンのイノベーションの二つ目が「破壊的イノベーション」です。これが少々トリッキーで、シュンペーターとの混同や用語の誤解を起こしやすい面があります。クリステンセンの破壊的イノベーションとは、

①　「性能は低いが相対的に価格も安い、破壊的技術によるイノベーション」

②　「主流市場以外の市場で受け入れられるイノベーション」

③　「持続的イノベーションから見ると、秩序を乱す（disrupt）ようなイノベーション」

です。

破壊的イノベーションは、「**ローエンド型破壊**」と「**新市場型破壊**」の二つに分類されます。「ローエンド型破壊」は、メジャー市場で成功した企業にとっては、収益性が低く低性能だった技術が、やがて市場を凌駕し、代替することです（図26）。もう一つの「新市場型破壊」は、新しい価値や価値のネットワークが、無消費状態（消費のない状態）だったところに、新たな消費を生み出すことです。これは、既存の市場を置き換えることとは別の話で、存在していなかった買い手が現れ、新しい市

場が形成されることを意味します。

つまり、もともとはそれほどハイスペックでなくてもよいという、主流市場とは別の需要に対応する安っぽい技術が、既存技術を用いたハイスペックな製品市場を凌駕してしまうことがローエンド型破壊で、顕在市場とは無関係に新しい需要が起こることが、新市場型破壊です。両者は、進行プロセスが異なるため、クリステンセン教授は、このイノベーションを区別したうえで、いずれのプロセスをたどるにせよ「これはdisruptiveなことだ」、と言ったのです。ここはぜひとも英英辞典を引いて、ニュアンスとともに意味を理解していただきたいところです。今まで通りではいられないという意味のdisrupt〔13〕であってぶち壊すという意味のdestroy〔14〕ではない、というところがワーディングのミソです。

また教授は、「新技術には（半ば常に）既存の業界を葬り去ってしまう力がある。だから市場に旋風を起こすためには、画期的な新技術が必要なのだ」とは言っていません。むしろ、「そのような解釈は理論の誤用である」と言うのです。ややこしいのは、「破壊的技術が、持続的にイノベートする」という形で、持続的イノベーションの一部が破壊的イノベーションのプロセスの中に包摂されているところです。

クリステンセン流の**イノベーションのジレンマ**とは、俗っぽく言えば「既存技術でうまくいっている企業は、化けるかどうかもわからない〝安っぽい技術〟に投資をする気にはなれない。そうこうしているうちに、そのかつての安っぽい技術にしてやられて大後悔」という話です。教授の著書の原題は〝The Innovator's dilemma〟です。つまり「イノベーションを起こすべき組織（人）が、投資に対するジレンマを抱える」のであって、イノベーションそのものがジレンマを抱えているわけではないのです。邦訳は素直に『イノベーターのジレンマ』とすべきだった、とも思います。

イノベーターたるべき人や組織がジレンマに陥ることは、ある企業のマネジメントが無能だ、ということを直接的には意味しません。イノベーターのジレンマとは、合理的に判断をしたはずだったものが、有限な経営資源をどこにつぎ込むべきかの判断を、結果として誤るという話です。イノベーションのジレンマは、誰を批判するのでもなく、「たとえ最高の経営陣が、すべてのことを正しく処理し、最高のアドバイスに従ったとしても、いったんは企業を市場のトップへ押し上げながら、やがて崖から転落しうる[15]」と、警鐘を鳴らしているに過ぎません。

ローエンド型破壊の説明図（図26）は、縦軸に製品の性能をとり、横軸には経過する時間をとります。しかし、世の中には航空業界のLCC（Low Cost Carrier：格安航空会社）のように、斬新な技術や要素技術の向上が主導するのとは異なるタイプのイノベーションが存在します。もちろん、ICTがビジネスモデルのイノベーションをやりやすくし、下支えする側面は大いにあるのですが、性能を評価軸とするこの図は、そのようなビジネスタイプのイノベーションを説明しづらい面があります。クリステンセン教授が新技術礼賛論者でもなければ、プロダクト優先志向の理論家でもない証拠はいくつもあります。最大の証拠は、この理論では技術進歩が介在しないタイプのイノベーションを説明しにくいことに、教授が自覚的であったことです。

性能尺度では測りづらい、それでいて世の中の人々が喜んで受け入れるイノベーションを説明するのが、「顧客の“Jobs to Be done（片付けるべきジョブ）”を解決せよ」という『ジョブ理論』（2017）[16]です。

オンライン制大学の事例と破壊的イノベーション

ジョブ理論の話の前に、クリステンセン教授がリモートで参加した国際学会で、オンライン制大学（SNHU）の事例が出たときの話をしたいと思います。

サザンニューハンプシャー大学（SNHU）は、米国北東部のニューハンプシャー州にある、もともとはあまりぱっとしない私立大学だったそうです。同大学がオンライン教育による、学位授与プログラムを成功させたことや、有名大学が無償で講義をインターネットに公開し始めていることを引用しつつ、教授は「大学は、イノベーターの強烈な挑戦を受ける」、「伝統的な対面講義だけの大学は、駆逐される可能性がある」と言いました。

学会参加者の大半はおそらく、伝統的な大学の優秀な教員や、高等教育に関わる人々です。教授の発言に対する会場の反応は非常に冷ややかで、私には、「いくらクレイ（Clayton Christensen の愛称）の言うことでも、それは極論だろう」という空気が、その場を支配したように感じました。空気を読むのに、英語力がいるかどうかはよくわかりませんが、発言が諸手をあげて支持されたわけでないことだけは、確かなように思ったのです。オンラインによる大学の遠隔講義は、まだ一部の学生のための特殊形態だと、多くの人に思われていたからです。

２０２０年になり、ＣＯＶＩＤ－19禍によって多くの人々が、オンライン講義という方法を知ることとなりました。しかし当時の話でいえば、オンラインによる大学教育は、マイナーな認知でした。

しかし日本でも、10年以上前から完全オンライン制のインターネット大学が開学しており[17]、私も専任教員として講義を受け持ったことがあります。オンライン制の大学も、学校教育法で定められる正式な大学ですから、基本は4年間の在学で、所定の単位を取得すれば学士号が授与されます。

その大学では、すべての講義やゼミナールはオンラインで、教員と学生がリアルに顔を合わせることは、ほとんどありません。履修登録、テスト、レポート提出、成績評価も、すべてクラウド型の学習管理システム（ＬＭＳ：Learning Management System）で行われ、インターネット環境さえあれば、学生も教員も日本国内にいる必要すらありません。事前収録型の講義の場合、学生はＰＣでもスマホでも、オンデマンドで講義が受けられます。このような方法を**非同期分散型**の**e－ラーニング**といいます。もちろん必要があれば、zoom や Skype などの、オンライン・コミュニケーションツールを使うことも可能です。

当時そんなことを既に知っていた筆者でさえ、コンファレンス会場ではさすがの教授も少々言い過ぎたかと思ったものでした。

俗に、「競合が現れたとき、初めてそのクラスターは業界（市場）になる」といわれます。日本では続いて2

018年にも、完全オンライン制の大学（東京通信大学）が新規開学しました。それまでゆるゆると増加を続けていた私の前任校は、これを境に学生を奪われるどころか、応募者数が増加しました[18]。既存の大手の大学に比べれば小規模とはいえ、仮にCOVID-19禍がなかったとしても、日本でも2018年の段階で、既にICTによる大学教育の新市場が結実していた、といってよいと思います。

ジョブ理論でイノベーションを考える

イノベーション論は、何をして、何をしなければ成功できるかを示すものではありません。そのことは、クリステンセン本人が言うとおりです。ただ、どんな企業でも判断を誤って失速することがあり得る、技術がすべての課題を解決するわけではないことをわかったうえで、どうすればイノベーション志向の行動が博打にならずに済むのかを知りたい。その研究の着地点の一つが**ジョブ理論**です。この着想は、『イノベーションへの解』（2003）の中にあり、2016年にまとまった著書[19]が出版されました（邦訳書は2017年）。「顧客は単にミルクシェイクというプロダクトを買うのではなく、ミルクシェイクを雇用して、彼らの生活に発生した具体的なジョブを片付けているのだ」（同書）、「同じミルクシェイクでも、顧客ごとに抱えるJobs to Be doneは異なりうる」（同書）という逸話はわかりやすく、有名にもなりました。

ジョブ理論では、「顧客はある特定の商品を購入するのではなく、進歩するために、それら（筆者注：特定の商品）を生活に引き入れる」のだ[20]、と考えるところがユニークです。ここで「進歩」と呼んでいるものが、「顧客が片づけるべきジョブ（Jobs to Be done）」であり、顧客がジョブの解決のために、ある商品を買ったり使ったりすることを「雇用」と表現しています。ジョブは「ある特定の状況で、人が遂げようとする進歩」だと定義されています[21]。

ジョブには、その顧客の社会的なニーズや、感情的なニーズを含んでいます。そのために顧客は、機能のよしあしだけでは財やサービスを選択しない、というのです。企業はそういった、Jobs to Be doneの解決に役立つものを具体的に見極めることが必要で、それがイノベーションを運任せの博打にしないことにつながる、というのがジョブ理論の要所です。

言い換えれば、技術や機能さえよければニーズにこたえたことになる、と思うのは早計だということで、私が、クリステンセンが新技術礼賛論者でもなければ、プロダクト優先志向の理論家でもないと確信するのは、この一節があるからです。著書では「顧客のジョブ」とは何で、何がジョブには相当しないかも、具体例で丁寧に論じられています。

前項の、オンライン大学の話に戻りましょう。ＳＮＨＵの事例は、著書『ジョブ理論』でも取り上げられています。ＳＮＨＵにせよ日本のオンライン制大学にせよ、その初期は、伝統的で格式のある大学から見れば、おそらく、「授業料は安いが、科目数（コンテンツ）や受講環境（システム）は、それほど立派でも完璧でもない」、ローエンドな存在でした。解決される Jobs to Be done は、何らかの理由で進学をあきらめざるを得なかった人や、時間の確保が困難な社会人、通学のために転居するのは困難というような事情のある、一部の人たちのものでした。しかし、次第に大学運営が洗練され、受講環境（ＬＭＳ）が改善され、科目が充実するにつれて、オンライン制大学が解決可能な Jobs to Be done は、変化していきます。

例えば、日進月歩のＩＣＴ関連の科目や、リカレント科目など、今日の社会で関心を集めているプログラムが追加され、学生サポートの体制が整い、学務や教務関連のノウハウが蓄積されていくにつれて、オンライン制大学は「一部の人の再チャレンジの場から、新たな学びと成長の場」へと変化します。それは大学が、異なる Jobs to Be done を抱える学生への対応が可能になるということです。そして図らずも、今般のＣＯＶＩＤ‐19禍です。

米国では、ハーバード大学やマサチューセッツ工科大学などの名門大学が、すべての授業をオンラインに移行する方針を早々に決定しました。これを可能にした背景の一つには、以前から**MOOC**（Massive Open Online Course）と呼ばれる教育プラットフォームで、講義が受けられるしくみが始まっており、それなりの前例と土壌が揃っていたことがあります。日本でも多くの大学でCOVID‐19の影響を受けた中、オンライン制大学では4月の新学期開講に、ほとんど支障はなかったということです。誰もこの度のパンデミックを喜びはしませんが、それまではまだなんとなく、局地的なムーブメントに留まる感じが否めなかったオンライン講義は、新たな教育界のJobs to Be doneに対する、一つの解を提示したように思います。

ユーザーインターフェース（UI）に慣れないうちは、システムをうまく使いこなせずに、うんざりすることがあるのは否定しません。従来の方法を完ぺきに代替できるとも限りません。しかしそれらをDX化の軽視や、やらない理由にすることが、社会的な喪失に陥る罠であることを、私たちは、実感することとなりました。

少し前まで、Skypeをはじめとするオンライン・コミュニケーションツールは、一部の**アーリーアダプター**が使うマニアックなアプリケーションでした。しかし、今般の社会情勢に反応して、オンライン・コミュニケーションツールを提供する新規参入者が現れ、既存の事業者はUIを改良し、各社は競争的に機能をアップデートしています。これを利用して世界中で多くの学校がオンライン講義に踏み切り、企業がリモートワークを導入しました。それは望まざることであったかもしれませんが、オンライン化やICT利活用の意義について、社会的な理解も急速に進みました。感染対策だけでなく、社会の持続性や機会の平等を促進する**SDGs**[22]の観点からも、コミュニケーションのDXに加速の道筋が見えてきたように思います。少しずつ使いやすくなり、使い慣れてもいくこれらのツールを、フォーマルな用途以外に、遠くの家族や友人とのコミュニケーションに使い、長い外出自粛期間を精神的に乗り越えた人も、少なくなかったはずです。「zoom飲み会」などという新しい習慣を、私たちは見つけ出したりもしました。

外部環境は、誰にも自在にコントロールすることはできません。しかしたった1年程度の日月で、社会と技術が相互作用し、教育やコミュニケーションの方法にイノベーションが起こった。私たちがそんな時代の目撃者となったことを、泉下のクリステンセン教授は何と思うでしょう。２０１６年の、あのコンファレンス会場で、世界中の学者を向こうにして立ち上がり、「クレイの言うとおりだ！」と、教授をサポートするほどの自信は私には、ありませんでした。今となっては、その小心さと不明を恥じるばかりです。

破壊的イノベーションは「既存のモノやコトの全部または部分代替」であって、destroy という意味での「破壊」ではありません。新規参入の目的も、市場を叩き壊すことではありません。ですから既存のプレーヤーも、方向性を間違えずに、自ら進化すればいいだけのことだともいえます。もちろん、伝統的な主流市場で成功したプレーヤーには成功体験もあり、慣性が働くこともあるため、「言うは易し、行うは難し」ですが、いずれにせよ、「どんなに安定して見える業界でも、今困っていないからとか、すぐに回収できないコストだからといって、将来への投資を怠っていると、いずれ呆然とすることになるぞ」ということではないでしょうか。あの時のクリステンセン教授は、それを主張するのに大学関係者が集まる場ではあえて大学の例をとり、刺激的な表現で言ったのだろう、と私は思っています。教育者が自分の業界だけは安泰だと、どこかでタカをくくりながら学生に話をしているうちは、何の迫力もありませんから。

5. 変革のマネジメント

現代ほど、経営や市場を取り巻く環境が、私たちに猛烈なスピードで変化することを突き付けてくる時代を、少なくとも私は他に知りません。それは、

「ここではね（傍点は翻訳書のママ）、**同じ場所にとどまるためには、思いっきり走らなければならないの。どこか別の場所に行きたいなら、少なくともその二倍速く走らなきゃ！**」

という、ルイス・キャロルの物語『鏡の国のアリス』に出てくる、赤の女王のセリフ[23]が、ここでは現実なのだ、ということなのかもしれません。しかし一方でそれは、これまでと同じような働き方で猛烈なゼロサムゲームをしろという意味ではないとも思います。バブル期に「24時間戦えますか」というCMソングが流行りましたが、どう考えてもそれは、上策ではないような気がします。特に、現代の第4の経営資源である「情報」は、生身の人間が24時間寝ずに働いたぐらいで、何とかできるような代物ではないからです。そして、そんなことをしなくてもよくするのがイノベーション、変革のマネジメントだと考えます。ＩＣＴによるイノベーションとは何なのかという問題意識について、経営理論にヒントを得ながら、考察を続けましょう。

業界内の競争とイノベーション

業界によって、イノベーションを起こしやすい業界とそうでない業界があるのではないか、という質問をされることがあります。もし、イノベーションが進む早さが、それぞれの業界の、コア技術の進歩の早さにだけ依存するのだとすれば、一企業が努力するだけではイノベーションは起こしにくいのかもしれません。

しかし、業界のコア技術の成熟度が、あるイノベーションの実現を制約することは、個々の企業が、同じスピードでしかイノベーションを起こせないことを意味しません。ピーター・ドラッカーは、今までと異なる価値観の、予期せぬ顧客が求めるものには機会があり、真剣に向き合うべき要求でもある[24]と言っています。これは、業界のコア技術の進歩だけがイノベーションを規定するということに反論しようとする言葉に思えます。コア技術による差別化が困難な業界でもイノベーションが進む理由は、商品設計やサービスデザインなど、他の戦略要因による可能性があるからです。

例えば、既出のＬＣＣのようなサービスイノベーションの例があります。また、音声通話を主目的とする携帯電話にインターネット接続機能とカメラを搭載して、「カメラ付きケータイ」。ケータイで撮った写真を、送受信できるようにして「写メ」。そこで使われた要素技術は、通信のコア技術が革新的に進歩したものというわけで

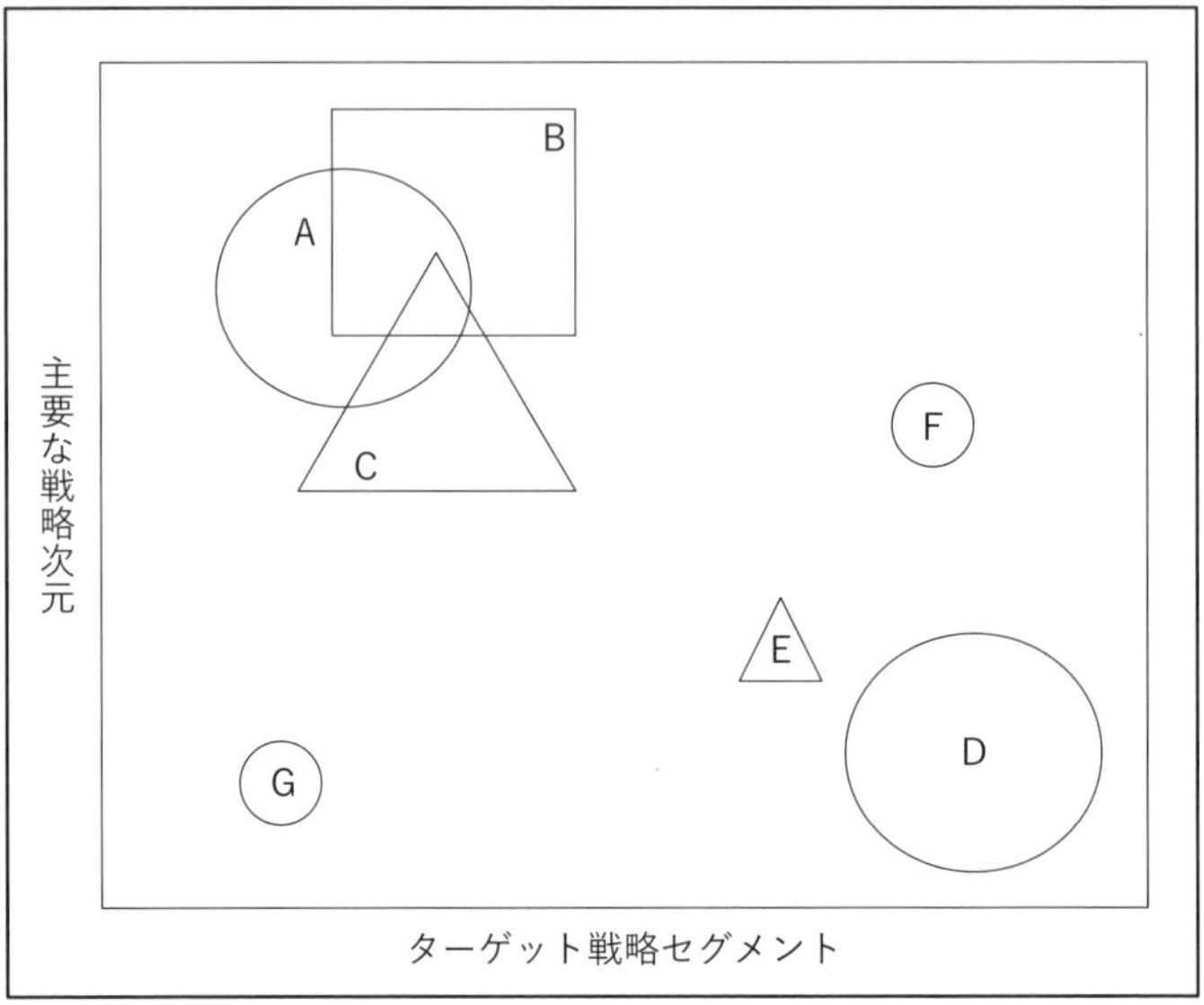

図27　Porter（1980）の戦略グループ・マップ

出所：ポーター、M. E.（2002）『新訂　競争の戦略』、ダイヤモンド社、p.141。

はありませんでした。

経営学では、ある業界の中で類似の戦略で競争し合う企業群のことを、**戦略グループ**〔25〕といいます。業界内の企業は、採用する戦略の違いでグループ分けできるという考え方です（図27）。

例えば一口に自動車メーカーといっても、普通乗用車を主力とするメーカーと、産業用車両を主力とするメーカーでは、異なる戦略を取っています。このように、多くの業界にはいくつかの戦略グループが存在しています。それを抽象的に表したのが図27で、丸、四角、三角は業界内の異なる戦略グループを表しています。

一般的に、異なる戦略グループは平均収益率に違いがあり、戦略グループの内部では収益構造も似かよい、そこに属する企業同士で競争が激化するといわれます。ある時点のある業界を、どうグルーピングするかは、分析者の主観によるところも大きく、競争環境が変化すれば、戦略グループや各グループに属する企業の数は変化しますが、これを用いて、業界内の競争とイノベーションの意味を考えてみましょう。

ある業界の、ある戦略グループに、似たような戦略を取る複数の企業がいたとします。その中に、ＩＣＴを用いた情報経営に関心を向ける企業と、そうでない企業がいたとしましょう。

前者は、例えばネット上の顧客の細かい購買行動や、センサーが刻々とクラウドに送ってくる大量データの解析などから、知見を蓄積しようとするでしょう。また例えば、業務のデジタル化やオンライン化による、誤り率が低く素早いオペレーションには、他社にはない現場運用の技法を発見するチャンスがあるといったことに気付くかも知れません。こういったことを戦略の差異化要因とすることに成功すれば、その企業は別の収益構造を持つ新たな戦略グループを創造することになります。

企業は、現在の戦略ポジションだけで生き残りや競争を考える必要はありません。競争戦略論的には、ＩＣＴの活用能力という経営資源をテコにして、魅力のない戦略グループからは移動すればよいのだという話です。

ＩＣＴ活用の意義の一つは、プレーヤーがイノベーションを起こすハードルを下げることです。また、個々のイノベーションの実現速度を早める役割をすることもあり、こうした役割がうまく働くことが、ライバルとの目下の競争に留まらず、結果的に業界構造や世の中の常識、人々の生活などを目に見えて変えていくのです。

代表的な両利きの経営の概念

近年、注目を集めている経営概念に、「両利きの経営」があります。企業が主力事業を持続発展させていくことと、それ以外の新たな事業を模索する営みを、利き手ともう一方の手になぞらえたものです。企業や組織が、中長期的な存続と発展を志向するなら、「深化」と「探索」の二面性を持つことが望ましいと考えられています。

ここでは、既存事業を漸進させる活動と、それとは非連続な組織構造や活動、あるいは組織能力を、「**深化**(exploitation)」および「**探索**(exploration)」という概念で説明します。深化と探索は目的が異なり、必要とされる能力や、活動のプロセスが異なるため、時に組織の中で相反的になったり自己矛盾を起こしたりする難しさがあります。それを両立させることを「両利き」というのです。

両利きの経営の研究は、日本では翻訳書が出版されたこともあり、M・L・タッシュマンとC・A・オライリー三世の両教授が有名です。イノベーション論とも近接した概念のため、タッシュマン教授とクリステンセン教授も、なくなる直前まで交流やディスカッションがあったようです。

深化と探索の両方が巧みであるとは、組織構造の問題なのか、活動の巧みさか、開発される製品の違いなのか。あるいは、メンバーの人的能力なのか、経営者の能力問題なのか、企業間の関係性問題なのか。これは、研究者によって見解が分かれるところです。タッシュマンとオライリーの他にも、両利きの経営を異なる切り口で捉えようとする研究者がいて[26]、厳密にはこのことがイノベーションとの概念的な違いや、理論の位置付けなどに混乱を招いているようにも思います。例えば経営者の能力問題だと位置付ければ、現場でできることは限られていますし、製品レベルの話なのだとすれば、開発現場の問題なのかとも思えてきます。そこがこの概念の、まだちょっと未成熟な困ったところで、実際に自分の職場のことを考えるときに、何に着目して手を加えて行けばいいのかが、わかりづらい部分です。

実は、一般的に日本では「両利きの経営」と訳されるこの概念、英語は“Ambidexterity”です。代表的な研究ではAmbidexterityという語が単独で使用される場合が多く、私が見た限りでは“Ambidexterity management”という表記は、あまりありません。初出とされるDuncan（1976）では“Ambidextrous organization（両利きの組織）”という表現をしており、彼は組織を研究対象としていることがわかります。１９９１年には、ジェームズ・マーチという研究者が、深化と探索の概念を用いて、イノベーションをもたらす組織内の相互学習と集合的知識の獲得について論じています。ただし、ここでは両利きという言葉は直接使われておりません。

多くの両利き研究の論文で参照されているこの著作では、イノベーションは探索の部分概念だと位置付けられ[27]ています。これはクリステンセンが、イノベーションを、漸進的か破壊的かで分けて考えるのとはかなり異なる捉え方です。またマーチは、深化と探索は人間の情報処理能力の限界性（限定合理性）や、保有資源の希少性の影響を受け、互いに相反する（incompatible）性質を持った、種類の異なるものだと考えました。両利きであるとは、組織の箱のような構造物があるのではなく、活動の違いだと考えたのです。

その後、タッシュマン＆オライリーが発表した１９９６年の論文では、両利きを、「同一企業内で複数の相反的な構造やプロセスを有し、漸進的なイノベーションと非連続なイノベーションを同時に遂行する能力である」と捉えており[28]、深化と探索は、求められる能力（ability）だと言っています（O’Reilly and Tushman, 2013）。素直に読めば、深化と探索は事業の新旧で分け、両利きであるためには、異なる能力の組織を構造的に分離するべきだという話になります。

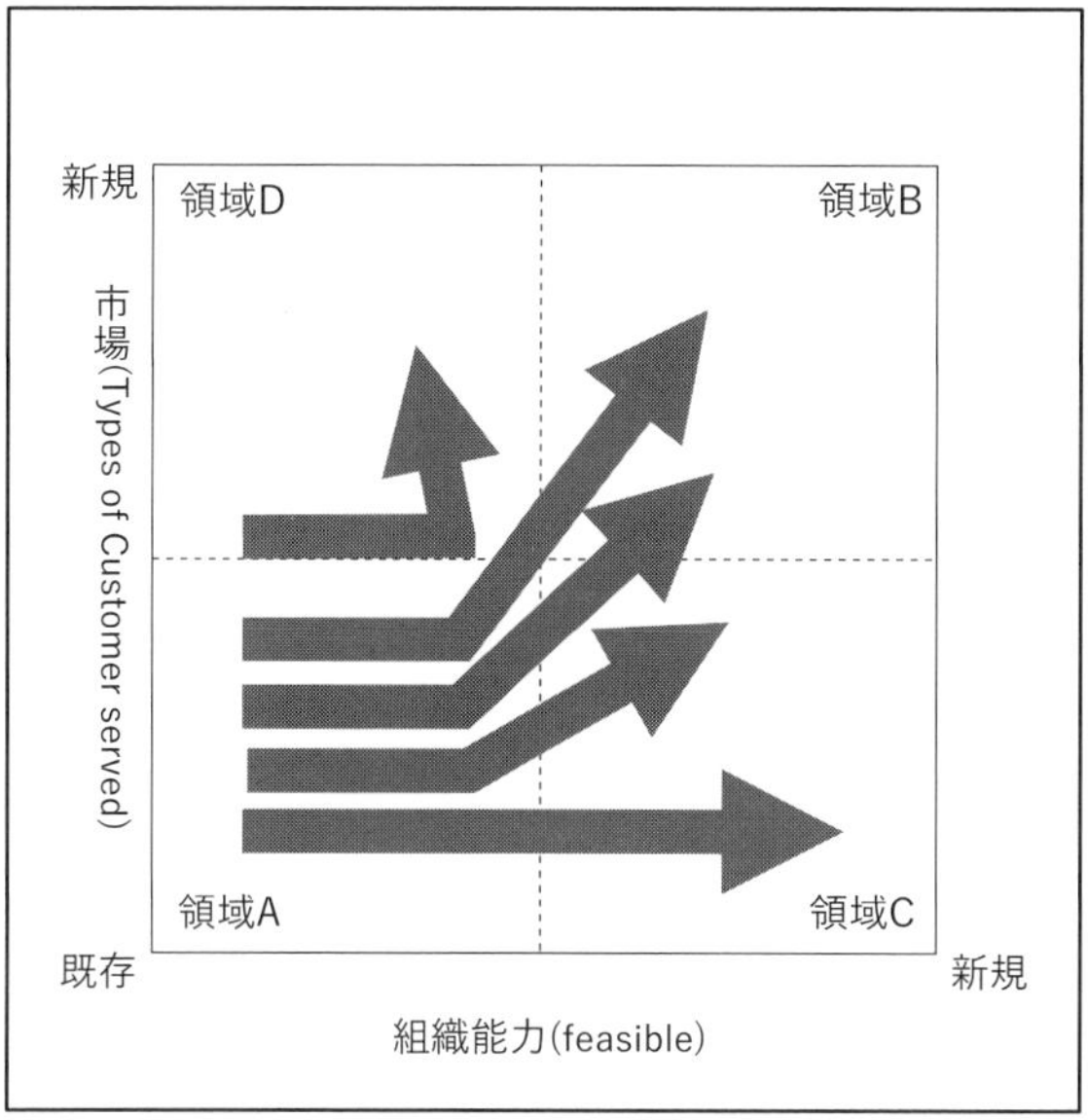

図28　イノベーションストリーム

出所：O’Reilly, C. A., III. and Tushman, M. L.（2019）『両利きの経営』、p.142, p.58；（2016）“Lead and Disrupt,” p.76, p.16

タッシュマン＆オライリーのいいところは、ただ単に箱を分けろとか、やみくもに探索しろと言っているのではなく、イノベーションには方向性があるということを、図で表してくれているところです。

イノベーションストリーム（図28）は、

実現能力（feasibility）と市場の二つの次元を取り、それを新規か既存かで分類することで、異なる種類のイノベーションを表しています。この図が意味することは、既存市場で既存の能力で活動するところ（領域A）から、どちらに向かってイノベーションを進めていくかということです。図の矢印が向いていく方向は、活動の困難さの違いを表していると考えられます。

一般的には領域A（既存能力×既存市場）から一気に領域B（新規能力×新規市場）へ移動しようとすることは、領域Cや領域Dへの移動よりも難しいチャレンジとなることでしょう。なぜなら、新しい市場の探索もしなければならないし、そこでの活動を可能とする能力の探索もしなければならないからです。

イノベーションには既存の能力または市場を深化させるタイプと、それまでとは非連続な新規性のあるものを探し出すタイプのものがあるとして、自分たちのイノベーションが、どのシナリオでいくかを意図していないと、一番難しい方向へむやみに突っ込んでいって、成果の乏しい戦いを強いられることにもなりかねません。領域Aから領域Bを狙うような高難度のプロジェクトは、当たれば大きいイノベーションかもしれません。しかし、おいそれとは成果が出ないために、功を焦るマネージャーや、プレッシャーを受ける組織が疲弊する弊害は、他のストリームに比べれば高い可能性があります。感覚や根性論に頼った消耗戦に陥らないためには、方針選択の基準をあらかじめ決めておくのも一つの方法です。

両利きのマネジメントを拡張した経時モデル

両利きの研究はもともと、組織の構造、創造のプロセス、事業に関わる人（経営者および現場の個人）の能力という、三つの研究の流れが、別々に発展してきたものです。

こういった捉えかたの違いは、どれが正解かではなく、どういう角度からものを見るかの違いです。人間は**認知的不協和**[29]を嫌い、「正しい（正解）」と「正しくない（不正解）」の二元に物ごとを分けたがるものですが、経営の処方箋はそんなに偏平なものではありません。まずは、両利きの概念には、異なる切り口のあることを知り、実際の現場で改善や革新を起こそうと思うときの、視座の選択と戦略の方向付けに役立ててほしいと思います。

両利きの難しさは、深化と探索の同時実現の困難性です。限られた経営資源や能力で異なる活動を両立させようというのですから、両者の間には少なからず綱引きのような緊張関係や、摩擦が起こります。ここでいう能力には、素質的な能力（capability）と、組織としての実行可能性（feasibility）という意味が含まれます。実務家はそれらを、どうにか調整しながら、物事を進めていかなければならない状況にしばしば遭遇します。

戦略的な矛盾や緊張関係をもたらす「新規」と「既存」、「飛躍」と「漸進」を、対立的な二元論で考えるのではなく、両者を調整したり統合したりしてバランスをとるマネジメントを論じる研究があります（Andriopoulos and Lewis, 2009）。両利きであることが、イノベーションと関連の深い能力や組織構造であるなら、私たちは、両利きが進行するメカニズムを、もっと深いところで理解する必要があります。ここでは、両利きのマネジメントを拡張した経時モデルを提案します。

まず、両利きかどうかは、複数のプロジェクトに対して意思決定と責任を負う組織の単位（責任組織）で論じられるべきです。時々理解が混乱する、新規事業開発や多角化との違いは、両利きには少なくとも以下の三つの背景があるということだと考えます。

① 組織が、異なる戦略的意図による、複数の製品やサービスの提供ミッションを持ち、それらが深化または探索の性質を持っていること

② 一方のミッションが進む結果、他方のミッションとの間に収益的なカニバリゼーションの可能性があること（深刻なテンションの存在）

③ 深化と探索に対応する活動が、非一過性のものであること

もし二つの活動の緊張関係が一時的なものなら、しばらくの我慢や、やり過ごすといったことで自然に解決す

ることがあるのかもしれません。経営組織論においては、問題解決にあたるエネルギー量が有限である場合、**やり過ごし**[30]が常に悪手であるとはかぎらない、という考え方もあるのです（認識された大小すべての課題に対して、組織はもれなく均等にエネルギーを注ぐことはできないという意味であって、臭いものにフタという意味ではありません）。関係者の間で多少の調整コストをかければ済む場合はまだまし、ということもできます。しかし、収益のような**アウトカム**[31]にカニバリゼーションが起こる可能性があるとなると、そうはいっていられません。経営学ではマネージャーの職責を、何とかして（manage）課題を解決する人、意思決定に関与する経営職に近い意味合いで使います。痛みを伴いそうな「両利きであること」を、どうマネージしたらよいのでしょう。小手先の調整でうまくいくとは、あまり考えられません。

ところで、新しい領域を開拓する営みやアイデアの探索の中にも、テストや試行錯誤を伴う深化的なプロセスがあります。そうでなければ、企業は実用に耐えるサービスや製品を市場に送り出すことはできないからです。新製品開発のプロセスの中に、深化と探索の入れ子関係が存在することは、イノベーションストリームの象限間移動では十分に説明できないところです。責任組織はイノベーションの成功確率を、プロジェクト単位で個別に高めようとするのではなく、時間軸による資源配分で、全体としての両利きを実現するべきだ、というのが私の考え方です。研究者は両利きの概念を分解して、好きなところだけにフォーカスしていればいいかもしれませんが、経営の現場はそうはいきません。深化と探索という連続性と並行性のある概念を、日常の現場とできるだけ対応させていくために、「両利きの状態」を、時系列的な視点で理解することを、以下に提案します。

図29は、ある組織（企業）内で進行する複数の製品プロジェクトを、横軸に時間を取って経時モデルにしたものです。製品は有形財でも無形財でも構いません。図ではA、B、Cの三つの製品プロジェクトが進行しています。各プロジェクトは、探索→製品化（サービス化）→深化という活動プロセスをたどりますが、深化や探索の

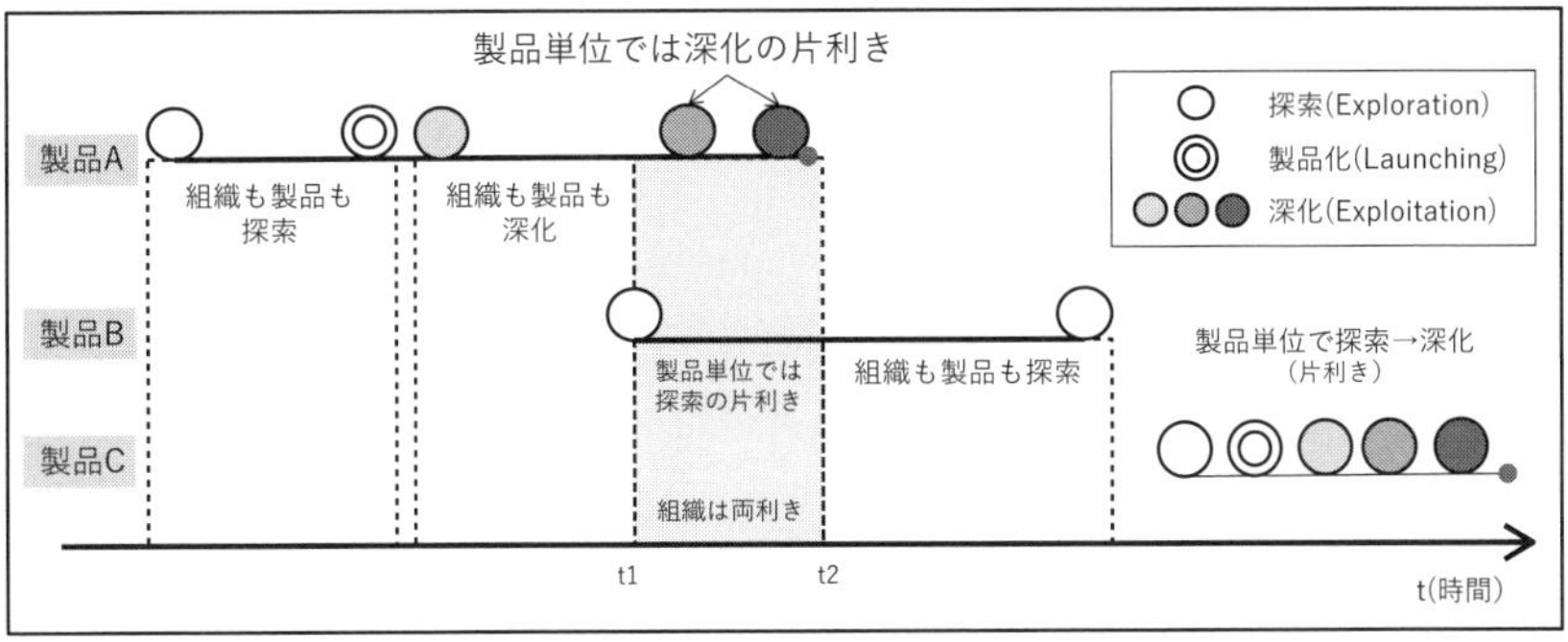

図29　両利きの時系列モデル

出所：宮元・加藤（2019）に加筆。

生起するタイミングと、期間はそれぞれ異なります。プロジェクトが始まる時期は一斉とは限らず、プロセス進行に要する時間は均一でもないからです。

製品Aは順調に探索→製品化→深化のプロセスをたどりますが、Bは探索に時間を費やしたにも関わらず、製品化には至らず終了しています。また、製品Cは、Aよりも始動は遅かったけれども、探索から深化への展開は短期間で行われたことを表しています。これらは、いわば「横軸の両利き」です。

現場では、このような不均等なプロジェクト進行が起こりますが、Bのように探索を続けても、製品化やサービス開始に至らないプロジェクトばかりだと、経営的にはつらいものがあります。挫折プロジェクトが少ないことは理想ですが、がんばり続ければうまく行くという保証もありません。現実にはここが、短期的な成果を求める立場で一番じりじりするところです。意思決定権者は、しばらく我慢して探索を続けるか、打ち切るか、軸足を残しつつ方向転換（**ピボット**）するかの判断を迫られることになります。とりあえずこのモデル図上の組織では、曲がりなりにもAとCのプロジェクトが市場に製品を送り出すことに成功しています。その点では、比較的うまく行っている事例と見ることにしましょう。

この俯瞰的経時モデルは、ある企業における、両利きの活発さを考えることに役立ちます。両利き問題を、プロジェクトの回転効率に還元できるからです。このモデルは、プロジェクトが常に成功するわけではないことを反映し、撤収プロジェクトが一定程度は発生することを想定しています。企業や組織としては、ムーンショットを狙うような難度が高いプロジェクトばかりではなく、横軸t（時間）上に大小のプロジェクトをテンポよく立ち上げ、できるだけ探索と深化のサイクルを短くしていくことが理想です。企業にとってイノベーションとは、一点買いの博打でも、負け戦が自明になっても突っ込んでいく性質のものでもありません。マネジメントとしては、**サンクコスト**[32]にとらわれて損切りできずに傷口を広げてしまうことを回避し、チャレンジにつきものの失敗をある程度は許容し、イノベーションマインドを冷やさないといったことも考慮に入れる必要があります。複数のイノベーションストリーム上で、深化と探索が交互に行われ、フレキシブルに資源配分された複数のプロジェクトが機能すれば、両利きのイノベーションチャレンジが進むことでしょう。

図29を期間で縦に見ると、複数のプロジェクトを擁する組織には、深化または探索だけの「片利き」の期間と、組織の中で深化と探索が並び立つ、いわば「縦軸の両利き」の期間（t1〜t2）があります。図を見るとわかるように、深化と探索を両立させなければならず、プロジェクト間にテンションが発生する可能性がある期間は、実は組織の中に常にべったりと存在しているわけではありません。

ところが、個別のプロジェクトには、できるだけ手元に資源や人材を抱え込んでおきたいというメンタリティーが働きがちです。それを不用意に許せば、占有をめぐる組織間のテンションを不必要に高めるだけでなく、資源を偏在させてしまいます。プロジェクトの進行状況に応じて、全体を俯瞰できるポジションにいるマネージャーが、人事異動も含め、フレキシブルな資源のアサインメントを行ってはどうか、という提案があり得るのではないでしょうか。両利きの理論には、「深化と探索は役割で組織を分離した方がいい」との主張があります。しかし、組織という箱のような構造物で線引きをすることは、状況変化を前提とするプロジェクト運営には、硬直的で馴染まない方法のように思われます。有限資源の最適配分は、常に経営の根幹にある不可避のテーマです。

情報戦略と両利きの拡張可能性

今日的なイノベーションは、デジタルデータや通信が活用される可能性が高いと考えられます。デジタルデータは計算処理に向き、鉄や木材のような物理素材に比べて複製や加工がしやすい、劣化しにくく再現性が高い、保存や蓄積が容易といった多くの特徴から、チャレンジしやすい素材という言い方もできるかもしれません。イノベーションには、最先端のＩＴが伴わなければならないということではありませんが、意思決定をするトップと、ミドルや現場との間には、情報流通や意思疎通のよさが必要だという本質的な問題があります。状況が変化する深化と探索のプロジェクトに対して、責任者は合理的な意思決定をし続ける必要があるからです。異なる性質のプロジェクトを、絶え間なく並行させるには、意思決定にかかる情報流通に関して、Chapter 2 の第5節で紹介した組織ＩＱの話や、組織の情報処理と意思決定のサイクル運営の巧拙に帰結するところがあります。

トップマネジメントと現場の間には、物理的にも心理的にも距離があり、ミドルマネジメントは、両者のコミュニケーションの中継機能を果たす必要があります。ただでさえテンションが働きやすい深化と探索を機能させるのに、組織を役割で分割するだけでうまくいくはずがありません。両利きの経営を、経営者の能力問題に還元するのは、単なる偉人待望論に過ぎないと思うところです。

両利きの経営に関するもう一つの提案は、一社に閉じた両利きにこだわり過ぎないということです。現代のイノベーションは、大きくやろうとすると一社の技術や知見だけでは実現できないものが多くなっています。社会実装がセットになるような話であれば、なおさらです。

例えば、自動運転車や空飛ぶ車（もう、実験は始まっています）が自在に公道を走ることができるようなスマート社会、ビッグデータとＡＩを活用した医療の開発といった最先端の領域を見るにつけても、産学共同[33]、メーカーと通信キャリアやアプリケーション企業[34]など、業種や国境を越えた共同の枠組みでの挑戦と進化（evolution）が始まっています。取引コストアプローチの項で内製・アウトソーシングの選択問題を議論しましたが、深化と探索の活動についても、「どこを自力でがんばり、どこを社外の能力や資源に依存するか」という問いを、拡張的に適用することができます。幸い、ＩＣＴの発展により、自社と異なる資源や能力を持つ誰かと、物理的な距離や時間の制約を超えた結びつきを作ることは、以前に比べればずっとやりやすくなっています。

社会的にインパクトがある大きなイノベーションを起こそうと思うほど、深化と探索には、パートナーとの共創やオープンイノベーションという、自社の外側に拡張されたフィールドを組み入れていく必要があると考えられます。そもそもThe Internet自体が、デファクト・スタンダードを基調とした、壮大なるイノベーションであったことを思えば、イメージはしやすいと思います。

6．デジタル化社会と法制度の視点

ＩＣＴには、デジタル化された情報と、それを伝達するネットワークの二つの要素がからみ合います。また、ＩＣＴが企業や人々の生活に複雑に織り込まれることは、否応なしに人々の経験や内面的なものにも影響を与えます。そのような認識の中で、ＩＣＴがいかに「よき生活（good life）」の役に立つものであり得るかを、技術の検討やビジネス開発とは別の、あらゆる視点で熟考すべきだという考えが、社会現象の観察を通じて顕在化してきています。

インターネット接続が商用化されて以来、オンラインビジネスは自由市場の原理で、華々しい発展を遂げてきました。インターネットが社会インフラ化し、特有のビジネスモデルが拡大する一方で、素朴な競争原理に任せるだけでは公平性の担保や利用者の効用の最大化ができないという、新たな課題が顕在化しているのも事実です。技術とも個別経営の問題とも違う次元で、よき生活とは何かという価値観や哲学にまで迫る問いが、時に対立的で複雑な形で浮き彫りになっています。

オンライン・デジタル社会と法制度的視点

オンライン・デジタル市場の拡大は経済現象の一つですが、新しい経済が急成長していくと、人々は便益を享受する一方で、望まない不利益が顕在化してくることもあります。オンライン・プラットフォームや膨大なデータ解析力を背景に、「情報」の力を競争優位性に変えた企業が、多大なインパクトを社会に与える存在となっていることが、よく取り上げられるようになりました。

「超ＩＣＴ社会」とでもいう世の中で不利益問題が指摘されるのは、強大なテック企業による一方的な支配力の行使、不公正競争、取引の不透明性、ダンピング、意図的な市場操作、データ所有の問題、個人情報保護、労働問題、ネットワーク費用負担の公平性の問題、富の偏在、国をまたがる税制問題など、実に多岐にわたります。特に、２０１８年ごろから急速に議論が高まってきた話題の一つに、巨大オンライン・プラットフォームをめぐる社会的な問題があります。ＧＡＦＡ（Google, Amazon, Facebook, Apple）に代表されるテック・ジャイアントが、グローバル規模で利便性を提供し、なくてはならないものになっている一方で、圧倒的な市場支配力で不公平な取引関係を誰かに強いているのではないか、ユーザーの個人情報やオンライン上の行動履歴などが、当初の想定や本人の許容範囲をはるかに超えた使われ方になっているのではないかというような側面が、浮き彫りにされているのです。

もし、特定の取引や利害に直接関わらない、個人や企業にまで悪影響が出るようなことになれば、それは**負の外部性**（**外部不経済**）と呼ばれる、典型的な社会問題です。負の外部性は、公共経済学の分野で議論されてきた伝統的な概念で、これまでの例としては公害や地球環境問題などがあります。オンラインサービスが、半ば水道や光熱のようなライフラインと化している現在、先にあげた情報産業をめぐる議論は、一企業の事業の成功・失敗という範囲を超えるものになりつつあります。誰もが安心してサービスを使えるような秩序が乱されているのなら、新たな規範や法制度的な整備が必要なのではないかという議論が急速にクローズアップされています。

大変な勢いでイノベーションが起こる時代に、法規制が事象の後追いになりがちなのは、ある種の宿命だといわざるを得ません。社会現象を完全に予測して、あらかじめ法制度を整えておくことには限界があるからです。新市場を創造し、人々の生活を変化させるビジネスが、現行法の想定範囲を超えて議論を巻き起こしつつ成長していく例は、オンラインビジネスに限ったことではありません。例えば１９８０年代の日本には、貸しレコード業が著作権侵害にあたるといわれて民事訴訟になり、その後の法制度整備の流れの中でビジネスが合法化していった例があります。古い話をすれば、自動車という革新的な移動手段が登場したばかりの時代には、車は走り放題、安全を守る道路交通法も、環境汚染に歯止めをかける排出ガス規制もありませんでした。また、イノベーターのビジネスは、現行の法制度で「完全クロ」ではないところで価値提供をするからこそ、目新しくもあり、いきなり排除もされずに立ち上がれるという側面を持っています。行き過ぎた事前規制は、イノベーションを阻害する副作用があります。

法規制の限界に起因する失敗を忌避し、市場の原理による解決を支持する経済学理論を提唱するシカゴ学派に近い人の中には、当局による介入を、「富を生み出す資本を増やそうとする市場の力に対する攻撃だ」（Boudreaux, 2015）と言う人がいるほどです。彼らの見方に立てば、既存の勢力から敵対視されることが少なくないUberも、タクシー業界が規制のため、市場のニーズにうまく対応できないことに対する代替市場の発達だった、という解釈になります。また、アイデアは秀逸でもビジネスとしてうまく立ち上がらず、人知れず世の中から退出していくものも少なくありません。成功や失敗の理由は後になればいくらでも分析できますが、誰が勝者になるかを前もって予測するのは容易ではありません。このような現実の前では、ジェフリー・パーカー（2017）等、オンライン・プラットフォームビジネスの研究者がいうように、規制的なルールによって事前に認可承認を与えるタイプの「ゲートキーパー方式」が、社会厚生を最大化する最も有効な方策だとは言いにくいものがあります。しかし、ネットワーク効果や規模の経済の追い風を受けて成功した巨大なオンラインビジネスが、便益以上に負のインパクトを社会に与えるなら、一定の規制の枠組みが社会厚生の観点で設けられるべきだという議論は、否定できなくなりつつあります。

オンライン・プラットフォームのイノベーションと法制度問題

圧倒的な技術と情報を持ち、デジタル・オンラインに働く力学をテコにして、グローバル展開するオンライン・プラットフォームビジネスと法制度との関係は、学際的な視点で関心を払う必要があります。それは、特定のオンライン・プラットフォームビジネスが公共財としての性質や存在感を大きくするときの、力関係や利益のコントロール問題です。

経営学的には、プラットフォーマーが持続的な競争優位性を獲得しようとすること自体は、戦略の自然だと考えられますが、そのビジネスが誰かに一方的な不利を押し付ける状況を起こしていないか、負の外部性を減らすために十分なガバナンスを企業自ら発揮しているか、また逆に規制による抑止的な行動が、正の便益を必要以上に制限しないかどうかを、ファクトベースで考える必要があります。ただし、プラットフォーム的な性質を有するビジネスには、大小さまざまなものがあります。中には、小さなスタートアップビジネスもあり、そのようなものまで含めて強い規制の網をかけてしまうと、市場の自由を阻害し、イノベーションの萌芽も摘んでしまいかねない点が問題となるのです。

オンライン・プラットフォームでは、誰が、いつ、誰に対して、何をしたかが、データとして正確に残ります。ある企業のプラットフォームビジネスが支持されるためには、これらの取り扱いに関する情報が誠実に開示されることが必要です。情報開示は取引の透明性を担保し、プラットフォーマーの、行動監視や暴走抑止の役割を果たすからです。プラットフォーマーは参加者の信頼を高め、参加者からのフィードバックを不満の修正に機能させなければなりません。そうでなければ、ビジネスを強力に後押ししていた正のネットワーク効果が逆回転の「負のネットワーク効果」に転じ、急速に存在価値や競争力を失ってしまうことでしょう。

もっともプラットフォーマーにとり、「自社だけが持ち得る情報」は、資源ベース戦略論的には「優位な資源」であり、ポジショニング戦略論的には模倣や追随を狙う相手に対する「強力な障壁」ですから、そう簡単に開示をする気分にはならないでしょう。しかし、一定程度は誠実に説明責任を果たさないと、反発や規制を強める状態に陥ります。それは「負のネットワーク効果」を呼び込むトリガーとなり、得策とはいえません。

イノベーション阻害の観点からは、自由と法規制のバランスは、どちらが強すぎてもだめということがいえます。なぜなら、ドミナントプラットフォーマーの強すぎる支配力は、「参加者の離反を招くイノベーション阻害」となり、強すぎる法規制は、「自由なきイノベーションの硬直化」となるからです。市場の自由と法制度とは、「野放しにもせず、がんじがらめでもない」微妙な関係の上に成り立つものです。「現状の規制における許認可のしくみを一部維持しながら、（中略）データに基づく説明責任が最高の結果を生み出す」というのが、ジェフリー・パーカー等、最先端のプラットフォーム戦略研究者の現在の意見であるようです。

オンライン・プラットフォーム戦略の今後

現在のオンライン・プラットフォームビジネスをめぐる研究には、少なくとも三つの視点が、それほど整然とした形でないまま混在しているように思われます。一つ目はプラットフォーマー自身の成長戦略の視点、二つ目は、あるプラットフォームにおける補完プレーヤー（製造者やサービスの提供者）のポジショニングの視点、三つ目は、プラットフォームビジネスにおける外部性の管理の視点です。

プラットフォームへの参入退出はもちろん自由ですが、プラットフォームビジネスを形成する三者間には、特有の相互依存関係があります。それぞれのマーケットパワーがそれなりに強くないと、プラットフォーム上のビジネスは有効に成立しがたく、各サイドの参加者の便益も期待するほどではなくなります。依存関係の一方で、同じサイドのプレーヤー間には一般的な市場競争の原理が働きますし、三者の力のバランスが崩れると、外部性をめぐりコンフリクトが起きるという側面もあります。プラットフォームビジネスは、微妙なパワーバランスの上に成り立っており、その関係性をマネージする戦略は、垂直統合的なバリューチェーンを前提とするときよりも、複雑なものにならざるを得ません。

例えば共通のＩＤで、異なる情報プラットフォームにログインできたり、決済ができたりするようになったことを見てもわかるとおり、今後のプラットフォームビジネスは、データの受け渡し機能を通じてサイト間の関係が、多重化していくことが予想されます。多重化したオンラインの世界で、大量の情報（ビッグデータ）がリアルタイムに機械処理され、異なる制度の国々で流通すれば、一国の法制度でビジネスや社会経済をコントロールしようとするのは無理があります。税制やデータの越境、情報格差など、一国に閉じたモデルでは規定しきれない、独特のイシューや社会問題の解決には、一層の知見と国際協力が必要です。

個別企業の利益の最大化や市場競争を論じる経営戦略論と、産業社会の構造を論じる産業組織論や、社会的資源や所得配分の配分最適化を論じる公共経済学は、学問的には別々と捉えられていますが、両者は今一歩深いところで接合点を見出す必要があります。法制度、公共の福祉、倫理といった見地からの検討や、新たな枠組みの整備も必要でしょう。ここでいう枠組みとは、明文化された法律だけでなく、企業や業界が自主的に定めるルールや、技術の適用倫理、国際的な社会規範といったものも含んでいます。排他的になりがちな、ほかの分野の専門家と、垣根を越えた議論が前向きに行われていくべきだという考えは、取り組み甲斐のあることだと思います。

註

1——Stolterman, Erik and Anna Croon Fors（2004）"Information Technology and The Good Life," *Information Systems Research: Relevant Theory and Informed Practice*, pp. 687–692.（DOI:10.1007/1-4020-8095-6_45）

2——レビット・Ｔ（１９７１）『マーケティング発想法』、ダイヤモンド社。

3——再利用が期待できる顧客関係の維持。

4——スタンフォード大学教授、エベレット・Ｍ・ロジャースが１９６２年に『イノベーションの普及』（"Diffusion of Innovations"）で提唱したイノベーター理論。顧客層をイノベーティブ商品に対する受け入れ柔軟性によって分類する考え方。早い段階から受け入れる層の順に、イノベーター、オピニオン・リーダー、アーリー・マジョリティー、レイト・マジョリティー、ラガードと呼ぶ。

5——著書では「デジタル技術とデジタル・ビジネスモデルが、企業の（現時点での）提案価値（バリュープロポジション）と市場における今後の地位に及ぼす影響。（中略）脅威であると同時にチャンスを照らす光でもある」とされている。ウェイド、マイケル他（２０１７）『対デジタル・ディスラプター戦略』、日本経済新聞出版社、序章16–17頁。

6——ハーバード大学のＭ・ポーター教授による、業界の競争要因となるプレーヤー間の力関係を五つの交渉力（five forces）によって説明する概念。

7——ネイルバフ、バリー・Ｊ、アダム・Ｍ・ブランデンバーガー（１９９７）『コーペティション経営：ゲーム論がビジネスを変える』、日本経済新聞社、30頁。

8——２０２０年8月19日「ガートナー、「先進テクノロジのハイプ・サイクル：２０２０年」を発表」https://www.gartner.com/jp/newsroom/press-releases/pr-20200819

9——ハイテク製品を少数のビジョナリー（進歩派）で構成される初期市場から、多数の実利主義者で構成されるメインストリーム市場へ移り変わろうとするときに、陥る難局を超えることが難しい深い溝にたとえた言葉。米国の経営コンサルタントジェフリー・ムーアが提唱したイノベーションの普及理論の一つ。

10——西洋の信仰にある、悪魔を撃退する銀製の魔法の弾丸のこと。転じて、何にでも効く特効薬のようなＩＴプログラムやコンピューターシステムなど存在しないとの意で「銀の弾丸など存在しない」などと比喩的に用いられる。

11——原題は How Will You Measure Your Life?

12——Academy of Management 2016 Annual Meeting

13——to make it difficult for something to continue in the normal way（Oxford Dictionary）

14——to damage something so badly that it no longer exists, works, etc.（Oxford Dictionary）

15——クリステンセン、クレイトン（２０１７）『ジョブ理論』、ハーパーコリンズ・ジャパン、29頁。

16——原題は“Competing Against Luck: The Story of Innovation and Customer Choice”(2016).

17——サイバー大学（設置会社：株式会社サイバー大学）、東京通信大学（学校法人日本教育財団）など。

18——https://www.cyber-u.ac.jp/about/number.html

19——原題は Competing Against Luck: The Story of Innovation and Customer Choice

20——邦訳書、58頁。

21——同、59頁。

22——SDGs は「Sustainable Development Goals（持続可能な開発目標）」の略。２０１５年９月の国連サミットで採択されたもので、国連に加盟している１９３カ国が２０１６年から２０３０年の15年間で達成する17の目標と、それらを達成するための１６９のターゲットで構成されている。スコープは貧困、飢餓、健康、教育、平等、経済成長、産業と技術革新基盤など広範囲にわたる。

23——Lewis Carroll（1965）“Through the Looking Glass,” 邦訳（２０１０）『鏡の国のアリス』、翻訳：河合祥一郎（角川文庫）。
原文は、“Now, HERE, you see, it takes all the running YOU can do, to keep in the same place. If you want to get somewhere else, you must run at least twice as fast as that!”

24——ドラッカー、ピーター・F（２００７）『イノベーションと企業家精神（ドラッカー名著集）』、ダイヤモンド社。

25——戦略グループ論の本格的な研究の嚆矢は、ポジショニング戦略論の大家M・ポーター（１９８０）とされる。ある業界にはいくつかの戦略グループが存在し得るが、グループの数やグループに属する企業は、時につれて新しいものが現れたり変化したりすることがある。詳細は宮元（２０１７）。

26——Birkinshaw and Gupta（2013）ほか。

27——Exploration includes things captured by terms such as search, variation, risk taking, experimentation, play, flexibility, discovery, innovation.

28——The ability to simultaneously pursue both incremental and discontinuous innovation and change results from hosting multiple contradictory structures, processes, and cultures within the same firm.

29——人間が矛盾する二つの認知を抱えたときに生じる、居心地の悪さや心理的不快感のこと。アメリカの心理学者、レオン・フェスティンガーが提唱した心理学用語。認知的不協和を感じると、人はそれを解消し精神的な安定感を感じられる方向に行動したり変容したりするものとされる。

30——Cohen, March, and Olsen（1972）のゴミ箱モデル参照。

31——最終成果や最終的に達成される状態のこと。

32——プロジェクトや事業のために既に投下したコストのうち、縮小や撤退によっても、もう回収することができないコストのこと。埋没費用ともいう。

33——「英オックスフォード大の新型コロナ・ワクチン、有効率70%　安価で保管しやすい利点」２０２０年11月23日、ジェイムズ・ギャラガー、ＢＢＣ健康・科学担当編集委員　https://www.bbc.com/japanese/55042328

「アストラとファイザーのワクチン両方接種させる治験へ―英大学が実施」Suzi Ring、２０２１年２月４日11時10分 ＪＳＴ　https://www.bloomberg.co.jp/news/articles/2021-02-04/QNZ9QNDWRGG401

34——トヨタ企業情報「世界に広がるモビリティサービスＣＡＳＥ コネクティッド シェアリング」 https://global.toyota/jp/company/messages-from-executives/details/mobility-services.html

「ＮＴＴとトヨタ自動車、業務資本提携に合意」２０２０年３月24日、トヨタ自動車株式会社、日本電信電話株式会社、https://www.ntt.co.jp/news2020/2003/200324b.html

Chapter 8 ICT社会で生きる企業と人

1. 改めて「情報リテラシー」とは何か

ICTを語る多くの場面で、情報リテラシーが話題になります。学校教育でも情報系科目の必修化が進み、情報リテラシー醸成の必要性は、今やほぼ当然視される状況となっています。情報リテラシーを習得するというと、パソコンやアプリケーションソフトの使い方に始まり、少しレベルが上がると、コンピュータープログラムを書くという話が多いのですが、パソコンを達者に使えれば情報リテラシーが高いのだとは言い切れません。

情報系の教科書的な書籍の多くは、冒頭に近い章で情報リテラシーの概念に関する記述をしています。本書もその傾向がない訳ではありませんが、世の中の具体的な話題に触れずに、いきなり抽象度の高い概念から入るその骨法だと、どうも頭に入ってくる気がしないのは私だけでしょうか？　そこで本書ではあえてこの最終章で、改めて情報リテラシーについて触れたいと思います。

リテラシーとは読み・書き・計算だ、という人がいますが、それは少し丸め過ぎです。リテラシーとは、ある事がらに対する知識と技能および、それを活用できる能力です。したがって、情報リテラシーと言えば、「情報について、相応の知識と取り扱いの技能を有し、情報を適切に活用できる能力」ということになります。パソコンが使える、表計算ソフトで関数やマクロが書ける、派手なプレゼンテーション資料が作れるというのは、その一部です。また、対象となる情報は形態を問いません。デジタルか非デジタルかを問わず、情報の適切な扱い方がわかっていて、実際に有効に使えることが情報リテラシーです。

「知っている」と「わかる」は、意味もレベルも違います。「知っている」は存在を認知していることに過ぎませんが、「わかる」は意味や理由まで理解できているということです。ですから、情報の活用ができるとは、目的を理解したうえで、適切な方法と手順で処理や分析という「作業」を行い、結果から洞察を得てアクションにつなげられることです。ただそれは、一人で全部やれという話でもありません。組織なら分担すればいいのです。ただ、分担部分だけに近視眼的になって、目的や全体を見失うことはよくありません。

情報リテラシーを構成する要素

情報リテラシーは、個人が雑多な情報に囲まれながら生きていくのにも必要です。また、個人の集合が組織や社会を構成するのですから、個人のリテラシーの高さと組織や社会全体のリテラシーの高さは、無視できない関係にあります。チェスター・バーナードの、組織が成立するための3要素（Chapter 2）の一つは、組織のメンバー間でコミュニケーションが成立していることです。組織に、「情報」のやり取り、すなわちコミュニケーションが必須なら、情報リテラシーの高さが組織運営の巧拙に影響することは、容易に考えが及ぶところです。

次は、「わかっているが、できない」というのでは、まだ十分にリテラシーが高いことにはなりませんという話です。技能の部分が不足しているからです。

情報処理のツールは紙と鉛筆にはじまり、パソコン用のアプリケーションから計算能力が高いハードウェアに実装された高度なプログラムまでさまざまです。現在の情報リテラシー教育は、ややこれらのツールの習熟に偏るきらいがなきにしもあらずですが、「私は技術者やオペレーターではないから」と言って、技能がないことを正当化しようとするのは問題です。情報処理にどのツールを用いるかによって、生産性に差が出るというだけでなく、現代は、ＩＣＴ投資に関わる何らかの意思決定をせずに済ますことはできない時代です。「ウチはＩＴ投資などいらん」、「私は紙と鉛筆と暗算で仕事します」というのも一つの意思決定ですが、本当にその判断は妥当でしょうか？　意思決定には身についた知識が必要だ、という構造があります。古い言葉を持ち出して恐縮ですが、畳水練《たたみすいれん》や陸《おか》サーファーに迫力がないのと同じで、どのようなバックグラウンドの人でも、良き意思決定や組織貢献（バーナードの3要素の二つ目）をしようと思うなら、やはり一定のテクニカルスキルは習得している必要があるでしょう。

「これからの時代は、息をするようにプログラムが書けないとダメだ」と言う人もいます。全員にそこまで求めるかどうかは別として、日本の公教育では２０２０年度に小学校でプログラミング教育が必修化され、２０２１年には中学校で、２０２２年度には高校で、プログラミング教育が全面実施されます。プログラミング教育とは単に、コンピュータープログラムが書けるようになることではありません。プログラミング教育には、アルゴリズムやモデルで物ごとを考え、シミュレーションすること、目的に応じて情報をデザインすること、計画すること、課題の発見や問題解決にＩＣＴを活用することといった、一連の能力育成が含まれています。このような流れの中では大人も、学校で習わなかったからといって食わず嫌いをする理由はないだろうと、私は考えます。

もう一つは、情報を適切に取り扱うことの意味です。「適切に」とはどういうことでしょう。少なくとも、なぜその情報をそのように扱うかの理由に客観性があること、自分に都合の良い論理が先行することで他人の権利を侵害したり外部不経済を生んだりしないこと、そして実際の運用現場で取り扱いの原則やルールを踏み外さないことです。企業での情報処理の先には、行動の意味や社会的な意義から、何をすべきか（すべきでないか）を決める意思決定がついてきます。その一連の活動が矛盾なく遂行されて初めて、情報は適切に活用されることになります。「情報は第4の経営資源」といわれる今日、それなしでは、戦略的な組織運営や成果の創出は難しいという話です。

情報処理の4ステップ

オンラインで情報が流通し、意思疎通や商取引などが媒介される現代は、発信側も受信側も、情報に対する接触のハードルが低くなっています。企業や個人が、簡単に海外や遠方の相手と売買ができ、大勢の人に、自由な発言や情報を低コストで一斉発信することも極めて容易になりました。

それは大変便利なことではありますが、一方でこうしたことを通じて、知らず知らずのうちに危険な相手や違法行為に突き当たってしまう可能性もあります。巧妙に細工されたフェイクニュースを流されたら、ウソを見破ることができずに判断を誤るかもしれません。本人に悪意がなくても、ネットに書いた内容を誤解されることもあります。情報の拡散速度が加速したことで、真偽や倫理性に関わらず評判が簡単に流布し、世の中の評価がすぐに確定してしまう傾向にあるのも一面の事実です。

接触可能な情報の範囲と量が圧倒的に増大する時代は、時にSNSによる大規模な情報共有が、国家や社会制度を変化させる運動の力となることもあります[1]。オンラインにそれほどのパワーが存在する社会では、今まで以上に情報リテラシーが、一人ひとりに必要です。戦略的に情報に接触し、それを活用していくための情報処理を、プロセスで理解しておきましょう。

情報処理のプロセスは、「収集」、「加工」、「分析」、「発信」の4ステップからなっています。

① データや情報の素材となるものを集めてきて（収集）
② 再現性のある方法で目的に合った形に整理して、扱えるようにし（加工）
③ 解釈や意味付けを行い（分析）

④　人が理解できるように表現して伝える（発信）

この4ステップができて初めて、原データや情報は役立つものになります。一つずつ見ていきましょう。

情報処理には必ず理由や目的があります。状況をまとめて善後策を考える、将来に記録を残す、意思決定をする、説明し理解を求める等々、これらの目的を達成するためには、素材となる元のデータや情報を集めてこなければいけません。これが、最初のステップです。

情報の収集

このとき留意すべきは、誰かからのまた聞きや単純コピーではなく、できるだけ確かな一次情報であるべきことです。また聞きのものはフェイクニュースかもしれません。都合よく部分を切り取ったものだったり、不正確だったり、人の口を通すたびに歪んで偏ったりしたものかもしれません。悪くすれば、誰かの知的財産権を侵害したものが混じっているかもしれません。情報の出元をしっかり確かめてください。

そんなことは当たり前だろう、自分だけは大丈夫と思うのは、もしかしたら認知バイアスかもしれませんよ。認知バイアスの虜にならないためには、用心深く裏取りをすることです。少なくとも、初見で心をわしづかみにされるような、それらしいものが飛び込んできたときには、舞い上がって鵜呑みにせず、一呼吸おいて複数のニュースソースにあたる冷静さは持ちたいものです。以下に収集情報を吟味するときの、主なチェックポイントをあげておきます。

◇　科学的な常識に合っているか・エビデンスに基づいているか
◇　誰によって発信されているか
◇　いつ発信されたものか
◇　どのような形で発信されているか
◇　何の目的で発信されているか
◇　その発信が、特定の人や団体の特別の利益につながっていないか

◇ 誰かに都合の良い結論ありきで語られていないか
◇ 不都合な部分が矮小化されたりカットされたりしていないか（全文確認が必要）
◇ 自分の意見を支持するデータや情報ばかりを集め、反証情報の存在の確認を怠ったり無視したりしていないか（**確証バイアス**）

エイプリルフールに引っ掛かったことがある人は要注意ですね。

「自分でちゃんと調べてね」というと、「ウィキペディアで調べました」とか「google で検索しました」という人がいます。しかし、ウィキペディアはブリタニカのような百科事典とは異なり、専門家でなくても記述ができますし、査読もほとんど行われません。内容の正確性は、コミュニティーの自己管理と使用者の善意に委ねられているという意味で、ウィキペディアに書いてあったから大丈夫だとは言い切れません。最近では相当に精度が上がってきたとは言われていますが、何らかの偏った意図を持って、記述内容を編集したり改ざんしたりする人がいないとは限らないからです。

それから、サーチエンジンのしくみを覚えていますか？（71頁参照）もしかしたら検索サイトも、

・内容の正確性や公平性に関わらず、高額の広告料を払っている企業や、ＳＥＯが上手なサイトの情報が上位に表示されているかも知れない
・特定の利害関係者にとって都合のいいことほど目立つように表示され、不都合なサイトは意図的に表示されていないかも知れない
・利用者の検索履歴や行動分析から**ターゲティング**された結果や、心地よいと感じる耳ざわりのよい結果だけを、繰り返し見せられているのかも知れない（**フィルターバブル**〔2〕）

等々、気になることはいくつもあります。そもそも noindex などのタグを入れたりリンクを外したりして、検索

のインデックス登録を拒否する制御をしているサイトは、検索結果には出てきません。検索結果から飛んだ先のサイトが、本当のことを書いているかどうかを、検索事業者は保証しない、ということも覚えておく必要があります。

検索結果があまりにも偏向すると、ユーザーが離反してしまいます。現在の検索ビジネスは、広告を収益源とするプラットフォームビジネスですから、そのようなことが起こる行動は検索事業者も忌避するはずです。検索ユーザーが減ることは広告媒体価値が下がることを意味し、ビジネスモデルの崩壊につながりますから、検索事業者も極端に恣意的なことはしていないと思いたいところです。ただ、恣意がなくても、検索アルゴリズムの作成者の主観は、究極のところで検索結果に影響を与えます。検索結果の表示順位が客観性を保証するとは限りません。

世の中には情報めいたものがあふれ返っており、どれが本当なのかがわからないという人がいます。そんな人ほど面倒くさがらずに、とことん自分で調べる習慣を身につけていただきたいものです。専門書、さまざまな視点を有する複数の雑誌や新聞、官公庁の白書や統計など、あらゆる資料にあたる労力を厭うべきではありません。どんなに検索サイトが発達しても、図書館の活用は有効な手段です。

最近では、省庁データベースや学術論文データベースなども、オンライン利用が可能になってきています。完全とはいえませんが、「これは何かヘンじゃないか?」、「これは正確な情報ではなさそうだ」ということは、複数の信頼性の高い一次情報を突き合わせていくと、それなりに気付くものです。こうしたことは、やり続けていくとトレーニング効果もあり、経験的なスキルも向上していくといわれています。

情報の加工と分析

情報処理の二番目は「加工」です。加工とは、元のデータや素材となる情報を、目的に合うように整理することです。データと「情報」は異なるものだという話を、Chapter 1でしました。データとは、それだけでは何の意味付けもされていない、単なる事実であり、「情報」とは人によって、意味付けや解釈がされたものだ、ということを思い出してください。この質的転換のために、再現性のある方法でデータを整理し表現するプロセスが、情報の加工です。

なぜ再現性のある方法かといえば、後から検証可能である必要があるためです。再現可能な方法が用いられていれば、後で手順をトレースし、作業者の思い込みやケアレスミスによる誤りが防げます。別のデータセットを同じプロセスにかけて、追試を重ねることも可能です。誤った情報で意思決定を行えば、経営の誤りを誘発しかねません。情報の加工プロセスを、ブラックボックスにすべきでない理由はここにあります。

アプリケーションソフトには、それぞれ得意とする作業があります。どれを使うのが目的に合うかを考えて選択できることも、リテラシーのうちです。

例えば、仕事でよく使うパソコン用アプリケーションといえば、表計算ソフトと文書作成ソフト、そしてプレゼンテーションソフトです。もちろん他にも便利なものはたくさんありますが、マイクロソフト社の製品でいえば、**Excel**（表計算）、**Word**（文書作成）、**Power Point**（プレゼンテーション）が、御三家とでもいったところです。この三つは連動性をよくするために、機能を少しずつオーバーラップさせてありますが、もっとも得意とする作業は異なります。この中で、数量データの加工や計算に適したツールはExcelです。機能上はExcelで文章を書いたり、図形を描いて人に見せたりすることは可能です。しかしそれは本来、WordやPower Pointに任せ、Excelはデータの加工計算やデータベースの役割に専念させる方が目的に合っています。アプリケーションに実装されている機能をどれだけスマートに、うまく使いこなせるかは、案外目立つところです。

情報処理の三番目のステップにあたる「分析」は、目的に沿って整理されたデータや元の情報に意味付けや解釈をして、問いに対する答えを導出する作業です。意味付けや解釈には、分析者や組織のポリシー、背後にある価値観や文化などが影響します。分析というプロセスは、人間の主観から完全に解放されることはありませんが、多様なデジタルデータの取得が可能な現在は、統計などの数理的な手法を分析に用いることで、できる限り客観性を担保する考えが主流になっています。

統計は、平均や分散などの計算を通じて、物ごとの傾向や特徴を明らかにしようとする記述統計と、確率論をベースに、全体像や将来を推しはかろうとする推測統計に二分されます。それぞれに洗練された手法やツールが開発されており、勘とド根性に頼るよりは、確立された手法を用いて合理的に分析する方が望ましいのは自明です。合理的な方法で、きちんと手続きを踏んだ分析には説明力があります。確かに、数式に馴染まないものや、統計の意味や前提を逸脱するデータは扱えない（扱っても意味がない）、という限界はありますが、さまざまなことがデジタルデータ化できるようになりつつある現在、これまで捕捉困難だったことが数理的に解明できる可能性とメリットは、最大限に活かすべきだと思います。

統計は、数学的な特徴を踏まえて用いないと、トリッキーな数字が判断を誤らせることがあるため、「数字を読む力」が必要です。例えば、営業部の一人当たりの平均契約獲得数が25件だとしても、いつも同じ営業担当が全部を獲得しており、他の担当はいつもゼロ件の会社では、平均を取る意味がありません。また、年間の平均売上額が倍になったと喜んでいたら、実は去年も今年も赤字だったというようなときは、打開のアクションによりエネルギーを割くべきです。統計それ自体は目的ではありません。

データ主導型社会は、データ化されたファクトと「情報」が、活動や意思決定のコア要素になる社会です。戦略論的には、第４の資源を用いて合理的な行動ができるプレーヤーと、そうでないプレーヤーとでは、競争力が開く可能性がより高くなる社会ということです。現代は、使いやすい統計ソフトがあり、変数が極端に多い問いにはＡＩが使えるという、ツールが揃った世の中です。課題設定や問いを立てることができて、情報処理の原理や原則がわかっていれば、かなりの解析ができます。手に余る部分は、外部化してもよいでしょう。

分析時の解釈や意味付けで、常に気をつけるべきことは、**因果関係**と**相関関係**を取り違えないことです。因果関係には「その原因が存在したから、その結果が起こる」という、時間的順番性がありますが、相関関係は、関係がありそうだということが言えるだけで、どちらが原因でどちらが結果かは断言できません。

ある時に、焼き鳥とビールがよく売れたとします。これだけでは因果関係はわかりませんが、何となく相関関係はありそうな気はします。ただもしかしたら、両者の売れ行きの背後には、気温とか、スポーツ中継がある、休日前などといった、隠れた要因があるかもしれませんし、偶然かもしれません。

このように、手元の数値を計算するだけではわからないことは、案外たくさんあります。そこはさらに説明力のありそうなデータを集め、手順を踏んで解析をし、解釈に誤解・飛躍・矛盾・強引さはないかをチェックしながら、推論を重ねていくしかありません。

分析にどういう意味があるか、この分析では判断できない部分はあるか、結論から何をすべきかを考えるのはヒトの仕事です。もちろん限界はありますが、カンと度胸と経験だけの時代はもう終わり。戦略や企画の立案を志す人には、ぜひ統計の基礎を身につけることをお勧めします。解明しきれなかった残課題があるときは、さらに追究を続けるべし！　です。わかっていることだけで仕事をするのでは、探索的な活動が弱くなります。その意味では、未知の事がらを知ろうとする探究心も、広義の情報リテラシーだと私は考えています。

情報の発信

意味のある「情報」を得ることができたら、必要に応じて仲間やステークホルダーに発信し、共有するようにしましょう。意義ある情報は発信しなければ、それは存在しないも同然です（当然ですが、保護されるべき個人情報や機密情報などは、勝手に流通させたり公開したりしてはいけません）。今日の企業にとって、情報とは集めるものでもあり、発信するものでもあります。データや情報をたくさん持っているだけの物知りであることや、ロジックや根拠なく物をいうのは、情報の戦略性という意味で不完全です。

情報の発信とは、広告宣伝やＰＲだけではありません。ここでは一般的な「伝える」という行為に共通する技法について考えます。

ビジネスでは、分析して「わかったから満足しておしまい」であることは多くないはずです。ビジネスの諸活動は、「情報」を伝えて、それがステークホルダーに受け入れられることにより支えられます。クリアなメッセージを、どういう手段と表現で伝えれば早くよく伝わるか、伝達の技法を身につけることが必要です。

情報発信でよく言われるのは、「最適なタイミングを逃さない」、「結論を先に伝えてから理由や背景の説明をせよ」ということです。時はいったん逃すと、取り戻せない貴重な資源だからです。

Chapter 5 で、鳥の定義の例を紹介しました。物ごとを誤解なく伝え、コミュニケーションが食い違いを起こさないためには、定義や用語使用の前提などを明示し、似て非なる意味や曖昧さを持つ言葉の安易な使用を避けることが必要です。また、情報の信頼性を担保し、知的財産権を侵害しないために、利用したデータや情報の出所は明示しなければなりません。

表現上の工夫としては、自分が話したい順番に並べるのではなく、受け手が理解しやすいように情報を構造化すること、図表による視覚的表現を導入すること、文字の大きさや太さや色遣いにより、理解促進の工夫をすること、ハンディキャップを抱える人への配慮など、さまざまなポイントがあげられます。

線の太さや種類（実線や点線など）、矢印の向きなどには、重要性や順番性などの意味を持たせることができます。そのため、これらは用法を統一した方が望ましいとされます。同様に、図形の色や塗りつぶし方などにも意味をもたせることができるため、上手に使えばシンプルな図表の中でも表せる情報量は多くなります。一般的に横書きの場合は人の目線は左上から右下に、縦書きの場合は右上から左下へと移動します。視線の移動は人が物ごとを理解する順番と連動することが多いことから、この流れに逆らわないレイアウトをしてください。

人間のコミュニケーションは、身振り手振り、声のトーンや表情、間合いなどの非言語コミュニケーションに、相当依存しているといわれています。ラジオや音声通信などの、聴覚のみに訴えかける情報発信は、視覚にも訴えかけられる場合と比べて、一層誤解なく伝える工夫が必要です。活舌や話す速さに注意するだけでなく、「精算と清算」、「異動と移動」などの、同音異義語をできるだけ避けて言い換えたり、一言加えたりすることが、ミスコミュニケーションの発生を軽減します。

日本語には少し特殊なところがあり、主語がなかったり、句読点の位置や語順、助詞の使い方などが多少ヘンだったりしても、何となく伝わる文になってしまうことがあります。しかし、これは大事な場面においてはかなり曲者です。文章は、主語（誰が・何が）と述語（どうした・なんだ）」を必ずセットにすること。句読点を正しく打ち、誰が読んでも同じ意味になる文にすることが大事です。例題をやってみましょう。例文は「君は妹と弟を迎えに行ってください。」です。さて、君がお迎えに行く相手は一体誰でしょう？

A.「君は妹と、弟を迎えに行ってください。」

B.「君は、妹と弟を迎えに行ってください。」

読点の打ち方ひとつで、例文は全く異なる意味になってしまいます。頼みを誤解されて大騒ぎということになりかねません。ただの国語の問題ではないかと思うかもしれませんが、読み書きは掛け値なしのリテラシーです。

かく言う私も、自分が日本語で書いた文章を英語に直そうとしたときに、元の日本語があいまいで訳せなくなった経験があります。こういうときは要注意で、考えのロジックが甘くて詰めきれていないことが原因の時があります。正確な文章を書く能力は、表現力だけでなく、思考力や論理構成力の高さでもあります。こればかりは日ごろから心がけてトレーニングをしておかなければ、その場でどうにかなるものではありません。

情報インタラクション

よき情報発信にはよきフィードバックがかかりやすい、という性質があります。情報の受け手から、フィードバックを受けられるように心がけましょう。フィードバックを受けなければ、成長も改善も期待できないからです。

情報の流通速度が早くなると、発信と受信は分離されたものではなく、一体的に企業の活動に影響します。ステークホルダーとの間にインタラクションが発生するという形で、フィードバックには、反響と、リレーション構築という二つの側面があるからです。現代は、オンラインで発信される情報の力が、市場や顧客をダイレクトに動かす時代です。消費者が、ネット上のコミュニティーや不特定多数の目にとまる場に、意見や感想を投稿し、掲載されることで新たに形成されるコミュニティーや、コンテンツや市場のことを、**CGM**（Consumer Generated Media / Market）と呼びます。

情報の発信コストが高い時代には、情報の多くは企業から顧客に対する一方向の発信で、フィードバックも企業の**広聴活動**［3］によるという、非対称なものでした。しかし顧客、特に消費者にとって、手軽な情報源であり、意見表明の場にもなるコミュニティーがオンライン上に形成されると、事情は変わってきます。

オンライン・コミュニティーでは、膨大な顧客の実体験や生の声がリアルタイムに集積されます。このためオンライン・コミュニティーは、企業にとってもよりダイレクトな顧客接点となり、情報の収集が可能な場となります。オンライン・コミュニティーでは、利害関係に束縛されない自由な意見が交わされ、そこでの評判が素早く拡散し、企業や商品の人気に直結することがあります。企業では、このような情報が行き交う場への即時の対応が必要になってくる一方で、恣意的なステルスマーケティングや**炎上商法**［4］と受け取られるような行為は、コミュニティーの健全性を損ない、企業の品位を貶め、顧客からの支持を失うことにもなりかねません。企業は、誠実でぶれないメッセージを発信すると同時に、顧客からのフィードバックを傾聴する姿勢が求められるところです。

自社商品に対する不満を含む顧客のニーズや、ライバル商品との比較を通じた満足や不満足の評価がオンラインで直接収集できることは、企業にとっては顧客との良好な関係性を築きながら、それを商品開発に結び付けられるメリットとなります。比較的早い時期の例としては、リードユーザー間のインタラクションが、現パナソニック（松下電器産業株式会社）のノートパソコン、「レッツノート」に活かされた事例が知られています[5]。また近年では、無印良品のブランドで有名な、株式会社良品計画の取り組みが一つの好事例です。

同社では、商品開発からWebやモバイル端末用のサイトや店舗づくりまで、一貫したコンセプトに基づくメッセージとデザインを発信しながら[6]、ユーザーの声を無印良品の商品開発に取り入れる「モノづくりコミュニティー[7]」というオンラインサイトを立ち上げています。ここからは、顧客のダイレクトな声を活かしたヒット商品や改良商品が生まれています。中でも「体にフィットするソファ」は、その使い心地の良さから「人をダメにするソファ」という愛称が広まり、細かい粒子のビーズクッション人気の火付け役となりました。

これは、同社が情報を媒介とした顧客とのインタラクションを、事業に活かした事例だと考えられます。情報を無機質な集計物として扱わず、企業の取り組みやメッセージを理解されやすい形で発信し、コミュニケーションを事業に連動させるという意味で、複合的に情報を活かす事例といえるでしょう。同社の取り組みを観察していると、顧客とのインタラクションを通じて、何を提供し、どういう企業であろうとするかを継続的に探り、実現しようとしていることがうかがえます。

2. ICT社会に生きているということ

本書も最終パートとなりました。私たちがICT社会に生きているということについて、雑感めいたことにも触れながら、本書をしめくくっていきたいと思います。

現代人にはいくつかの顔があります。組織人として、生活者として。私たちはよほどのことがない限り、ICTを基盤とする情報社会から隔絶して生きていくことはできません。それならばどの立場にあるときも、ICTを過大にも過小にも捉えず、「情報」というものを常にうまく活かす方向で向き合っていきたいものです。情報戦略の一番深いところにあるものはこれだと、私は考えています。

ところで「うまく」とは、どういうことでしょうか。これを定義しておかないと、言葉の上すべりになってしまいます。本書での「うまく」とは、情報や情報技術が、「そのようにしてよかったね」とか、「前よりよくなったね」とか、「困ったことが解決したね」と、自分を含む誰かに、大小の幸せをもたらすように機能することだと考えています。幸せという表現が怪しげなら、「メリット」でも「課題解決」でも構いません。

情報戦略というと、どうも情報を武器にした競争優位性やビジネス効率の追究という、ある意味で息苦しく、闘うイメージがちらつくものです。戦略という用語自体が軍事の世界からきた言葉のため、どうにも力がこもりがちなのかも知れません。しかし仮にそうだったとして、私たちは情報を盾や鉾にして、何と戦うというのでしょう？　並みいるライバル会社をなぎ倒し市場を席捲する？　私は経営戦略論の研究者ですが、書きながら、何か感覚が違うよなあ、という気がしています。情報戦略とは、情報と、情報技術を活用した価値創造を通じて、誰かに効用をもたらすためのシナリオです。それは、差別化による競争優位性を説明変数とし、収益を不動の被説明変数に置くタイプの、企業ファーストの戦略論とは、立脚点が異なるもののように思えます。

私がこのような考えを持つに至ったのは、やはり何度かの米国出張時に、ライドシェアサービス（Uber）を利用したときの体験です。日本のライドシェアサービスは、まだしっかり定着したといえる状態にはありませんが、アメリカの都市部では、日常的な移動手段としてかなり利用が定着しています。実際に乗ってみると、書いた物で読むのとは格段に異なる、リアルな利便性があります。

通信、スマホ、アプリケーションの三拍子が、技術を意識しない普通の人々の手元に揃っていることに加え、「怪しいビジネスではないこと」と、「安心であること」を、プラットフォームの参加者（運転者と乗客）の双方に情報を通じて確信させるしくみが、バックエンド側に幾重にも作り込まれています。具体的には、お互いに行き先が乗る前からわかっていること、誰が誰を乗せてどこを移動しているかがリアルタイムでシェアできること、その場で現金の授受をしなくていいこと、双方の評価がオンライン上に残ることなどです。どれほど元のアイデアや技術がよくても、こういったことのどれかが欠ければ、キャズムを超えることはできなかったでしょう。特別な情報技術を持たない普通の人が、楽しそうにITを使い、「隙間時間で趣味の音楽に費やす資金を作れる」、「これで子どもを大学に行かせられる」などと話しながら、空港やオフィスへの往来をサポートしてくれる情景は、情報やシステムが社会に「うまく」実装され、「うまく」活用されていることの切片だと思います。

私事ですが、あるとき私と後輩がボストンでUberの利用中に、システムエラーで運転手さんともども土地勘のない場所へ誘導されて、迷子になるという、ちょっとした事件に遭遇したことがあります。どんなITシステムも、完璧ではないことを証明するような出来事でした。"Oh, my god!!!"などと叫びながらも、なんとかそのピンチを「うまく」切り抜けられたのは、偶然私たちのスマートホンに、別会社のGPSアプリケーションとSNSがあったからです。

一件落着後に、とんだ珍道中を興奮した気分でSNSに投稿すれば、時差で深夜帯の日本の友人たちからも、「よかったね」、「なんだ〜、その安っぽい青春ドラマみたいな展開は（笑）」などと、反応が即座に返ってきます。1万キロも離れた家族や友人とリアルタイムに笑いあえて、ようやく気持ちが落ち着いたことも、ICT時代ならではのことでした。

DXの項で紹介したトーマス・ダベンポートは、データアナリティクス社会で最重要視されるのは、分析を元にモデル化された最適行動を特定し、それを人々に提示する指示的アナリティクスだと言っています[8]。この事件に高尚な教訓などありません。しかし、時に情報システムが間違ったナビゲーションをしてくる可能性があること、そういった事への代替策を持たずに、特定のシステムに依存することの怖さを垣間見つつ、そういう世界に生きているのだなとつくづく思ったことでした。あのとき涙目になりながら車を走らせてくれた、人の好さげなドライバーさんは、今ごろボストンの空の下でどうしているのでしょうと思わずにはいられません。

2020年以後のICTと私たちは、COVID‐19の爆発的感染拡大という未曽有の出来事を前に、新たなステージに踏み出しました。ビジネスだけでなく法制度面でも大きな動きがありました。例えば教育界では、著作物をオンライン講義で使いやすくするために、著作権法の運用改正を行い緊急事態に対処する動きがあり、医療制度においてはオンライン診療に関して、規制緩和の動きがありました。よく、「法制度が制約するからできない」という話を、いろいろな場面で耳にしますが、法制度は社会の要請によって変わることがあるのです。

私たちは大きな歴史の節目に立ち会い、ビジネス進化、イノベーションといった観点からも、多くの経験や示唆を目の当たりにしているように思われていたし方ありません。

本書を脱稿した2021年4月時点では、いまだCOVID‐19問題は収束せず、状況は予断を許しません。仮にこれから比較的早いうちに、COVID‐19禍を収束させられたとしても、今後また別の未知の病がトリガーとなって、同様の事態に直面せざるを得なくなる可能性はあるでしょう。

ビジネス界も教育界も政治や行政も、ICT活用による今回のCOVID‐19対応が一律にうまくいったとはいえません。それでも、不完全ながらも異例ともいえる早さで、上記のような対応が進んだ経緯や、対応策の探索[9]などで、ICTやビッグデータ・アナリティクスが寄与したことは少なくないと考えます。世界中の人々が今回の経験を機に、ICTの見方や情報への接し方、ICTの社会実装に対する構えなど、何かの垣根を一つ越えたと私は感じています。

今、私たちが直面している課題には、これまで暗黙の裡にも是としてきたパラダイムが、時代に追いつけなくなりつつあることと、格差や分断などの新たな問題が顕著になりつつあることがあります。そのような大きな課題を前にして、情報戦略論が貢献して行こうとする道程の遠さを思うと、呆然とするばかりです。ただ、これまで経験したことがないような打撃を受けつつも、企業や個人が知恵を絞り、喘ぎつつ少しずつでも対処できているいくばくかの理由は、社会にある程度オンライン環境が普及していることや、人々の情報リテラシーがそれなりに醸成されつつあるという事実です。

コロナ禍で、世の中が完全に止まってしまったように思えた２０２０年5月、総務省が「令和元年通信利用動向調査」を公表しました。それによれば、日本における２０１９年12月時点の個人のインターネット利用の割合は、９割に迫る勢い（89・8％）でした。十分とはいえなくても、過度に自虐的になることもなく、私たちが今まで努力してきたことは無駄ではないと思いつつ、かといって安住することもなく、さらにリテラシーや技術を高めて、皆で山積する課題に対処していきたいと思います。

学者は未来を予言する者ではありません。また、現在の情報戦略論の立ち位置は、未解明の山々のまだほんの登り口に過ぎません。しかし、時代と並走するようにして研究を重ねて、戦略論はこれから幾重にも進化していくものだと考えています。

２０２０年代が、ＩＣＴの戦略的活用が困りごと解決の頼もしい糸口になり得ることを示し、ＩＣＴが人々を力強く支えた時代として歴史に刻まれることを願ってやみません。

註

1――外務省：「アラブの春」と中東・北アフリカ情勢　https://www.mofa.go.jp/mofaj/press/pr/wakaru/topics/vol87/index.html
総務省通信情報白書平成24年版第1部特集第1節「スマート革命」―ＩＣＴのパラダイム転換―トピック「アラブの春」とソーシャルメディア　https://www.soumu.go.jp/johotsusintokei/whitepaper/ja/h24/html/nc1212c0.html

2――インターネットにおける検索や購買履歴、Ｗｅｂの閲覧履歴などから、その人の行動傾向や嗜好に合った検索結果やトピックス、お薦め商品などを優先的に表示する**パーソナライズドフィルター技術**により、人は自分が魅力的だと感じる情報ばかりに接するようになる。パーソナライズドフィルター技術は、効率的に情報に到達することへの助けになることもあるが、結果として見えない被膜（バブル）に覆われて、利用者が偏った情報の世界に隔離される危険性もある。このような状態の下では、似たような価値観や意見を持つ人ばかりが周囲に集まり、自分の意見が正しいとの信念が強化される（**エコーチェンバー現象**）ことで、集団間に分断が起こる懸念があるとされる。活動家イーライ・パリサーが出版した著書、『The Filter Bubble』（邦訳は『閉じこもるインターネット』）が語源。

3——企業や自治体が顧客や一般の人々の意見や要望などを広く聴取する、広報活動の一形態のこと。

4——インターネット上で、意図的に社会から批判を浴びるような言動をして注目を浴び、知名度を上げようとする行為。「**炎上**」とは、インターネット上で不祥事や失言などに対する批判が集中し、大きな騒動となる状態を指す俗語。

5——同社の事例は１９９７年11月慶應義塾大学ビジネス・スクールケーススタディに詳しい。（http://shelf3.bookpark.ne.jp/pdf/view.asp?site_id=KBSP&pg=1&of=KBSP-01178&nf=view&st=KBSP706&fs=ce1212bf84ed80ec1fb1b3d16f825a1e&ct=&ms=）

6——株式会社良品計画ホームページ「無印良品について」 https://ryohin-keikaku.jp/about-muji/

7——無印良品くらしの良品研究所　モノづくりコミュニティー　https://www.muji.net/community/

8——Davenport, T. H.（2013a）Analytics 3.0, *Harvard Business Review*, December 2013.

9——理化学研究所計算科学研究センター「新型コロナウイルス対策を目的とした研究開発を「富岳」上で実施します」 https://www.r-ccs.riken.jp/outreach/topics/fugaku-coronavirus/

あとがき

本書の完成は、当初思っていたよりもずっと時間がかかってしまいました。最大の理由は私の遅筆のせいですが、少し言い訳をすると、情報戦略に深く関連する新トピックスや、「これは、情報戦略論的に考えるとどういうことなのだろう?」と考えさせられることが次々に現れたからでもありました。まずは、なかなか原稿を書き上げることができない私を辛抱強く待ち続けてくださった、千倉書房編集部の山田昭さんに心から御礼申し上げたいと思います。山田さんは、私が大学院の博士課程で論文を書いていたころからのお付き合いになります。誠実なお仕事ぶりにいつも助けられるだけでなく、本当に絶妙なタイミングで原稿の進捗をついて人を乗せる天才だと思います。

NTT時代の技術系の同期でもあり同僚でもあった岩佐功氏には、主にインターネット技術とクラウドに関する部分について、原稿チェックをしていただきました。実務家時代は典型的な文系出身のストラテジストであった私に対して、筋金入りのエンジニアである岩佐氏には教えられることも多く、時に専門の違いによる見解の相違があっても、全幅の信頼をもって議論したり、安心して仕事を託したりすることができる頼もしい相棒です。もし本書における理解不足や、表現の稚拙さがあれば、それはすべて筆者である私の責によるものです。私が情報戦略論を専門とすることができたのは、現場を共にした多くの技術系の仲間のおかげです。今は遠く離れてしまった彼らにも、私の今日があることを報告し、当時を感謝したいと思います。

さて、本書の書き出しが山登りの話だったことをご記憶の方もいらっしゃるかと思います。それは一体どうなったのか、とお尋ねになりたいでしょう?

実は割と本気で山登りを考えていたにも関わらず、2019年の秋に京都で鞍馬貴船の初心者向け登山道を踏破して以来、新任地への赴任やCOVID-19禍による外出制限等で、すっかり計画が頓挫したままになっております。しかし、戦略や計画に障害や予想外の撹乱要因の出来《しゅったい》はつきものです。それに戦略は一本道ではありませんし、焦る必要もあきらめる必要もありません。

私が今いる大学の研究室からは、広い越後平野の海岸部にぽっかりそびえる弥彦山(標高634メートル)が見えており、遠出ができない日々も山に話しかけるようにして過ごしてきました。ここで本書の筆を置き、外出自粛期間が解除されたら、新しく出会った職場の皆さんと弥彦山に行ってきます。もちろん事前の情報収集はバッチリです。当日履いていくトレッキングシューズも、性能抜群のウェア類も、計測記録がオンラインで蓄積できる万歩計も揃えました。あとは本番を待つばかりです。

The life goes on with a lot of thankfulness.

2021年4月12日　新潟市内にて

参考文献

【欧文】

Andriopoulos, C. and M. W. Lewis（2009）Exploitation-Exploration Tensions and Organizational Ambidexterity: Managing Paradoxes of Innovation, *Organization Science*, Vol. 20, No. 4, pp. 696–717.

Barnard, C. I.（1968）*The Functions of the Executive*, Harvard University Press.（山本安次郎訳『経営者の役割（経営名著シリーズ2）』、ダイヤモンド社、１９６８年）

Barney, J. B.（2002）*Gaining and Sustaining Competitive Advantage, 2nd ed.*, Prentice Hall.（岡田正大訳『企業戦略論』、ダイヤモンド社、２００３年）

Birkinshaw, J. and K. Gupta（2013）Clarifying the Distinctive Contribution of Ambidexterity to the Field of Organization Studies, *The Academy of Management Perspectives*, Vol. 27, No. 4, pp. 287–298.

Boudreau, K. J. and L. B. Jeppesen（2014）Unpaid crowd complementors: The platform network effect mirage, *Strategic Management Journal*, 01 September 2014.

Boudreaux, D.（2015）Uber vs. Piketty, Cafe Hayek, August 1, 2015,　https://cafehayek.com/2015/08/uber-vs-piketty.html　２０２１・07・20閲覧

Brandenburger, A. M. and B. J. Nalebuff（1995）The Right Game: Use Game Theory to Shape Strategy, *Harvard Business Review*, July-August 1995.（邦訳「ゲーム理論を活用した成功への戦略形成」、『ダイヤモンドハーバードビジネスレビュー１９９６年12－１月号』、ダイヤモンド社、１９９６年）

Christensen, C. M.（1997）*The Innovator's Dilemma,* Harvard Business School Press.（邦訳『イノベーションのジレンマ　増補改訂版』、翔泳社、２００１年）

Cohen, M. D., J. G. March, and J. P. Olsen（1972）A Garbage Can Model of Organizational Choice, *Administrative Science Quarterly*, Vol. 17, No. 1, pp. 1–25.

Davenport, T. H.（2013a）Analytics 3.0, *Harvard Business Review*, December 2013.

——（2013b）Keep Up with Your Quants, *Harvard Business Review*, December 2013.（邦訳「統計学が苦手なあなたに　アナリ

ティクスの専門家をいかに活用するか」、『ダイヤモンドハーバードビジネスレビュー２０１４年５月号』、ダイヤモンド社、２０１４年）

Davenport, T. H. and Westerman, G.（2018）Why So Many High-Profile Digital Transformations Fail, *Harvard Business Review*, March 2018.　https://hbr.org/2018/03/why-so-many-high-profile-digital-transformations-fail

Don Boudreaux（2015）Uber vs Piketty, *Café Hayek*, August 1, 2015.　https://cafehayek.com/2015/08/uber-vs-piketty.html

Duncan, R.（1976）The Ambidextrous Organization: Designing Dual Structures for Innovation, In R. H. Kilmann, L. R. Pondy, and D. P. Slevin（Eds.）, *The Management of Organization Design*, 1（pp. 167–188）, New York: North Holland.

Eisenmann, T. R., G. G. Parker, and M. W. V. Alstyne（2006）Strategies for Two-Sided Markets, *Harvard Business Review*, Vol. 84, No. 10, pp. 96–101.（「「市場の二面性」のダイナミズムを生かすツー・サイド・プラットフォーム戦略」、『ダイヤモンドハーバードビジネスレビュー２００７年６月』、ダイヤモンド社、２００７年）

——（2007）*Winner-Take-All in Networked Markets*, Harvard Business School Background Note, September 806–131.

Gawer, A. and M. A. Cusumano（2002）*Platform Leadership*, Harvard Business School Press.

Iansiti, M. and R. Levien（2004）Strategy as Ecology, *Harvard Business Review*, Vol. 82, No. 3, pp. 68–78, 126.

Katz, M. L. and C. Shapiro（1985）Network Externalities, Competition, and Compatibility, *American Economic Review*, Vol.75, No. 3, pp. 424–440.

—— and C. Shapiro（1986）Technology Adoption in the Presence of Network Externalities, *The Journal of Political Economy*, Vol. 94, No. 4, pp. 822–841.

——and C. Shapiro（1994）Systems Competition and Network Effects, *Journal of Economic Perspectives*, Vol. 8, No. 2, pp. 93–115.

March J. G.（1991）Exploration and Exploitation in Organizational Learning, *Organization Science*, Vol. 2, No. 1, Special Issue: Organizational Learning, pp. 71–87.

——and H. A. Simon（1993）*Organizations, 2nd ed.*, Wiley-Blackwell.（高橋伸夫訳『オーガニゼーションズ：現代組織論の原典第2版』、ダイヤモンド社、２０１４年）

Mell, Peter and Timothy Grance（2011）The NIST Definition of Cloud Computing, Recommendations of the National Institute of Standards and Technology, *NIST Special Publication 800–145*.

O'Reilly, C. A. III and M. L. Tushman（2013）Organizational Ambidexterity: Past, Present and Future, *The Academy of Management Perspectives*, Vol. 27, No. 4, pp. 287–298.

—— and M. L. Tushman（2016）*Lead and Disrupt: How to Solve the Innovator's Dilemma*, Stanford University Press.（入山章栄監訳・解説、冨山和彦解説、渡部典子訳、『両利きの経営』、東洋経済新報社、２０１９年）

Parker, G. G., M. W. V. Alstyne, and S. P. Choudary（2017）*Platform Revolution: How Networked Markets Are Transforming the Economy and How to Make Them Work for You,* W. W. Norton & Co Inc.

Porter, M. E.（1980）*Competitive Strategy: Techniques for Analyzing Industries*, The Free Press.（土岐坤 他訳、『新訂 競争の戦略』、ダイヤモンド社、２００２年）

—— and J. E. Heppelmann（2014）*How Smart, Connected Products Are Transforming Competition*, Harvard Business Review November 2014., Harvard Business School Publishing Corporation.（邦訳「「接続機能を持つスマート製品」が変えるＩｏＴ時代の競争戦略」、『ダイヤモンドハーバードビジネスレビュー２０１５年４月号』、ダイヤモンド社、２０１５年）

Rochet, Jean-Charles and J. Tirole（2003）Platform Competition in Two-Sided Markets, *Journal of the European Economic Association*, Vol. 1, Issue 4, pp. 990–1029.

Shapiro, C. and H. R. Varian（1998）*Information Rules*, Harvard Business School Press.（千本倖生監訳、『「ネットワーク経済」の法則』、ＩＤＧジャパン、１９９９年）

Simon, H. A.（1997）*Administrative Behavior: A Study of Decision-Making Processes in Administrative Organization, 4th ed.*, The Free Press.（桑田耕太郎 他訳、『新版 経営行動―経営組織における意思決定過程の研究』、ダイヤモンド社、２００９年）

Stolterman, E. and A. C. Fors（2004）"Information Technology and The Good Life," *Information Systems Research: Relevant Theory and Informed Practice*（*IFIP Advances in Information and Communication Technology*）, pp. 687–692, Elik Springer US.

Tushman, M. L. and C. A. O'Reilly III（1996）Ambidextrous Organizations: Managing Evolutionary and Revolutionary Change, *California Management Review*, Vol. 38, No. 4, pp. 8–30.

【和文】

アイエンガー、シーナ著、櫻井祐子訳（２０１０）『選択の科学　コロンビア大学ビジネススクール特別講義』、文藝春秋。

青島矢一・加藤俊彦（2012）『競争戦略論』（第2版）、東洋経済新報社（第1版は2003年）。

淺羽茂・牛島辰男（2010）『経営戦略をつかむ』、有斐閣。

アンゾフ、イゴール・H著、中村元一監訳、田中英之、青木孝一、崔大龍訳（2007）『戦略経営論　新訳』、中央経済社。

ウェイド、マイケル、ジェフ・ルークス、ジェイムズ・マコーレー、アンディ・ノロニャ著、根来龍之監訳、武藤陽生、デジタルビジネス・イノベーションセンター訳（2017）『対デジタル・ディスラプター戦略：既存企業の戦い方』、日本経済新聞出版社。

キャロル、ルイス著、河合祥一郎訳（2010）『鏡の国のアリス』、角川文庫。

クイグリー、クレール、パトリシア・フォスター著、ヘレン・コールドウェル他監修、山崎正浩訳（2019）『決定版　コンピューターサイエンス図鑑』、創元社。

クリステンセン、クレイトン・M著、玉田俊平太監修、伊豆原弓訳（2001）『イノベーションのジレンマ　増補改訂版』、翔泳社。

——、マイケル・レイナー著、玉田俊平太監修、櫻井祐子訳（2003）『イノベーションへの解：利益ある成長に向けて』、翔泳社。

——、スコット・D・アンソニー、エリック・A・ロス著、宮本喜一訳（2005）『明日は誰のものか：イノベーションの最終解』、ランダムハウス講談社。

——、タディ・ホール、カレン・ディロン、デイビッド・S・ダンカン著、依田光江訳（2017）『ジョブ理論』、ハーパーコリンズ・ジャパン。

——、ジェームズ・アルワース、カレン・ディロン著、櫻井祐子訳（2012）『イノベーション・オブ・ライフ：ハーバード・ビジネススクールを巣立つ君たちへ』、翔泳社。

——著、依田光江訳（2017）『ジョブ理論：イノベーションを予測可能にする消費のメカニズム』、ハーパーコリンズ・ジャパン。

ダベンポート、トーマス・H、ジョージ・ウェスターマン「注目を浴びたデジタルトランスフォーメーションが失敗する理由—賢明な意思決定を下すための4つの教訓—」、ダイヤモンドハーバードビジネスレビューオンライン2020・02・13
https://www.dhbr.net/articles/print/6507

チェスブロウ、ヘンリー著、大前恵一朗訳（２００４）『OPEN INNOVATION：ハーバード流イノベーション戦略のすべて』、産業能率大学出版部。

――、ウィム・バンハバーベク、ジョエル・ウェスト著、ＰＲＴＭ監訳、長尾高弘訳（２００８）『オープンイノベーション：組織を越えたネットワークが成長を加速する』、英治出版。

遠山暁、村田潔、岸眞理子（２０１５）『経営情報論　新版補訂』、有斐閣アルマ。

ドラッカー、ピーター・F著、上田惇生訳（２００７）『イノベーションと企業家精神（ドラッカー名著集）』、ダイヤモンド社。

沼上幹（２００９）『経営戦略の思考法』、日本経済新聞出版社。

ネイルバフ、バリー・J、アダム・M・ブランデンバーガー著、嶋津祐一、東田啓作訳（１９９７）『コーペティション経営：ゲーム論がビジネスを変える』、日本経済新聞社。

根来龍之（２０１７）『プラットフォームの教科書：超速成長ネットワーク効果の基本と応用』、日経ＢＰ社。

パリサー、イーライ著、井口耕二訳（２０１６）『フィルターバブル：インターネットが隠していること』、早川書房。

ポーター、マイケル著、土岐坤 他訳（１９８２）『新訂　競争の戦略』、ダイヤモンド社。

――、土岐坤 他訳（１９８５）『競争優位の戦略』、ダイヤモンド社。

宮元万菜美（２０１６）「ＩｏＴ再考：イノベーティブなＩｏＴとは何か」、InfoCom T&S World Trend Report　２０１６年９月通巻３３０号、８-12頁。

――（２０１７）『コグニティブ競争戦略：経営者の認識と業界内部の構造変化のメカニズム』、千倉書房。

――（２０１８）「マーケティング論からひもとく「ＩＣＴ×農業」の課題と地平 ―環境制御装置付水耕栽培と植物工場の現場から―」、InfoCom T&S World Trend Report　２０１８年６月通巻３５０号、２０１８年５月29日掲載、26-31頁。

――（２０１９）「世界の経営学者が今見ているプラットフォームビジネス―プラットフォーム戦略の基礎と発展的議論―」、InfoCom Research, No. 72　71-81頁、２０１９年1月。

――、加藤和彦（２０１９）「両利きの経営の概念に関する発展的整理―なぜ「両利きの経営」の概念はもやもやするのか―」、一般社団法人経営情報学会２０１９年秋季全国研究発表大会、セッションＩＤ：１Ｃ１-３、http://www.jasmin.jp/activity/zenkoku_taikai/2019_fall/program/1C1-3.html　２０１９年10月。

――（２０２０ａ）「世界の街角から：ボストン～ＩＣＴ社会に生きているということ」、InfoCom T&S World Trend Report https://www.icr.co.jp/newsletter/wtr369-20200115-miyamoto.html　２０２０年４月通巻３７２号、２０２０年１月15日掲載。

――（２０２０ｂ）「クレイトン・クリステンセン教授の遺訓～破壊的イノベーション再考～」、InfoCom T&S World Trend Report　https://www.icr.co.jp/newsletter/wtr372-20200330-miyamoto.html　２０２０年３月30日掲載。

ミンツバーグ、ヘンリー、ブルース・アルストランド、ジョセフ・ランペル著、齋藤嘉則監訳（１９９９）『戦略サファリ』、東洋経済新報社。

ムーア、ジェフリー・Ａ著、川又政治訳（２００２）『キャズム』、翔泳社。

メンデルソン、ヘイム、ヨハネス・ジーグラー著、校條浩訳（２０００）『スマート・カンパニー：ｅビジネス時代の覇者の条件』、ダイヤモンド社。

レビット・Ｔ著、土岐坤訳（１９７１）『マーケティング発想法』、ダイヤモンド社。


【白書・統計等】

一般社団法人日本施設園芸協会「平成31年度 次世代施設園芸地域展開促進事業　事業報告書（別冊１）大規模施設園芸・植物工場実態調査・事例調査」（令和２年３月）　https://jgha.com/wp-content/uploads/2020/04/31bessatsu1.pdf
総務省　平成24年版情報通信白書、　https://www.soumu.go.jp/johotsusintokei/whitepaper/ja/h24/pdf/index.html
総務省　平成29年版情報通信白書、https://www.soumu.go.jp/johotsusintokei/whitepaper/ja/h29/pdf/
総務省　平成30年版情報通信白書、　https://www.soumu.go.jp/johotsusintokei/whitepaper/ja/h30/pdf/index.html
総務省　令和元年版情報通信白書、https://www.soumu.go.jp/johotsusintokei/whitepaper/ja/r01/pdf/index.html
農林水産省「園芸用施設の設置等の状況（Ｈ30）」　https://www.maff.go.jp/j/seisan/ryutu/engei/sisetsu/haipura/setti_30.html
農林水産省　平成30年耕地及び作付面積統計「耕地及び作付面積統計」（令和２年２月28日確報）　https://www.e-stat.go.jp/stat-search/files?page=1&layout=datalist&toukei=00500215&tstat=000001013427&cycle=7&tclass1=000001032270&tclass2=000001032271&tclass3=000001125355&iroha=11&result_page=1

｜タ行｜

｜ナ行｜

主要索引

【著者紹介】

宮元万菜美（みやもと・まなみ）

［著者略歴］

開志専門職大学情報学部教授。
日本電信電話株式会社入社後、NTT コミュニケーションズ、株式会社情報通信総合研究所上席主任研究員。サイバー大学教授を経て現職。経営情報戦略、IT と経営戦略、競争戦略が専門。
早稲田大学商学部非常勤講師、早稲田大学ビジネススクール非常勤講師、明治大学経済学部兼任講師等を歴任。早稲田大学商学研究科後期博士課程単位取得満期退学。博士（商学）早稲田大学。経営情報学会理事。

［主要業績］

「M. E. Porter の戦略グループ論の批判的発展：3 つの『戦略グループ』カテゴリーの提案と『距離』概念の導入」（根来龍之共著）『日本経営システム学会誌』第 22 巻第 1 号、pp. 69-78、2005 年。「戦略グループ論の今日的再構築のための検討：戦略グループ論をめぐる論点整理」『日本経営学会誌』第 23 号、pp. 14-24、2009 年。「戦略グループの経時的変化の研究：資源グループと行動グループの相互関係」『日本経営学会誌』第 36 号、pp. 14-25、2015 年。NTT ドコモモバイル社会研究所編『データで読み解く スマホ・ケータイ利用トレンド 2016-2017』（共著）2016 年、中央経済社。『コグニティブ競争戦略：経営者の認識と業界内部の構造変化のメカニズム』千倉書房、2017 年、など。

経営情報戦略入門
文理融合へのいざない

2021 年 9 月 15 日　初版第 1 刷発行

著　者　宮元万菜美
発行者　千倉成示
発行所　株式会社 千倉書房
〒 104-0031 東京都中央区京橋 2-4-12
TEL 03-3273-3931 ／ FAX 03-3273-7668
https://www.chikura.co.jp/

印刷・製本　藤原印刷株式会社
装丁デザイン　冨澤　崇

ISBN 978-4-8051-1230-4 C3034